国家级一流本科专业建设成果丛书

走向儿童立场的幼儿园教育环境创设

张书喆 高星 赵东群 著

郑州大学出版社

图书在版编目(CIP)数据

走向儿童立场的幼儿园教育环境创设／张书喆，高星，赵东群著.—郑州：郑州大学出版社，2022.12
ISBN 978-7-5645-9311-7

Ⅰ.①走… Ⅱ.①张… ②高… ③赵… Ⅲ.①幼儿园-教育环境学 Ⅳ.①G617

中国版本图书馆 CIP 数据核字(2022)第 241527 号

走向儿童立场的幼儿园教育环境创设
ZOUXIANG ERTONG LICHANG DE YOUERYUAN JIAOYU HUANJING CHUANGSHE

选题策划	宋妍妍	封面设计	王　微
责任编辑	吴　静	版式设计	王　微
责任校对	宋妍妍	责任监制	李瑞卿

出版发行	郑州大学出版社	地　　址	郑州市大学路40号(450052)
出 版 人	孙保营	网　　址	http://www.zzup.cn
经　　销	全国新华书店	发行电话	0371-66966070
印　　制	河南大美印刷有限公司		
开　　本	710 mm×1 010 mm　1/16		
印　　张	15.25	字　　数	267 千字
版　　次	2022 年 12 月第 1 版	印　　次	2022 年 12 月第 1 次印刷
书　　号	ISBN 978-7-5645-9311-7	定　　价	58.00 元

本书如有印装质量问题，请与本社联系调换。

国家级一流本科专业建设成果丛书
指导委员会

主　任　马锦华　褚卫东
副主任　杜燕红　靳君　李　广
委　员　吉　喆　丁兴琴　张一楠　王翠萍
　　　　　张金峰　唐桂英　张书喆　高　星
　　　　　赵东群　望　欢　王海峰　何晴利
　　　　　樊丽娜　王姣莉　张明珠

前言

环境是教育的载体,幼儿园环境具有教育幼儿的功能,其环境创设也被称为幼儿园隐性课程资源。在幼儿园里,每一处的环境都承担着教书育人的职责。环境对幼儿学习的有效支持,有利于儿童成为环境的主体,能够充分利用环境提供的各种资源。研究发现,在当下幼儿园的环境创设中儿童立场不够鲜明,或受到成人意识左右,或环境资源开发与利用不充分,或材料投放不科学。总之,就现象来看,给予幼儿高质量、有效率的环境不饱满,不能满足幼儿成长发展的需要。我们撰写本书的意义就在于以此来唤醒教育工作者对幼儿园环境教育的关注,帮助与加强实践工作者的理论经验,使更多的读者受到启发,在教育实践中有效引导幼儿享有环境,使幼儿在环境中充分自主学习与深度探索。

本书基于儿童视角,从儿童立场的幼儿园教育环境谈起,分析国内外的环境观与实践理念,总结了我国当前幼儿园教育环境的"成人意识"问题,反思的同时为幼儿园教育环境提供了创设的思路。特别是第四章,以儿童视角来创设环境,结合具体的物理空间,比如户外空间、室内公共空间、班级活动室空间等,采用理论结合实践案例的方式,回应了教师在环境支持中的角色,以及幼儿在幼儿园环境中的学习等核心问题。书中也较为详实地论及环境中应该具备的与儿童年龄、发展阶段相匹配的丰富材料。对当前材料认识的不足、使用的误区等问题进行了分析,从材料的选择、投放方法、规则建立等方面肯定了材料使用的独特价值,以及材料的深入探索对幼儿学习产生的积极影响。关于儿童立场下的环境资源利用,本书也打开视野,探讨了国外一些受自然因素影响的幼儿园环境创设,从美学和传统文化的角度研究适合本国的创设手段,挖掘与整合各种环境资源,提高环境资源的利用效率。此外,本书还是一本针对 3~6 岁的儿童,理论联系实践,对优质和先进的教育理念与环境观进行梳理的专业书籍。既能够为学前领域的教师同行们提供研究思路,也适用于高等师范院校学前教育专业学生参考学习,同时可以为各类幼儿园、学前班、托儿所所用,帮助幼儿园教育工作者树立科学的环境创设理念,为一线的幼儿教师环境创设提供借鉴。最后,本书立足理论基础,探讨现象问题,延伸科学理念;章节论述有开篇、有重点、有总结,包含很多有意义的实践案例,具有典型性、针对性和创新性;所引用的国内外参考文献权威、丰富,能够代表当下最先进的教育理念;编写形式多样,图表丰富,内容翔实,概念清晰,能够有效引导专业领域人员阅读与学习。

本书是团队集体智慧的成果,写作历时近两年,参与编写的人员有:洛阳师范学院实践研室赵东群(第一章,第二章,第七章),实践教学教研室高星(第三章,第四章第三节,第六章第一节、第三节、第四节),艺术教育教研室张书喆(第四章第一节、第二节,第五章,第六章第二节)。全书由马锦华主审,洛阳师范学院学前教育专业谢晨阳、赵妍、付瑞晗、李瑶同学参加了部分校对与格式的修改工作,由张书喆最后定稿。

本书的撰写工作由三位学前专业的高校教师组建的一个小型研究团队负责,从分工、撰写到修改等,团队教师都能投入最大的热忱,以专业的态度参与著书工作,按时保质地完成每一个节点任务,本书的顺利完成离不开团队中的每一位教师的共同努力。此外,还要感谢洛阳师范学院学前教育学院对本书撰写工作给予的大力支持。感谢在本书编写过程中辛勤付出的所有工作人员,以及为本书提供资料与图片的河南省洛阳市贝贝卓越城幼儿园与向阳花幼儿园。

感谢河南省高校人文社会科学研究资助性计划项目"基于地域文化的幼儿园美学区域环境创设研究(2021-2ZJH-243)"对本书出版的支持。本书能够顺利出版,还要感谢郑州大学出版社编辑老师的辛勤付出。本书在撰写过程中参考与借鉴了许多当下优秀的学前教育研究工作者的研究成果,在此一并表示感谢。

张书喆

2022 年 10 月

目录

第一章 儿童立场的幼儿园教育环境概述 ………… 001
- 第一节 幼儿园教育环境概述 ………… 001
- 第二节 儿童立场 ………… 009
- 第三节 基于儿童立场的幼儿园教育环境创设 ………… 018

第二章 国内外相关幼儿园教育环境创设理念与实践 ………… 036
- 第一节 国外相关幼儿园教育环境创设理念与实践 ………… 036
- 第二节 国内相关幼儿园教育环境创设理念与实践 ………… 047

第三章 非儿童立场的幼儿园教育环境创设 ………… 055
- 第一节 幼儿园环境创设观念形态中的"成人意志" ………… 055
- 第二节 非儿童立场的幼儿园环境对儿童发展适宜性的遮蔽 ………… 060
- 第三节 非儿童立场的幼儿园教育环境问题 ………… 076

第四章 自主与共享并存的幼儿园空间环境创设 ………… 082
- 第一节 实现儿童权力掌控的户外空间环境创设 ………… 082
- 第二节 保障儿童资源共享的室内公共空间环境创设 ………… 098
- 第三节 支持儿童自主探索的班级活动室环境创设 ………… 132

第五章　拥有充分选择权的环境材料 ……………………………… 153
- 第一节　材料投放的误区与导向 ……………………………… 153
- 第二节　支持幼儿自主学习的材料投放数量 ………………… 155
- 第三节　提供不同内容的领域性游戏材料 …………………… 160
- 第四节　展现教育机智的材料投放方法 ……………………… 166
- 第五节　科学的材料管理与规则意识建立 …………………… 170

第六章　基于"儿童本位"环境创设中的资源利用 ……………… 176
- 第一节　打开门：大自然是最好的老师 ……………………… 177
- 第二节　走进来：审美与儿童本位双赢的环创设计局面 …… 195
- 第三节　沉下来：汲取传统文化中的灵性 …………………… 206
- 第四节　"挖掘—筛选—整合"生活、社会、艺术文化资源 …… 212

附录　案例分享：日本幼儿园环境观的变迁、特点及启示 …………………………………………………………………… 215

参考文献 …………………………………………………………… 231

第一章 儿童立场的幼儿园教育环境概述

第一节 幼儿园教育环境概述

一、幼儿园教育环境的内涵

1. 环境

什么是环境?"科普中国"指出,环境是人类生存的空间及可以直接或间接影响人类生活和发展的各种自然因素。这些因素可以是物质形态的也可以是非物质形态的:以物质形态存在的空间、物体等被称为物质环境,以非物质形态存在的情感体验感受、心理氛围被称为心理环境。北京师范大学刘焱教授指出:"环境是相对于某一事物或者主体而言的,可能是对该事物或主体产生一定影响的所有外界事物的总和。"即环境是相对并相关于某项主体的周围事物,包括外部空间、条件和状况等。[①] 一般来说,人类的环境大致包括社会环境、自然环境和家庭环境、工作环境等。社会环境是指由人与人之间的各种社会关系所形成的环境,如社会的政治经济制度、意识形态、文化传统、社区邻里关系等;自然环境是指未经人工改造而自然存在的环境,如山海湖川、花草树木、虫蚁鸟兽等;家庭环境是指个体生活在其中的各种家庭条件的总和,包括家庭的自然环境(如居住条件)、家庭的社会环境(如家长的职业、文化程度、生活方式)、家庭的精神环境(如家庭氛围、家长的教育观念等);工作环境是指与工作有关的物理环境(如办公室、工厂)和

[①] 刘焱:《幼儿园教育环境创设》,高等教育出版社,2014,第3页。

社会环境。不同的环境分别从不同角度、不同领域和范围,影响着人的心理,左右着人的思想、情感和行为,其中既有积极作用,又有消极作用。人们应发挥主观能动性,充分利用环境中积极的因素,去除环境中消极的因素,来达到人与环境的结合,进而发挥环境对人的发展的促进作用。

2. 幼儿的发展环境

从人类生态学的角度出发,人类的发展环境是一个相互联系的生态系统。幼儿的发展环境由微系统、中间系统、外系统和宏系统四个系统组成(见图1.1),各系统之间相互关联,并以不同的方式直接或间接地影响着幼儿的发展。微系统是指幼儿直接参与其中的生活环境。如幼儿周围的自然环境、家庭、幼儿园及其中的人等,这个环境为幼儿的发展提供日常经验。中间系统是个体直接参与的微系统之间的联系。如家庭和幼儿园作为幼儿的微系统,两者之间因为幼儿而发生联系,产生合作与互动,进而影响家庭和幼儿园的育儿理念和行为。家庭和幼儿园之间的联系,也就是我们所说的家园共育就是影响幼儿生活的重要中间系统。外系统是指幼儿没有直接参与其中,但间接影响幼儿的环境。如父母的工作单位、医院、社区、邻里等。这些因素通过影响幼儿身边的人或物,从而间接影响其对待幼儿的行为的方式。如居住在贫民区或偏远贫困山区的幼儿,生活和学习的环境也会随之更差一些。宏系统是指更大范围的政治制度、意识形态、社会价值观、法律制度和文化传统等。如中国传统的勤学苦读思想在一定程度上造成了幼儿园的小学化倾向,影响着幼儿园的教育内容和教育方式。从人类生态学的角度来看,幼儿的发展环境是以微系统和中系统为直接影响,受到外系统和宏系统间接影响的环境系统。

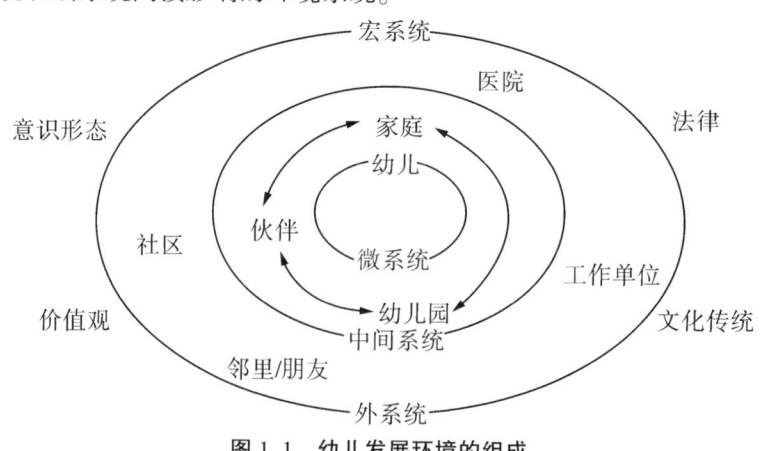

图1.1 幼儿发展环境的组成

3. 幼儿园教育环境

环境是教育的载体,作为教育场域,幼儿园环境承载着教育幼儿的功能,因此我们把幼儿园环境称之为幼儿园教育环境,以此来唤醒幼儿教育工作者对幼儿园环境教育功能的关注。同时,幼儿园教育环境具有广义和狭义之分。

广义的幼儿园教育环境是指幼儿园教育赖以进行的一切条件的总和,包含外部环境和内部环境。外部环境主要是指存在于幼儿园之外的,影响幼儿园教职工和幼儿在园活动的一切条件或因素的总和,如家庭、社区、社会等资源。外部环境虽然存在于幼儿园之外,但是作为影响幼儿发展的环境,也影响着幼儿园的教育目标、课程内容和教学方式。如河洛文化作为一种地区文化资源,是河洛地区幼儿园环境创设和原本课程开发的重要资源;又如随着人们对自然环境资源在幼儿教育领域教育价值的认识,农村和乡镇幼儿园都在积极探索和开发亲自然课程,利用幼儿园外部自然环境开展亲自然教育。内部环境主要是指幼儿园教职工和幼儿直接参与的生活和活动的环境。内部环境分为室内环境和户外环境。室内环境包括班级环境、走廊环境、公共区域环境,涉及空间的大小与规划、玩教具和游戏材料的投放、环境的布置等;户外环境主要指幼儿园的户外活动场地,涉及空间的大小、设施设备的品类、绿化情况等。

狭义的幼儿园教育环境是指在幼儿园中,对幼儿身心发展产生影响的物质与精神的要素的总和,分为物质环境和心理环境。物质环境包括幼儿园的场地、园舍设备、材料、空间结构与环境布置等,是幼儿教师和幼儿在园活动的物质条件与基础,影响和制约着幼儿园教育的质量;心理环境是指幼儿教师和幼儿接触到的幼儿园或班级人际关系的社会性活动,并因此间接影响幼儿教师和幼儿在园活动的心理氛围。与物质环境不同,这种氛围是看不见、摸不到的,但可以感受到。在其层次上,心理环境包含了保教人员间、幼儿同伴间以及师幼之间三重关系的所有互动内容和过程,是衡量幼儿园教育质量的一个重要因素。

随着幼儿教育的发展,人们对幼儿园教育环境的认知已经从单纯的物质环境扩充到心理环境(也被称为精神环境)。物质环境和心理环境同等重要。物质环境是教育的内容载体,它不仅是幼儿探索和认识并促进认知发展的对象,也是师幼间和幼儿间发生互动、促进社会性发展的基本媒介。心理环境是幼儿探索和互动的动力,它体现为以活动为前提的动机、态度、兴趣、专注力、自主性、想象力、批判性思维以及创造性解决问题等心理过程。没有物质环境作为依托,精神环境很难被创造,二者既相互区别,又共融共生。

4.幼儿园教育环境创设

幼儿园教育环境创设就是指从幼儿园课程的基本理念和目标出发,根据幼儿学习和发展的现实需要,和幼儿共同完善环境的布局,充实环境中的各种设施和材料,使幼儿能在环境中开展适合其身心发展的各种活动,从而使幼儿能满足兴趣,迎接挑战,不断获得新的经验。因此,幼儿园教育环境创设是教师和幼儿共同参与的过程,是多层次、多样化的实践过程,从一定程度上说,也是幼儿园课程建设的重要组成部分。所以,幼儿园教育环境创设是幼儿园的一项非常重要的工作,是直接对幼儿的发展产生重要影响的工作。①

二、幼儿园教育环境的价值

学习和发展源于生理成熟和环境之间的持续互动。瑞士儿童心理学家皮亚杰认为儿童是在周围环境的影响下,通过主客体的交互作用获得心理的发展。全美幼教协会(NAEYC)在早期教育的"发展适宜性教育"中阐释了环境与发展适宜性教育的关系,环境创设的好坏具有支持或阻碍发展适宜性教育实践的作用。麦斯威尔曾说:"环境的物理属性,是高质量幼儿教育的一部分,它与师资教育和经验同样重要。"②海伦·佩恩同样指出:"创设优质的环境是早期教育和保育中的基础问题,也是容易被忽略的内容。"③我国《幼儿园教育指导纲要(试行)》中也明确指出:"环境是重要的教育资源,应通过环境的创设和利用,有效地促进儿童的发展。"可见,幼儿园教育环境不仅承担着幼儿学习和发展的空间要素,还蕴含着促使儿童发展的基本教育价值。因此,正确认识幼儿园教育环境的价值是幼儿园保教活动开展、课程设计的基础和保障。

---

①虞永平:《幼儿园教育环境创设与利用的问题和思路》,《早期教育》2021年第9期,第4-7页。
②MAXWELL, L. E:《Competency in child care settings: the role of the physical environment》,《Environment and Behavior》2007年第2期,第229-245页。
③[英]海伦佩恩:《早期教育质量:国际视角》,潘月娟,杨晓丽,宋贝朵,译,教育科学出版社,2018,第3页。

1. 环境是幼儿园课程的根基

"无论哪一种幼儿园课程,根基都是环境。"①一方面,环境为幼儿教育提供了真实的情境,为课程的生发提供了鲜活的源泉,为课程的开展提供了有效的场地。另一方面,幼儿园环境教育的大目标可以且需要蕴含在幼儿生活的幼儿园环境之中。也就是说,环境是课程目标的物化表达,是课程内容的来源,是课程实施的载体和结果,是课程评价的窗口。

2. 环境是课程目标的物化表达

环境作为一种隐性的课程,承载着教育功能,蕴含着教育目标。环境不仅影响人,而且能够塑造人。幼儿所处的环境深刻地影响着幼儿的行为、认知和感受。如幼儿园通过在楼梯两边贴上不同形状的小脚丫,物化了上下楼梯的顺序和规则目标。通过在如厕、盥洗、喝水的地方粘贴小圆点,物化了有序排队的目标。可以说环境是教育目标的浸润,环境可以也应该蕴含教育目标。

3. 环境是课程内容的来源

当前课程生活化的理念成为幼儿园教育的主流,幼儿教育者们主张幼儿教育和幼儿园课程应该源自生活、通过生活、为了生活,而不同的幼儿园环境会营造出不同的日常生活,生成不同的课程主题。如南京市鹤琴幼儿园的课程故事"草坪保卫记"。在一个长满青草的小山坡上,幼儿通过发现小山坡上的草长得不如别的地方的草茂盛,继而产生了一系列的思考,并开展了一系列的探索活动。首先,探索小山坡的草坪为什么光秃秃的。孩子通过观察、讨论,反思了自己的行为对草坪造成的影响,初步形成了关于危害草坪的行为的认知。其次,探索怎样让草坪的草长起来。孩子们通过讨论、总结、实践、记录,开展了一场爱草、种草、养草、剪草的实践活动,进一步丰富了关于小草的生长、保护、种植、利用的知识和技能。② 又如,意大利瑞吉欧项目活动"小鸟戏法"。贴在窗户上的小鸟在阳光的照射下,影子投射到了柜子上,幼儿发现了小鸟的影子在移动,于是开始思考"如何让影子停下来"。针对这个问题幼儿开展了一系列的探究,给小鸟影子贴上胶带不让

---

① 【美】德布·柯蒂斯,玛吉·卡特:《以儿童为中心的反思性课程设计》,郑福明,张博,译,教育科学出版社,2015,第34页。

② 张俊:《看得见儿童找得到课程》,江苏凤凰教育出版社,2021,第3—19页。

它动,给小鸟影子做个房子不让它动,给小鸟影子喂点面包不让它动,躲起来静悄悄不打扰影子就不会动。最后,小朋友们发现,无论怎么做影子都不会停下来,因为影子随着光线的移动在移动,等到第二天还会按照同样的路线再移动一次。可见,幼儿深受环境的影响,在与环境的互动中产生问题,形成课题,在环境中主动探究,发挥想象力、创造力,进行探索经验的改组和建构。若幼儿园的环境是枯燥的、乏味的、混乱不堪的,那么很难催生有价值的课程主题和活动,幼儿在其中的行为和学习也很难是合理的、有效的。相反,若幼儿园的环境是有兴趣的、生动的,是鼓励探索、激发想象的,那么便会催生出更多的微型主题,幼儿在其中的行为和学习也一定是有意义的、有价值的。因此,在一间精心规划的幼儿园里,学习环境本身就是课程的基础,设备和材料的选择与安排则为即将发生的一切做好了准备。有经验的教师了解幼儿的学习方式,懂得如何安排环境,以促进幼儿将精力投入他们最感兴趣的区域环境中去。然后,教师借助幼儿对材料和活动的游戏化探索,发挥环境的教育作用。

4. 环境是课程实施的载体和结果

幼儿园环境不仅是课程实施的载体,更是课程实施结果的呈现。如鹤琴幼儿园课程故事"萝卜地的故事",结合《3~6岁儿童学习与发展指南》科学领域目标,幼儿园在环境规划中为大班幼儿分配种植园区,实现幼儿能够通过观察、比较和分析,发现并描述不同种类物体的特征或者某个事物前后变化的目标。在种植区大班幼儿与萝卜之间的故事就发生了,从选种子种萝卜,到萝卜地里的趣事,再到记录分享萝卜,到萝卜大丰收,到制作萝卜美食,最后把萝卜地的故事画下来。在这个课程故事中,萝卜地作为课程实施的主要载体,为幼儿的种植、观察、记录、制作提供了支撑。一方面,幼儿在萝卜地中不断回顾、改组、扩充自己对萝卜的种植、生长、收获、制作等方面的认知和经验。另一方面,萝卜地为幼儿好奇心的维持和关注点的拓展、联通提供了可能性支架。无论是"草坪保卫记"还是"小鸟戏法",抑或是"萝卜地的故事",无论是主题活动还是项目活动,抑或是随机生成的活动,都是在相应的环境中得以展开,与环境共融共生。然而,事实是现实中的很多幼儿园存在环境与课程割裂、与幼儿和幼儿的发展割裂的情况,缺少必要的联结和互动。环境是死的,是以教师为中心设置的静态空间。如幼儿园争相创建的种植区,多数要么供幼儿简单地观赏浏览,要么沦为幼儿园环境的背景,有的甚至荒废其中。因此,若想真正发挥环境的课程作用,教师必须强化、深化环境是幼儿园课程根基的理念,从思想上转变,在行动上落实。

5. 环境是游戏活动展开和推进的基础和保障

游戏是幼儿园的基本活动,游戏活动所产生的作用在于激发儿童大脑的神经元,帮助儿童大脑在发育关键窗口期建立神经元之间的联系。研究证明,儿童积极参与游戏活动会形成一种互为促进的大脑活动状态,出现类似于自我引导的大脑重塑的现象。游戏专家认定,儿童的游戏、脑的发展和丰富的环境之间存在一种互益关系,即游戏是一种神奇的、灵活的、不可预知且具有创造性反应的活动,具有进化儿童潜质的力量,能够以丰富的环境为中介,产生促进儿童大脑可塑性发展及其与现实联结的作用。因此,丰富的环境是幼儿园游戏活动促进儿童发展的基本前提和保障。良好的环境为游戏活动提供了背景、内容和意义,为儿童深度参与游戏提供了可能,并对儿童的社会性、情感、身体和认知等方面的发展大有裨益。① 此外,环境的游戏性是高质量游戏活动的关键。所谓环境的游戏性是指幼儿园游戏区域的环境及其投放的材料有助于幼儿获得兴趣感、自主感、成就感等游戏体验。②

如丹阳市正则幼儿园进行了一场关于如何支持幼儿更好地进行游戏的研究。建构区作为深受各年龄阶段幼儿喜欢的游戏区域,成为各幼儿园的必备和常规游戏区域,然而并非所有的建构区都能开展高质量的游戏活动。正则幼儿园教师通过对建构区进行拍照研讨发现建构区环境存在材料摆放凌乱、标志不适宜、墙面内容单一、支持与指导性不够、辅助性材料杂乱、缺失、不符合年龄特点等情况,随即针对这些问题对建构区环境进行了一系列调整。

第一,通过理论梳理和幼儿观察,总结出建构区小班、中班、大班的积木数量分别不能少于400块、800块、900块。

第二,通过标示规范积木的摆放(见图1.2)。

第三,对墙面进行深入布置,让环境说话,并能与幼儿发生互动。通过

---

① [美]朱莉·布拉德:《0~8岁儿童学习环境创设》,陈妃燕,彭楚芸,译,南京师范大学出版社,2014,第3-5页。
② 丁海东:《幼儿园区域环境的游戏性缺失与回归》,《学前教育研究》2019年第12期,第77-80页。

粘贴基本认知图、技能导视图、建筑欣赏图、作品展示图等,让多方面的图片激发幼儿的创作兴趣和热情,引起幼儿强烈的情绪体验和丰富的联想。

第四,增加辅助性材料,丰富建构。如季节性材料(石头、树叶、松果等)、工具性材料(尺子、记号笔、剪刀、胶带等)、情境性材料(人/玩偶、交通工具、装饰品等)。辅助材料对建构物起到了帮助作用,使作品更丰富,也更有效地支持建构游戏的发展。

通过以上措施改变建构区环境后,教师们观察发现,幼儿的作品发生了巨大的变化。如今,幼儿作品的复杂程度更高,作品的情境性更丰富,搭建构成中的同伴合作、创意拼搭程度深化,幼儿在游戏中的想象力和创造力得到了进一步提升(见图1.3、图1.4)。可见,环境是幼儿园游戏活动开展的前提,也是推动游戏活动进一步发展的保障。我们给幼儿提供越优质的环境,他们探究的激情和愿望就越强烈,得到的经验也更加丰富。

图1.2 积木摆放示例图

图1.3 搭建作品——《国庆》　　图1.4 搭建作品——《秋天》

6. 环境有利于儿童的发展和主动学习的生发

儿童在幼儿园阶段受思维特点的影响需要通过"直接操作、具体感知、亲身体验"来学习。环境能够为儿童提供通过一手经验建构个体知识的机会。一个精心创设的环境可以促进幼儿各方面的发展。

（1）为儿童提供了经过整合的学习经验。如儿童搭积木的时候不仅发展动作技能，还会发展社会性沟通、合作、问题解决能力，以及发展语言技能等。

（2）使儿童变得更加独立、自主，掌握能力更强。在这种环境中儿童通过与环境材料的互动，不断建构"我能行"的自我认知。

（3）能够为不同发展水平和不同发展需求的儿童提供操作和发展的机会。

（4）通过设置区域为儿童提供学习相同技能的多种方式，让儿童处于多种学习选择的环境中，有利于儿童选择自己认为最有效的学习方式。当儿童有机会用有趣且激励性的方式学习时，他们的坚持性和主动性会增强。

（5）可以反映儿童及其家庭的文化背景，促进儿童对各种文化的理解。

（6）能够为幼儿提供一系列挑战，使儿童成为自主的学习者。

（7）使儿童能够通过逼真的方式或在真实的生活环境当中去使用这些技能，而不是训练。逼真的任务比通过训练或直接指导而进行的任务更有吸引力，且更有效果。如当前幼儿园会在美食区为幼儿提供符合其尺寸和能力的真实食物和灶具，让幼儿通过制作真实的食物（如蔬菜沙拉、榨汁、煎蛋等）激发幼儿角色游戏的兴趣。

第二节 儿童立场

《现代汉语词典》中解释"立场"为：认识和处理问题时所处的地位和所抱的态度。从教育的观点出发解释"立场"则是指观察或研究某问题时所持的一定方法与基础思想中心。由此，儿童立场是指站在儿童的角度，以儿童的认知和理解、兴趣和爱好、逻辑和思维、发展和需求去看待问题和处理问题。成人若想站在儿童立场则必须在正确认识儿童的基础上科学地对待儿童。因为儿童总是以其独特的视角建构对周围世界的认知，且以其独有的观察方式、思维方式、解释方式和表达方式与周围环境互动。也就是说，儿童立场的核心是如何认识儿童和对待儿童，即所谓的儿童观。当我们回应和思考现代幼儿教育的核心价值取向在哪里时,"儿童立场"则应该是也必须是幼儿教育的核心立场。恰如瑞吉欧教育所倡导的"你心中的儿童形象就是教学开始的地方"。

一、儿童立场的内涵

儿童立场是基于儿童的立场。它强调基于儿童的生存与发展方式,强调儿童对事物的观念、理解与体验。儿童立场力图从儿童的视角看待问题、发现问题,最大化满足儿童的需求。应当明确的是,儿童立场区别于成人自己的立场,原因在于成人不可能成为儿童,不可能完全洞悉儿童的内心世界。"教师的任何一个教育行动,反映的都不可能是儿童的立场,而是教师对待儿童的立场。"

儿童立场强调的是成人应该通过研究而努力发现和理解世界在儿童眼中的意义,理解儿童是如何积极主动地构建自己的生活的,从而为"儿童利益最大化"做出贡献。儿童立场意味着我们要"了解"并"理解"儿童,也就是说,不仅要有发展心理学家的眼光,还要有一种对儿童的移情式理解,以达到与他们共享意义世界的目的。①

儿童立场也是引领儿童发展的立场。儿童立场强调引领儿童,发展儿童。促进儿童发展,实现育人价值,是学前教育的重要任务之一。理想的儿童教育应当顺应儿童的天性,满足儿童的需要,符合儿童的发展规律,但是这并不意味着对儿童无原则地迁就和一味地放纵。儿童立场既不是盲从儿童,也不是悬置成人角色,而是走向基于儿童和为了儿童的整合,即以儿童为本。教育实践中的基于儿童最终是为了儿童的健康快乐成长,如此才能体现出教育的目的性,不至于把来自成人的合理保护和教育也视为成人本位而横加批评(李召存,2015)。

二、坚守儿童立场的缘由

1. 儿童权利的倡导

20世纪以来,全球范围内掀起了推动儿童权利确立的运动。正如威廉·科尔萨罗曾指出:"社会学家对于其他弱势群体,诸如少数民族、女性的

---

① 黄进:《用"儿童的视角"看儿童》,《幼儿教育》2016年第10期,第1页。

关注自然而然地使他们关注到了儿童的生活。"①1924年《日内瓦儿童权利宣言》主张人类负有提供儿童最好福利之义务,儿童应受到特殊照顾。1959年《儿童权利宣言》规定了儿童应享有健康成长和发展受教育的权利,各国应保护儿童的权利。1989年《儿童权利公约》用国际法规的形式明确了儿童的生存权、受保护权、发展权、参与权等权利,明确表述了儿童"参与权"的内容:"儿童应有自由发表言论的权利,缔约国应确保有主见和有能力的儿童有权对影响到其本人的一切事项自由发表自己的意见,对儿童的意见应按照其年龄和成熟程度给以适当的重视"。《儿童权利公约》颁布后,世界各国广泛关注和重视儿童权利,人们开始意识到儿童有权对与自己生活密切相关的问题表达自己的观点,成人应尊重儿童发声的权利。此后,"儿童权利"的概念也逐渐走入我国学前教育学者的视野,纷纷参与"儿童为权利的正当拥有者,应给予儿童参与他们相关的决策制定的权利、给予儿童自由表达的权利"等儿童问题的讨论,提倡实践中落实和保障儿童拥有的各项权利。由此,儿童立场在20世纪国际儿童权利法案颁布的推动下得以关注,儿童立场也更多地表现为站在尊重和给予儿童权利基础之上的教育实践。

2. 儿童自身能力的显现及儿童观的变革

20世纪以来,伴随着儿童权利运动的开展,儿童意识在教育领域中崭露头角,儿童能力在教育实践与教育研究中逐渐显现。诞生于20世纪60年代的瑞吉欧教育体系证明了儿童有"一百种语言",学前儿童能够用多种不同的方式或符号系统,在不断探索、不断形成假设并不断验证的过程中,记录、理解并表现自己在活动过程中的记忆、想法、预测、假设、观察和情感,以及最终的问题解决。瑞吉欧的教育成功验证了"儿童是有能力的社会建构者",也吸引了更多领域的学者对于儿童视角的兴趣。大量已有研究也表明,儿童能够就其熟悉的生活世界(如幼儿园、家庭等)表达他们自己的观点。

随着儿童能力的显现,人们对儿童的看法和儿童观也在不断更新。从某种角度来说,儿童观是教育观的核心和基础,教育观应当根植于儿童观,只有真正确立了正确的儿童观才会有鲜明的儿童立场。② 儿童观的形成经

---

① WILLIAM A. CORSARO:《The Sociology of Childhood》,Pine Forge Press,2005,第6页。
② 成尚荣:《儿童立场:教育从这儿出发》,《人民教育》2007年第2期,第5—9页。

历了一个逐渐完善的过程,儿童观的变革让我们开始真正地认识儿童,并在此基础上开始认识教育,变革课程。"所有儿童都是有潜力的,教师只有深入地认识到儿童的这种潜力,他们所进行的所有工作和为儿童创设的环境才可能是合适的。"①《新西兰幼儿教育大纲》明确提出,儿童是以有能力、有自信的学习者、沟通者的身份成长的,他们的身体、心理、精神健康,有安全感与归属感,知道他们能为社会做出重要贡献。② 儿童观的变革打破了儿童弱小的消极假设,把儿童真正当作有独立人格、有能力的个体,也让我们看到了儿童发展的无限可能性。儿童观的变革是学前教育变革中坚守儿童立场的基础。

3. 基础教育课程改革的趋势

自2001年教育部颁布《基础教育课程改革纲要(试行)》之后,新一轮的基础教育课程改革轰轰烈烈地开展起来。随着课程改革的深入,全面发展、素质教育、核心素养等成为课程改革的热点词汇。课程改革越来越重视学生在课程中的主体地位,把学生的发展作为课程开发的着眼点和目标。2001年教育部颁布《幼儿园教育指导纲要(试行)》,以儿童为本的课程改革理念在政策层面上得到了充分彰显。《3~6岁儿童学习与发展指南》更是明确提出幼儿园教育实践应当以儿童发展为本。学前教育课程改革中的儿童本位理念是坚守儿童立场的坚强后盾。

4. 儿童视角的研究

新童年社会学推动了从"研究儿童"到"与儿童一起研究"的发展趋势,它强调倾听儿童,尊重儿童所特有的社会关系和文化。在传统的童年研究中,儿童作为"对象"被研究,童年被视为是单纯的生物学事实,儿童只是"形成中的人",代表着不成熟、非理性、依附于成人。20世纪80年代以来,以埃里森·詹姆士(Alli-son James)、艾伦·普劳特(Alan Prout)、克里斯·詹克斯(Chris Jenks)为代表的新童年社会学对这一儿童形象提出了批判,强调儿童是积极的社会行动者,儿童参与其周围世界的建构;儿童只是一种不同社

---

① [美]亨德里克:《学习瑞吉欧方法的第一步》,李季湄,等,译,北京师范大学出版社,2002,第55页。

② [新西兰]玛格丽特·卡尔,温迪·李:《学习故事与早期教育:建构学习者的形象》,周菁,译,教育科学出版社,2015,第5页。

会的特定结构和文化要素,成人不能以生理上的不成熟来理解儿童。此外,新童年社会学在社会文化理论的基础上批判"儿童—成人"的二元论视野,反对二元论视野下儿童与成人间的不平等关系,认为不应该以成人的视角研究儿童,成人永远无法充分参与儿童的社会世界,因为成人永远不能真正地再一次成为儿童。① 迪翁·索莫(Dion Sommer)分析了成人的视角、儿童视角和儿童的视角的区别。成人的视角是指成人在其生活世界中的经验、感知和理解,成人是其世界的主体,这是成人自己的现象学,是成人自己建构的对外部世界的认识;儿童视角是指成人站在儿童的角度,设身处地想儿童之所想,感儿童之所感,从而建构的对儿童理解的产物;儿童的视角是指儿童在其生活世界中的经验、感知和理解,儿童是其世界的主体,这是儿童自己的现象学,是儿童感受世界、理解世界的立场和角度。对这三种视角的区分为理解儿童立场提供了新的角度。儿童视角使成人能够通过儿童外显的语言、行为探寻儿童内心的感受与体验,这有利于加深成人对儿童的理解,从而推动践行儿童立场的步伐。②

近年来,有关"儿童视角"的教育研究逐渐成为国际教育领域的持续热点,研究中"让儿童发声""倾听儿童声音"的教育观和呼声此起彼伏。国内教育领域最近几年也逐步重视"儿童视角"的教育研究。基于"儿童视角"的教育研究关注儿童在研究中的地位以及与研究者的关系,提倡从儿童的立场出发,让儿童参与研究,使儿童表达自己对其生活世界的体验、认知和理解,以获取有关儿童的资料。美国教育学者凯兹(Katz,L.)把这种基于"儿童视角"的教育研究称为"自下而上"的研究,以区别于基于成人视角的"自上而下"的研究。他强调基于"儿童视角"的研究以儿童自己在具体教育活动情境的体验以及儿童自己"自内而外"对这些体验的解释方式为核心,故作为社会建构者的儿童,要能够被倾听和表达自己对教育活动的感受、想法和意见。"儿童视角"教育研究中形成的教育观对儿童立场的确立有着巨大的推动作用,学前教育实践中"儿童立场"与"儿童视角"经常被同时倡导和践行。

---

① 陈晓红,李召存:《教育研究中儿童视角的发展》,《教育导刊》2015年第1期,第15—17页。
② 王春燕,张传红:《学前教育中儿童立场的审思》,《幼儿教育》2019年第9期,第3—6页。

三、儿童立场的演变

儿童立场归结起来是儿童观的本原问题,涉及人们如何认识和看待儿童的问题。以西方儿童观的演变为例,古代把儿童看成是"小大人",是成人的预备,人们用成人的标准要求儿童,期待儿童像成人一样去行动,去迅速成长。14世纪,受基督教教义的影响,人们把儿童和上帝相对立,认为儿童是带着"原罪"来到尘世的人,其本性是恶的,需要加以鞭笞和惩戒才能不断地进行赎罪。在17、18世纪的文艺复兴及启蒙运动中,以卢梭为代表的思想家把儿童这一概念从成人的概念中分离出来。卢梭指出,"儿童有他特有的看法、想法和感情,应当把孩子看作孩子。用成人的眼光看待儿童,甚至用成人的想法代替儿童的想法,是不可取的"。这样的观念在教育史上被称为"儿童的发现",这一观点的形成也为教育学的研究和实践找到了基本的立场。随后的300多年间,在杜威、蒙台梭利等人的努力下,现代儿童观得到确立。现代儿童观认为,每个儿童都是一个独特的存在,要尊重儿童的独特性,站在儿童的立场上,并且以儿童为教育的出发点,儿童决定学习的质和量。至此,儿童成为教育的中心,儿童的独特地位和内在价值得到了体现,儿童的独特本能、兴趣和表达方式得到了重视,学者们对儿童的唱诵蜂拥而现:"儿童是能够发起交流互动、有意义感受周围世界的生活主体和学习主体""儿童有一百种语言和一百种世界,有多元的观念与表达方式""儿童是天生的创造者,智慧的创造者,美德的创造者"。儿童立场在从"没有儿童"到"发现儿童"再到"独特儿童"的儿童观演变过程中最终确立起来,儿童立场也成为指导当今学前教育实践的现代教育立场。

四、儿童立场的理性坚守

儿童立场,就是儿童教育过程要从儿童视角出发,研究儿童心理,遵循儿童认知的发展规律。儿童立场是教育者应有的态度和出发点,体现了儿童教育者基本的儿童观和教育观,它直接影响着儿童教育者对儿童的教育方式和教育行为,进而直接关系儿童能否更和谐、更理想地成长。随着"儿童立场"研究的不断深入,我们更多地关注儿童身心发展的特征,关注儿童的自身经验和需求,更多地在教育观念和实践中形成基于儿童立场的转变与思考。① 如新西兰幼教大纲中明确指出"儿童是有能力的自信的学习者和沟通者"。这一儿童立场是其开展幼儿教育的前提和基础,是幼儿园环境创设、教育活动开展、学习评价的核心理念。由此可见,儿童立场的确立是教育活动的核心和指南,有效的儿童立场是高质量学前教育的前提和基础。然而,在实践中我国幼教工作者,特别是一线幼儿教师建构的儿童观和儿童立场相对比较模糊、笼统,不具有教育指导价值。如在一次访谈中,当问到"你认为儿童是什么?"时,教师普遍回答:"儿童是祖国的花朵""儿童是独立的个体""儿童是天使""儿童是希望""儿童有无限的潜能"……那么如何建构一种理性的、有效的儿童立场呢?这就需要我们回到坚守儿童立场的理性源泉。

1. 儿童有自己独特的立场

受传统儿童观和发展心理学研究范式的影响,儿童长期被看作是成人的准备,童年是一个随着年龄增长不断成熟的过程,儿童的生理和心理不断从"不完善"的状态发展成为"复杂"的社会人接近成人世界。在这种观点下人们否认儿童世界的独特性,忽视对儿童自身价值的认识。但受新童年社会学和人类学的影响,他们认为虽然儿童身心发展不成熟,但童年是一种独特的社会结构。作为人生的一个阶段,童年不仅仅是为成年做准备,它本身就是一个自有意义的存在。新童年社会学家们旗帜鲜明地主张:童年不是"未成年",它就是童年本身。因为处在两个完全不同的阶段,成人不可能自然地、全然地理解儿童,关于儿童的研究不应将儿童本身排除在外,仅从"了解他们的成人"那里去收集信息。童年有其独特的意义,而儿童也有其独特的视角——一种不同于成人的、不应完全由成人代言的视角。童年时期是独特而珍贵的,儿童的那些和成人可能很不一样的感受、偏好与观点值得我们去研究和探索。② 理论至此,然而实践中成人在研究儿童时往往不自觉地采用成人视角,甚至会打着"儿童立场"的名义行"成人立场"之实。如在一次区域联动活动中,一个班级的幼儿来到另一个班级,一进门就被该班级的环境吸引了,临近春节该班级粘贴了春联、福字、鞭炮、灯笼等,环境中处处传递着春节的信号。区角结束后,回到自己的班级,教师与幼儿商量:"新

---

① 秦兰:《关于"儿童立场"教育理念的再思考》,《早期教育》2018年第11期,第13—14页。
② 魏婷,鄢超云:《"儿童的视角"研究的价值取向、方法原则与伦理思考》,《学前教育研究》2021年第3期,第3—10页。

年就要到了,我们也用春联、灯笼装扮我们的教室怎么样?"很多小朋友都说好,这时有一个小朋友说:"我觉得过年应该有糖果,妈妈说平时不能吃糖,过年的时候就可以。"一下子激发了小朋友对新年的认知和经验,纷纷表达过新年会有"新玩具""新衣服""可以看电视""可以吃冰糖葫芦"等。恰如《天才在左,疯子在右》关于"角度问题"的对话原文,非常精彩。

她:"绝大多数从事教育的人,并不懂孩子。需要举例吗?"

我:"很需要。"

她:"好,我们就举例:我看过一些给孩子看的文章,例如说早上出门吧,会用孩子的口气去说:天空很蓝,朝阳很美,树木青翠,空气新鲜,诸如此类,对不?"

我:"是这样,这是表示孩子的纯洁。"

她微笑:"那我来告诉你我知道的吧。就早上出门看到什么的问题,我问过不下100个孩子。你知道孩子都在看什么吗?"

我:"不是刚才那些吗?"

她:"绝对不是。他们的身高没我们高,也就没兴趣看那么多、那么远、那么宏观。他们比我们更靠近地面,地面才是最吸引他们的。他们会看虫子;会注意走路踢起来的石头;会留意积水的倒影;会看到埋在土里一半的硬币;会认真地研究什么时候踩下去才会发出踩雪特有的咯吱声;他们会观察脚下方砖的花纹……他们注意得太多了,但是没几个仰头看天、看朝阳、说空气新鲜的。"

我:"你的意思是说很多儿童读物其实是成年人的角度?"

她:"是这样,我们看这种文字,会觉得很新鲜,而孩子看着会觉得很无聊。孩子很聪明,但是他们不大会表达,他们只能直接反应为:没兴趣。"

我:"你从什么时候起留意孩子的态度的?"

她:"4年前吧,大概是。那是跟我哥和嫂子去逛商场,小外甥一直在闹,就是不愿意在商场。开始我觉得他是想干别的,后来发现不是。就在我蹲下去给他系鞋带的时候,我环视了四周才发现,在孩子眼里,商场一点都不好玩。到处都是各种各样的腿、鞋子、裤子,很没意思。"

她:"所以我才明白,我已经忘了小时候的那些看法了。"

由此可见,童年作为发展中的一个独特阶段,我们必须承认儿童有自己独特的立场和视角,他们有着自己对周围世界的认知。他们对事物的感受和认知不同于成人,我们应该尊重他们独特的想法。成人应该且需要站在儿童的立场上去观察、解读儿童的内心世界。

2. 儿童有能力展现自己的立场

从生物学意义来讲,儿童发育未成熟,他们显得孱弱无助,须得依附成人才能生存和发展。然而,这种孤弱状态掩藏不了儿童作为"自己的创造者"所拥有的强大的向上生长的力量和许多成人都不能企及的接受与创造能力。儿童是有能力的个体,这一点已经为大量与儿童有关的研究所证明。早期认知发展心理学家就已经发现儿童是主动的"意义建构者",他们通过感知、操作、思考、表达和创造来理解和改造世界。社会认知心理学家也指出,儿童处在特定的环境之中,通过与他人的社会性互动实现学习与发展。后认知发展心理学研究进一步证明,儿童具有不断发展着的关于内心世界和外部世界的"朴素理论"。哲学家马拉古奇更是诗意地称儿童像科学家一样思考,像艺术家一样创作。他们有"一百种语言"可以用来表达和表现。但是儿童和成人的感受、思考和表达方式不尽相同。成人须创造让儿童愿意表达的氛围与环境,提供儿童可以驾驭的工具,借助适合儿童的方法,让儿童可以施展自己的能力来呈现出自己的视角。如,杭州市西湖区文一街幼儿园姜程璐老师记录的小故事"也许就能画出个蒙娜丽莎"(见图1.5)。

当我走近,很好奇你们在干什么。于是我问:"你们搭的是火箭吗?是汽车吗?"

亮亮回答:"我们都是先乱搭的,搭着搭着看像什么就知道想搭什么。就像画画一样,别想那么多,也许就能画出个蒙娜丽莎。"

我惊叹你一语打破了创作的真谛,不就是在想象中边行动边打造的过程吗?

图1.5 小故事"也许就能画出个蒙娜丽莎"

3. 儿童有权利表达自己的立场

1989年联合国颁布的《儿童权利公约》(以下简称《公约》)确认儿童拥有基本的人权。在《公约》明确提出的四大儿童权利中,除了儿童作为"弱势者"所拥有的"被保护权"外,还有他们作为"胜任者"所拥有的"参与权"。《公约》第十二条明确提出"儿童有表达自己意见的权利,特别是在与自己利益有关的活动中表明自己的意见"。在这一文件的指引下,"倾听儿童的声音"成了全世界活动家和决策者广泛使用的强有力的口号。"儿童的视角"的研究者罗伯茨(Roberts H.)主张倾听儿童的声音应该基于对儿童作为"人"的承认和尊重,强调倾听儿童声音与儿童的尊严、儿童的基本人权有直接联系。儿童有权发声,而且他们的声音应该被听到,他们的视角应该被看到。① 如何倾听儿童的声音?研究无疑是重要的途径,而指向"儿童的视角"的研究必须在保证儿童权利的框架下进行。学者贝塞尔(Besell S.)分析了儿童在研究中的参与权,他认为一方面所有儿童都有参与研究的权利,另一方面研究者在儿童参与研究的过程中应保持专业性和正义性,即不误读儿童、不强迫儿童、不利用儿童。② 在研究"儿童的视角"的过程中,研究者与参与研究的儿童的关系应该充分体现对儿童权利和能力的尊重,研究应给予幼儿选择和表达的机会。

第三节　基于儿童立场的幼儿园教育环境创设

儿童是幼儿教育的原点,是幼儿园工作的出发点和落脚点,只有真正看见儿童、走向儿童、站在儿童的立场上,成人才能做出适宜的教育决策。近年来随着儿童意识的崛起,儿童观的发展不断成熟,回归儿童立场的幼儿园教育环境创设成为幼儿园教育环境创设追求的主流价值取向。如著名的环境设计师安妮塔·鲁伊·奥尔兹认为,成人应该为创造奇迹而创设幼儿园教育环境。她说:"儿童是奇迹,相信每位儿童是奇迹,能改变我们的培养方

---

① ROBERTS H.:《Listening to children and hearing them》, New York: Falmer Press, 2008年, 第154—171页。

② BESSELL S.:《Rights-based research with children: principles and practice》,《Geographies of Children and Young People》2015年第2期, 第1—18页。

式。当这样的'奇迹'来到我们生活中,我们应该为他们提供良好的成长环境。我们可以摆放鲜花或给予特别的物品、调整自己、清理空间、用发自内心的爱、带着尊重与感恩,为他们创设一个富有奇迹的空间,并将这件事情变成我们的工作,身体力行。我们可以选择改变,选择为'奇迹'创设环境。"①

正如托雷利和达雷特所描述的"按照儿童发展需求所创设的环境,有利于保教者和儿童建立正向的关系。它将管理和看守型活动降到最少,使保教者有更多的时间观察儿童,与他们互动并促进儿童的发展。"②

基于儿童立场的幼儿园教育环境创设大致可以归类为两种类型。一种是成人站在儿童的立场,凭借自身对儿童的观察、理解,基于儿童的兴趣、需要对幼儿园环境进行创设;一种则是儿童从自身的立场出发,按照自己的逻辑、认知、审美,在成人的协助支持下创设幼儿园环境。无论是哪一种类型,都应该符合教育环境应有的特点。幼儿园教育环境作为一种专门为幼儿创设的,有目的、有计划地促进儿童发展的生活学习环境,不同于其他的生活、自然和社会环境,从本质上应该具有促进儿童发展、反应儿童发展、巩固儿童发展的功能和价值。

一、以种植区为例管窥儿童立场的幼儿园教育环境创设

近年来,在幼儿园教育回归自然理念的主张下幼儿园越来越重视种植区的创设。很多幼儿园会在户外为每个班级规划一片小菜地进行种植,在种植区的门口写上班级的名字和植物名称。种植区自然而然地成了幼儿园教育环境的重要组成部分。然而实践中会发现有的幼儿园种植区根繁叶茂,硕果累累;有的则荒草丛生,菜蔫果少。当一个幼儿园的种植区根繁叶茂,硕果累累的时候,园长和教师会对访客津津乐道;当种植区荒草丛生,菜蔫果少的时候,园长和教师则会避而不谈。但是统一会存在只见种植区不见儿童的现象,环境中并不能看见儿童在这里做了什么、开展了什么活动、发生了什么互动、获得了什么发展。幼儿园的种植区沦为了一种自然景观

---

① [美]朱莉·布拉德:《0~8岁儿童学习环境创设》,陈妃燕,彭楚芸,译,南京师范大学出版社,2014,第2页。
② TORELLI, L. &DURRETTt, C.:《Landscape for learning:The impact of classroom design on infants and toddlers》,《Early Childhood News》1996年第2期,第12-17页。

而非教育环境。因为作为一种教育环境,教师的焦点不应该是种植结果的好坏,而应该是种植教育,即关于种植的教育、在种植中教育、通过种植的教育。要让"好的教育"发生,教师必须有目的有计划,在种植活动过程中让教育自然而然地发生(见图1.6,图1.7)。

图1.6 幼儿园种植区

图1.7 幼儿们在种植区

1.背离儿童立场的幼儿园种植区环境创设

当我们基于儿童立场对幼儿园教育环境进行创设和改造的时候,首先,应该进行一种主体审视,即审视这个环境创设的主人是成人还是儿童。其次,应该进行一种观察,即观察这个环境活动的主导者是成人还是儿童。最后,应该进行一种回顾,即回顾儿童在这个环境中的经历和经验的发生、发展。基于此,不难发现当前幼儿园种植区环境创设存在以下背离儿童立场的情况。

首先,幼儿园的种植是"成人的种植"而非"儿童的种植",种植行为由成人发起、成人支配、成人完成,儿童很少参与如松土、播种、挖坑、搭架子等实际的种植活动。

其次,种植区的活动是"成人在种植中教"而非"儿童在种植中学",成人主导种植区的活动。通过与幼儿园教师的交谈,儿童与种植区的互动以教师为主导,教师会让幼儿给种植区浇水,散步时间或开展相关集体教学活动时间带领儿童参观种植区,会带领幼儿采摘种植区的蔬菜和瓜果,再丰富一些的活动就是种植区写生,或者种植区美食烹饪和分享。一切活动的内容、形式都是成人主导的,且都是徘徊在种植区之外的。细细想来这真的是儿童立场的环境互动吗?儿童的兴趣、需要、声音是否是这些呢?也许这可能不是儿童心里最激动的声音,我与儿童交谈、与老师谈话,尽量去挖掘儿童想在这样的环境中干什么,对什么感兴趣。有的幼儿对菜地里的虫子感兴趣,有的幼儿为植物的衰败死亡感到伤心和困惑,有的幼儿希望能像成人一样去播种、去深度照顾植物等。种植区儿童有着他们朴素的理论,他们关心种植,甚至围绕种植会产生丰富的探索活动,可以说儿童种植园是一个游戏场、一个学习场,也是一个社交场。当儿童真正成为幼儿园种植活动的主导者,幼儿园的种植活动一定会焕发出新的生机,环境作为隐性课程的力量也一定会彰显。

最后,种植区的展示是一种"教学成果"而非一种"学习经历"。作为种植区环境的一个重要组成部分,就是关于种植区活动的记录,不同的记录会被张贴在种植区旁边,用来展示在这个环境中发生了什么。所到之处看到的记录都在说明儿童在这里开展了什么活动、取得了什么成果,如观察的照片、采摘的喜悦画面、照顾植物的瞬间等(见图1.8)。在这些记录中能够看到教师组织了什么活动,教学取得了什么成果,却无法感知幼儿在这里经历了什么,获得了什么样的成长和生命体验。基于儿童立场展示的应该是在这个环境中儿童获得的连续性成长和持续性经验,展示的应该以儿童的记录为主而不是教师记录的儿童为主,展示的应该是儿童观察到的植物生长变化的过程而非教师观察到的儿童在其中进行的零散活动或取得的成果。

 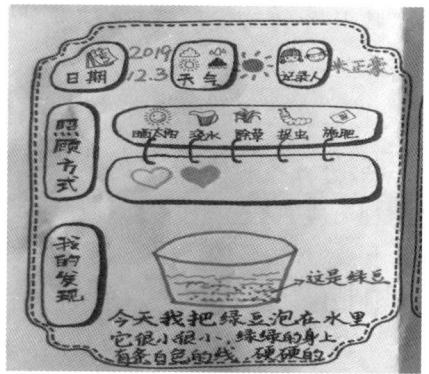

图 1.8　幼儿园种植区记录展示案例

案例中这种常见的种植区记录墙在幼儿园比比皆是,通过环境中记录展示的是教学片段和成果,是在种植区教师让儿童做了什么的说明,可以看到不同的儿童进入种植区环境中进行着相同的操作和互动,却很难追寻儿童的兴趣、需要和发展的踪迹。

2. 回归儿童立场的幼儿园种植环境创设

走向儿童立场的幼儿园种植区环境创设应该呈现出这样的样态:一种是"儿童立场"的环境,一种是"儿童的立场"的环境。前者强调成人以儿童的兴趣、需要、发展为逻辑起点进行环境创设,后者强调幼儿作为环境创设的主体,参与环境的创设。以下是回归儿童立场的幼儿园种植教育环境创设的几点建议。

(1)以儿童的行为为主创设种植区,变"成人的种植"为"儿童的种植"。将儿童视为种植区环境创设的主人,根据幼儿的年龄特点协助儿童最大限度增加种植行为,从种植物的选择(根据季节气候选择适合播种、栽种的植物)——种植区的整理(松土、施肥、围挡等)——进行种植——照顾种植物——种植物的收获——种植物的利用,让儿童全方位参与种植环境的创设和种植行为的全过程中。即使在一些超过儿童能力范围的种植行为中,也要尽可能多地让儿童力所能及地进行协助,变教师的种植为教师与儿童一起的种植,并在种植过程中给予儿童做决定的机会,倾听儿童的声音,支持儿童的想法,鼓励儿童的行动。

(2)以儿童的兴趣为基开展种植活动,变"成人的预设"为"儿童的生成"。种植区作为一种自然教育环境,其动态性、变化性、随机性和不确定性决定了其中蕴含着丰富的教育契机,也正是这种不确定性让种植区活动像游戏一样具有趣味性和吸引力。儿童与种植区的互动不应被成人提前规制,恰恰是那些种植中的问题,意外吸引了儿童的兴趣,构建了种植区探索的空间和主题,使种植环境变成一种教育环境,使种植活动变成一种种植教育,使环境真正成为第三位教师。

(3)以儿童的经验为核心展示种植区,变记录结果为记录过程。展示区是幼儿园环境的重要组成部分,没有记录就没有发生,作为一个重要的窗口,当前的幼儿园区域环境中必不可少的就是展示墙、展示框、展示架或展示本等。基于儿童立场的展示应该以儿童的经验为核心,记录那些儿童感兴趣的精彩瞬间、记录儿童与环境互动的方式、记录儿童经验改组和扩充的过程。这种记录在向儿童传递教师关注并珍视其在环境中生发的经验,儿童在环境中进行的一切活动值得被尊重和被看见。教师如果可以以图文并茂的方式将儿童创作、探索的过程呈现在环境中,那么这样的环境是会说话的,也将会鼓励孩子们回顾和分享自己当时的探索学习过程,并激发孩子们进一步探索的欲望。也就是说,在各个区域的展示墙创设中教师应该树立一种"过程远比结果重要"的教育理念,突破大部分环境创设以展示成果、作品为主,忽视儿童思考、创作过程的藩篱,追求呈现儿童积极参与的过程、呈现儿童创作和探索的过程。

通过环境中的记录展示儿童学习的历程,记录墙的创设是关于在种植区儿童遇到了什么问题、进行了什么探究、获得了什么认知经验的过程展示,充分展示了儿童在种植区为了完成共同的种植任务,不断的探索、发现、实践从而获得发展的过程(见图1.9)。

二、基于儿童立场的幼儿园教育环境特点

长久以来,幼儿园环境创设等同于物质环境创设,就是教师通过对空间进行规划装饰、投放一定的材料,产生一个儿童喜闻乐见的物理空间。如教师们在走廊或大厅张贴各种小动物、小植物的卡通图像或改造美化环境提高环境的吸引力,在卫生间张贴洗手、穿衣步骤图通过环境进行教育,在班级墙面粘贴儿童的作品和成果进行成果展示。有些幼儿园的环境创设就像是教师才艺比拼的舞台,环创越来越精致和复杂,老师们千辛万苦地收集各类材料,加班加点工作目的就是呈现出精美、丰富、多彩的班级环境。这种环境一开始儿童会好奇地浏览,久而久之儿童不再对环境感兴趣,因为环境是死的、不变的,儿童和环境之间是割裂的、没有互动的,儿童也不会因为墙

面上张贴了洗手步骤图就严格按照其顺序盥洗。随着时代的发展,人们对幼儿园环境的认知不断拓展,从最初的一种单纯的物理空间演变到物理空间和心理空间的有机结合。从发挥环境的教育功能,"通过环境教育"演变到环境是第三位老师,"在环境中教育"。如今幼儿园教育环境创设随着对环境教育价值认识的不断深入已经发生了根本性转变,可以说教育环境的创设已经成为一种教学隐喻。

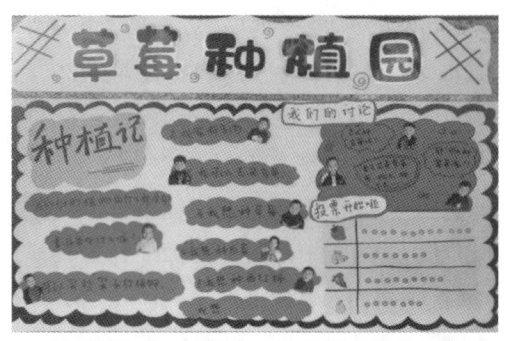

幼儿讨论可以在种植区种什么,并通过班级投票确定种草莓。

幼儿参与草莓种植的全过程。

在种植过程中草莓出现叶子枯萎、草莓死掉的情况,幼儿探讨如何重新种草莓、如何种好草莓。

图1.9 基于儿童立场的种植区创设案例:草莓种植记

从宏观层面来讲,幼儿园的教育环境在进行建筑设计的时候就应该站在儿童的立场上进行设计审思。日本知名建筑师手冢孝治曾说过:"一座建筑的风格形态会反过来影响里面的人。"对于幼儿园的设计来说,更是如此。建筑改变教育,一所最理想的幼儿园不论它的形态如何,但它一定是既能让孩子们自由奔跑、愉快玩耍,又能让孩子在其中学会生活并得以成长的。当真正站在儿童的视角,每个细节都考量到孩子,一所幼儿园才会有灵魂。著名学前教育学者柯蒂斯和卡特也在2005年就指出现在许多学前教育机构的共同问题:大部分早期教育机构给人一种学校或组织的氛围,充斥外观类似的物品,例如,都用三原色,都是塑料制品,以及设计好的游戏和材料……所有的幼儿园都开始变得千篇一律,未能反映出他们所服务的家庭和社区的特征。长久以来,我们习惯用"大人们认为"来思考并设计孩子的建筑和空间,我们从成人的视角为儿童设计建筑及空间,并从不怀疑这其中的问题。我们忽略了多问问孩子们,"你们需要什么?"幼儿园最大的功能,不是培育知识,而是培养和释放想象力,好的幼儿园设计就是让孩子充分释放天性。幼儿园的环境应当融入给儿童足够安全感和归属感的元素,如温和的家具、与自然连接、安全心理、良好人际等方面。同时在进行幼儿园建筑设计之初就应该鼓励设计者融入学习群体的"文化特征"。这是属于文化学习的一部分,能够让儿童更深地认识"群体"的社会概念。建筑构成的环境所蕴含的文化,一定会对儿童产生潜移默化的影响,如大坪乡幼儿园的建筑设计理念(见图1.10)。

图 1.10 案例:大坪乡幼儿园环境设计及理念

图文来源:微信公众号"新微设计"——10个最新幼儿园设计(2022-08-26)

来自设计师的思考:孩子们应该在怎样的环境中学习和玩耍,他们的成长环境是否应该和乡村脉搏息息相关?家乡的印记是否应该成为情感纽带一生相随?因此,当大坪乡中心小学旁划出一块用地、如同村舍聚落向田野延伸触须时,我们希望这个新建的、规模为三个班的小型幼儿园,能突破边界,延续乡村环境特质,重塑家乡情感关联。

建筑空间布局: 幼儿园的建筑布局再现传统乡村的形成机制,用"乡村原型屋"组成一个紧密的幼儿生活单元,由单元集合成聚落,形成幼儿园的"村庄"。每组单元都是一套完整的儿童生活活动空间,是个体的"家"。两个双坡顶的"原型屋"放置成夹角,分别是活动室和休息室,夹角处是盥洗室、卫生间、衣帽间和绿化小庭院。灰瓦的双坡屋顶回应了多雨的气候特点和传统的建筑形式。活动室的立面则以大面积的窗口开向田园风光。三组单元的室内采用不同的主题颜色,让孩子们对自己的"家"更有归属感。

环境教育理念: 当幼儿园真正打破边界,融入乡村,它就不仅是满足功能使用的"外来物",更是一种新的情感关系的构建。它是乡村儿童成长路上认识家乡的文化、自然的心灵所向,是乡村家庭亲情互动的纽带,同时也是乡村社区公共活动的载体。

从微观层面来讲,幼儿园的教育环境设计是对已有的室内外空间环境进行创设。基于儿童立场的幼儿园教育环境需要让儿童参与环境创设中去,与环境产生互动,并将已有的知识经验与当前的环境和教育任务产生连接,从而促进有意义的学习生发。所以,当幼儿园教师进行环境创设的时候,应该对环境进行一种教育层面的考量,也就是要考量在这个环境中要进行什么样的教育,以及如何开展这样的教育和教育成果的运用问题,而儿童立场则意味着这些考量都是基于儿童的学习和发展所展开的。也就是说基于儿童立场的幼儿园教育环境创设应该让"好的环境"设计和"好的教育"设计相遇,两者交集的地方就是儿童经验的发生、发展和扩充。走向儿童立场的幼儿园教育环境应该具有以下基本特征。

1. 符合儿童的认知发展特点,支持儿童的学习和发展

《3~6岁儿童学习与发展指南》指出,直接感知、实际操作和亲身体验是幼儿的学习方式和学习特点。因此,基于儿童立场的幼儿园教育环境创设应该回应儿童的学习方式,满足幼儿通过感知、操作、体验获取直接经验的特点。这就意味着环境中要有丰富的感知可能、互动的机会和探究的空间支持幼儿获得各种感性经验。这样的环境一般应该具有以下特征。

(1)自然性。儿童是自然之子,在自然中儿童有无限感知的可能,自然赋予儿童无限灵力。幼儿园环境要避免过度加工,而是尽可能地保持其生态性。吉布森提出过"可供性理论",认为自动、自发的行为过程和环境因素

的可供性有关。山坡会引发攀爬,水的液态流动特征会引发嬉水,因此,越是丰富的自然空间,越具有丰富的可供性。在自然环境中,儿童去听、看、摸、尝,去走、跑、攀、爬、跳,去游戏、交谈,甚至发呆……这些都是儿童对自然的"可供性"的享用。剑桥建筑师赛门·尼克尔森也提出过"活动零件理论",认为在任何环境中,发明和创造力的高低以及探索发现的可能性,都与该环境中变数的数量和种类成正比。尽管现在电脑和机器技术非常发达,但"能刺激所有感官的大自然,依然是活动零件最丰富的来源"。西方的很多研究都证实了这样的结论:一个自然化的校园,能孕育出更多幻想、更完整的扮演、更平等的伙伴关系、更旺盛的求知欲。

自然环境中的花、草、树、木、虫、蚁、鸟、兽、小水池、小山坡等,都像是随时等待着去促进儿童发展的"教师",一面通过视、听、触刺激着儿童的感官,吸引着儿童的注意力,一面又通过其变化性为儿童提供了无限探究的可能,在这样的环境中儿童总是以亲身体验的方式去感知和探究大自然。如凋零的树叶可以帮助儿童感知秋天的到来,干枯的小草可以启发儿童探索保护小草的方法,突然飞来的蜻蜓就是一次科学活动的主题,地上的蚂蚁是儿童永恒的探秘对象。由此,自然环境和环境中的自然元素以其丰富的可供性,激发着儿童的探究兴趣,丰富着儿童的亲身体验,促进着儿童的学习和发展。从儿童立场出发的幼儿园应该具有丰富的自然空间。

(2)阶段性。不同年龄阶段的儿童具有不同的身心发展特征,需要不同的支持性环境。小班幼儿注意力容易分散,因此,环境装饰不要过于复杂,区域材料也不宜过小、过多、过杂。同时,小班幼儿既偏好整体感知,又对细节有高度的敏感性,因此,在环境创设中宜采用大比例、大面块的整体构图方式,以引导他们对局部的细节性感知和整体的结构性感知。中班幼儿在动作、语言、操作探索、想象创造、注意力分配等方面有了明显发展,因此,他们需要更多能够引发精细操作、联通想象的材料,需要更大的探索空间与活动范围,需要更宽容温暖的人际氛围。不仅如此,随着中班幼儿自主性的增强,教师要给予他们更多参与环境规划、设计、决策的机会。大班幼儿的专注力、思维力、想象力有了更大的发展,因此,幼儿园环境要有更多的留白以支持他们深度学习。如活动区记录单、游戏计划本、每日签到单等不只是幼儿的学习结果,还是幼儿的学习对象,教师可以有意识地引导幼儿进行再次学习,通过找规律、分类统计、分类汇总、图形输出(曲线图、饼状图、条形图)等方式,支持幼儿进行深度学习。

（3）留白性。所谓留白一方面是指色彩上的留白，一方面是指空间的未完成性，就是还给儿童更多的空间，让他们发挥自己的想象力和思考能力去参与环境的创设中去，与环境互动。太多的幼儿园班级、走廊、大厅总是粘满、摆满了琳琅满目的装饰物、展示品，让人眼花缭乱。特别是在一所新的幼儿园我们也会发现儿童还未入园，环境已经被教师填满。在这样的环境中教师经过筛选将环境空间填满，儿童失去了参与环境的机会和与环境互动的可能。

首先，以色彩的留白，提高儿童在环境中学习的专注力。从儿童发展的特点上来说，有大量的实证研究表明，对于尚不具备有效注意力管理的幼儿来说，在高度装饰的课室环境中，儿童的注意力更容易受到影响，这将不利于儿童的学习。一个适宜的学习环境应该是尽可能地避免无意义的装饰，卡通化的环境并不能够更好地支持儿童的学习，我们尽可能减少儿童环境中的"视觉噪声"，让儿童能够更加关注于认知学习（见图1.11、图1.12）。

图1.11　留白的班级环境　　　　图1.12　高度装饰的班级环境

其次，以空间的留白，鼓励儿童参与环境创设。幼儿园环境作为一种"隐性课程"，对儿童的知识建构起着重要的作用。在环境创设过程中，教师需要主动为儿童的学习"留白"，结合儿童的兴趣、生活经验等，鼓励他们积极参与环境创设中，并为其提供可理解的、可互动的、自由表现的想象空间，充分发挥儿童的能动者角色以及童年的文化价值。从支持和促进儿童的发展来说，幼儿园的环境应让幼儿自己去不断丰富，用一处处留白的空间区域刺激儿童参与其中。实践中幼儿园教师用了大量的时间和精力去构思、设计、制作精美的环境，这是儿童需要的吗？北京师范大学教育学部冯晓霞教授针对幼儿园开学前教师加班加点做环境创设的现象指出，儿童需要包含问题的环境，教师不需要为儿童创设一个准备好的环境去玩耍，而应该把让儿童创设自己的环境作为一种重要的教学手段，使"教师创设环境"向"教师和儿童一起创设环境""教师支持儿童创设自己的环境"转变。如中华女子学院附属幼儿园,在进行环境创设时,会鼓励儿童表达自己的想法,教师根据儿童的想法对环境进行持续性改造,孩子们讲,他们想要一个挖土池,幼儿园就把一棵树请到了别的地方,造了一个挖土池。所有的环境并不都是预先准备好的,而是在和孩子们互动的过程中,依靠他们的创造完成的。他们知道自己想要什么、怎么做,他们和环境有深度联结的时候,也就有了深度的情感。

一个未完成的环境就像一本没有结局的书,儿童可以翻阅也可以续写,可以参与其中改变内容的结构,创新情境,时刻刺激并吸引儿童卷入环境中来。在未完待续的留白环境中儿童一边融入环境,一边创造环境、完善环境,使自己成为环境的主人,让环境为儿童所用,并在参与环境创设与环境互动的过程中获得知识、技能、情感的发展。因此,幼儿园环境的创设每一次丰富、完善,甚至修缮都应该是"儿童的视角"下的产物。只有基于儿童的想法、与儿童共同讨论,才能创设出适合儿童发展的环境。儿童会在自己创作环境的过程中进行深入的再学习、再思考,与环境更好地对话,而环境也能真正发挥出其教育的价值。

2. 提供公平的学习机会,回应儿童的多种需要

创设提供公平学习机会的环境是儿童立场理性回归。也许我们会说每个儿童都同等享有幼儿园的环境,但是必须审思环境作为第三位教师,也会存在偏见和结构性不合理。在《Learning Stories & Teacher Inquiry Groups》这种书中,提到凯莉老师和活跃的雅各布的故事。雅各布给老师的教学带来了挑战,雅各布总是在户外活动时从滑梯往下扔东西、喜欢扔很重的球或者积木,很容易伤到他人。面对这种情况教师的常规反应是如何解决这个问题,这种问题解决的本质是一种行为控制。但是站在儿童的立场上,我们应该思考如何创设能够回应雅各布兴趣和提供能够帮助他积极参与活动的环境。凯莉老师想要帮助雅各布寻找到一些激发好奇和释放能量的方式。基于雅各布喜欢大运动的特点,帮助雅各布创设了满足他发展需求和兴趣的环境,在幼儿园的石头旁边投入了牛奶箱,于是雅各布愉快的开始把石头搬进牛奶箱,推着、抱着在操场上开心的到处跑。后来老师将牛奶箱放在大型积木旁边,同样雅各布将积木装满了牛奶箱,在牛奶箱上系上一些绳子,拉着跑,当箱子划过草坪,雅各布似乎开始对草坪上留下的轨迹感兴趣。通过

凯莉老师和雅各布的故事,我们会发现每个儿童都有不同的兴趣、爱好和能力,幼儿园环境可以满足大部分儿童的兴趣和需要,但是仍然会忽略一些儿童的兴趣和需要,于是问题行为从这里产生。当儿童产生问题行为的时候,也许是环境没有满足他的需要,教师可以站在儿童的立场上进行审视。

Debble Curtis & Margie Carter 在"Design for Living and Learing:Transforming Early Childhood Environments"里提出了一系列有助于我们从孩子的视角审视环境的疑问:我建议老师们在审视环境时将以下疑问中的"我"用班里每一个孩子的名字来替换。

- 我能找到小动物、小植物吗?
- 有好玩和充满魔力的东西吗?
- 有我喜欢看看、摸摸、闻闻、玩玩、想想、说说的东西吗?
- 有能让我探究它的特性和原理的东西吗?
- 这里能让我感到自己是有力量的吗?
- 这里有没有一个惬意的,我可以享受独处时光的地方吗?
- 在这里我能不能找到我的名字,我有没有机会经常写我的名字?
- 在这里,哪些信息是可以让我了解我的老师的呢?
- 在这里,我能感受到自己是有力量的吗?
- 我能做主吗?

环境行为学和环境心理学的已有研究表明,环境与人的外显行为之间是相互作用的关系,场所和空间的设计会影响儿童表现出的行为。作为幼儿教育工作者,应该尊重儿童的多样性,并尽可能为每一个儿童的发展需求提供支持,在幼儿园环境中每一个儿童都有公平地使用学习环境和材料的机会,这需要教师具有更加包容的儿童立场,识别每个儿童的特点和需求。

3. 吸引儿童的感官,满足儿童的审美偏好

(1)吸引儿童的感官。环境作为一种美学范式,"美学"不仅仅是指对眼睛来说是美丽的东西,而是指任何以积极的方式影响感官的事物,包括听觉、触觉、嗅觉和味觉。幼儿园环境应该做到吸引儿童的感官,提高儿童的知觉意识,让儿童通过感官认识周围的环境并与之产生联系和相互影响。意大利的儿童感官公园(见图 1.13)和瑞吉欧詹尼罗达里幼儿园(见图 1.14)为我们进行幼儿园教育环境创设提供了很好的借鉴。

感官公园设计建议

视觉:视觉体验来源于色彩、形状、光线和阴影等多种元素的刺激,感官公园里建议种植一年四季花期不同的各类植物。比如种植草本植物,开花的乔木或灌木,最好是对蝴蝶和鸟类有吸引力的植物。儿童通过观察五颜六色的花蕾、长短不一的根茎、形状不一的叶片可建立起对植物属性的认知思维。

图1.13 意大利的儿童感官公园

图1.14 瑞吉欧詹尼罗达里幼儿园

触觉:感官公园里建议设置区域铺设鹅卵石、苔藓、树皮、植物叶子、柔软花瓣等自然元素帮助儿童丰富触觉感受,也可设置区域放置织物、木屑、水等使儿童获得更加完整的感官体验。

嗅觉:建议种植具有不同气味的植物和花卉,比如鼠尾草、迷迭香、薄荷、香芹、牛至、罗勒、墨角兰等植物。

听觉:穿过树林的风,草地的沙沙声和虫鸣鸟叫已经提供了重要的听觉来源。为了丰富听觉体验,还可以在公园内设小型喷泉,由自然材料制作的发声装置或铃铛、风铃等。

味觉:将物体放入口中是儿童认识世界的最初方式,因此感光公园里必须避免有毒的植物和花卉,建议种植蔬菜或果树蓝莓等灌木。

(图文来源:微信公众号"壹白教育"——如何设计儿童感官公园)

(2)满足儿童的审美偏好。儿童的审美偏好与成人有较大的不同,在色彩、形状方面尤为突出。从幼儿的色彩偏好来看,幼儿园室内外环境应该以原色、自然色为主色调,充满阳光明亮的特点。原色、自然色是指物体本来的色彩,如原木色、土地色、金属色等。当前,幼儿园要在色彩上努力做减法,而不是做加法,将环境的色彩减少到最低限度,让幼儿用自己的创意去涂染这个原本属于他们的世界。如果我们教育者相信儿童是神奇的魔术师,儿童便会用他们自己的五彩缤纷妆点这个底色为原色或自然色的世界。因为简单朴素的环境才能衬托和培养多姿多彩的儿童。阳光明亮的色彩温暖、明亮、饱和度高,可以引发幼儿的积极情绪,提升幼儿的好奇心与兴奋度。因此,幼儿园在创设环境时要在原色、自然色的基调上选择更多暖色的玩具与材料,以吸引幼儿与环境持续深入互动。

从幼儿的形状偏好来看,幼儿园的室内外环境中应该多选用圆形、弧形、有转角、流线形、螺旋形的材料与家具。带弧度的家具或材料能给幼儿一种接纳感、圆润感、温暖感、自由感,而直角的、方形的、三角形的家具或材料则棱角分明,容易使幼儿形成一种被拒绝、被排斥、被约束、不可抗拒、紧张等感觉。

4. 以儿童为中心,实现自我引导功能

以儿童为中心,实现幼儿自我引导功能是幼儿园教育环境创设重要的价值。儿童是幼儿园教育环境创设的核心参与者,儿童是否能够投入环境中、多大程度投入环境中是判断幼儿园教育环境好坏的重要标准。社会文化建构主义与认知建构主义学习理论的思想都认为儿童的学习是其在主动探究及与环境互动中产生的。儿童自身的"成熟"过程与"学习"的过程是相互促进的,适宜的学习环境一方面应包括环境中富含打破儿童认知平衡的"刺激"引发儿童的主动建构;也包括尽可能多的契机让儿童有与伙伴、成人发生互动的可能。如何让儿童在环境中获得这种自我引导呢?教师需要充分让儿童认识到"儿童是环境的主人",儿童有能力且有权利对幼儿园环境做出决定。在以儿童为中心的环境中,儿童通过获得存在感和控制感,实现自我引导,获得创造性学习和发展的机会。

(1)存在感。存在感是指觉察到具有价值的事物被你影响所产生的感觉。简单地说就是被注意到、被重视,以及被关注的一种感觉。从心理学的角度而言存在感分为认知上的存在感和思维上的存在感。就认知上的存在感而言,幼儿园教育环境应该帮助儿童建立"这是我的环境"的认知。区别传统幼儿园环境的规制,不能去哪里、不能玩这个、不能碰那个等,幼儿园更多的是在环境中创设属于儿童的物品和空间。如为儿童创设私密空间,在这里你可以不被打扰。又如认领植物和动物,这是你的,你可以按照自己的想法照顾它与它互动,再如你可以动手解决班级存在的问题,就像当图书被弄坏的时候,儿童不再告状而是自主修理等。通过一种"这是我的环境"的觉知和营造,让儿童在环境中进行自我引导式的学习和发展。就思维上的存在感而言,这是一种精神状态,幼儿园教育环境应该让儿童感受到"我对环境是有价值、有意义"的,也就是我能够为环境做贡献。如我可以为干净整洁的环境做贡献,我可以为有序的环境做贡献、我可以为美的环境做贡献、我可以为改善环境做贡献。这种贡献可以是体能的、可以是技能的,也可以是思想的,无论何种形式的贡献,核心是让儿童在贡献中感知自我价值获得存在感,进而完成自我实现。

(2)控制感。控制感是指个体相信自己能够决定自己内在的状态和外在的行为,能够影响周围环境,以及实现预期结果的信念。研究表明,如果有更好的控制感就可以提高心理弹性和生活满意度,更加灵活地应对生活中的状况和处理自己的不良情绪,能够更加感到生活是美好的,也就更能促进主观幸福感的提升。作为儿童赖以生活和学习的环境,若想让儿童过一种幸福生活,就应该创设一种儿童具有控制感的环境。如何帮助儿童获得这种控制感呢?成人要在创设环境的过程中倾听儿童的想法,了解儿童的创意,让儿童成为班级环境的规划者、设计者和改造者。同时,控制感也是一种自由度的体现,它不仅体现在可以自由选择我喜欢的环境,更体现在可以改变不喜欢的环境。如当前幼儿园区域环境创设成为幼儿园环境创设的重点,但是在不同的幼儿园班级区域中总是能发现一些门可罗雀的角落,这些环境从创始之初到学期结束都维持着其原来的面貌,儿童不喜欢却也不能改变。就像曾经在一个班级,一个儿童说老师我们这里玩积木的人太多了,装不下了,能不能把表演区的东西拿出去呢?教师说不可以,你们只能在你们的区域活动。幼儿会说那表演区都没有人玩呀?老师只是说每个人都必须遵守规则在区域内活动,于是儿童悻悻地离开了。诸如此类的案例很多,儿童在环境中没有办法控制和改变环境,环境制约着儿童,于是会渐渐地不再对环境感兴趣。

三、走向儿童立场的幼儿园教育环境创设审思

高质量的幼儿园教育环境是高质量幼儿教育的关键要素。近年来主张环境回归儿童立场和基于儿童视角,本质上是幼儿园教育环境在创设过程中对成人和儿童作用的理性配比。上文中我们不断强调儿童在环境创设中的参与性,以及儿童是环境的主人。这并不意味着幼儿园教育环境创设的主体就完全从成人移交到儿童,而是要认识并落实到儿童在环境创设中的作用。环境创设作为一项专业性工作需要系统规划、周密安排,教师是幼儿园教育环境创设主体,具有环境创设的责任和专业能力。需要注意的是,教师在进行环境创设时应该站在儿童的立场上,创设属于儿童的环境。在与幼儿教师交谈中出现过一个很有意思的访谈,当问幼儿教师会依据什么创设班级的环境时,他们不约而同地回答:"儿童的兴趣、需要、生活经验。"于是笔者继续追问:"那你觉得班级的幼儿对你创设的环境感兴趣吗?"老师回答:"一开始可能新鲜还有兴趣,过一段时间以后他们就会觉得很无聊。"有些老师不好意思地笑了,因为在交谈中他们似乎发现,教师基于儿童的兴趣创设了一个儿童不太感兴趣的环境。这到底是哪里出了问题呢?我想是环境的单调、死板不能回应儿童的生动、鲜活。环境对儿童的吸引力始于喜欢、好奇,终于互动、参与。幼儿园教育环境是否真正属于幼儿关键就在于幼儿对这样的环境喜欢不喜欢,投入不投入。幼儿对环境不是完全被动接受的,除了其兴趣和需要是环境创设的前提,还应该尽可能地让幼儿参与环境的创设,把幼儿的活动与环境的不断完善有机结合起来。

南京师范大学虞永平教授就指出幼儿园教育环境建设中还存在一些问题:一是部分幼儿园教师还没有清晰地意识到自己在环境创设方面的责任,没有清晰认识到充分利用环境是课程实施的重要途径,因而环境创设和利用的主体意识不强、责任感不够。有的幼儿园甚至把环境创设仅仅当作任务来完成,尤其是户外环境,经常交由园林部门来负责,没有老师们的思路和构想。二是幼儿园环境创设的目的性不强,缺乏计划性和指向性,有些环

境长期不变,没有实际的教育价值,教师缺乏对环境的价值评估和更新意愿,没有真正将环境建设与课程建设联系起来,没有真正将环境与幼儿的学习和发展联系起来,教师的活动设计和安排没有充分利用环境的有利条件。三是幼儿没有真正成为环境的主人。环境设计没有充分考虑幼儿的兴趣和需要,没有征求幼儿的意见,幼儿没有机会参与环境创设的过程,环境中的空间、材料、活动内容和方式没有给予幼儿充分的选择机会,因而幼儿在环境中难以产生惊奇感、发现欲和创造性。①

著名的设计师安妮塔·鲁伊·奥尔兹曾说:"儿童即奇迹。相信每一个儿童都是一个奇迹,这种信念可以改变我们设计儿童保育空间的方式。如果想让奇迹降临到生活中,我们就要让自己和周围的环境做好准备……我们满怀敬畏和感激之情,把创设一个足以与奇迹相配的地方作为自己的工作!"创设幼儿园教育环境是教师的工作,坚持儿童立场要求教师站在儿童的立场来看待环境。想要站在儿童的立场上,首先要研究儿童、理解儿童,在此基础上让环境对接儿童的生活、回归儿童的经验、促进儿童的发展,让环境与儿童的生活、经验、发展建立起一种有机的联系。走向儿童立场的幼儿园教育环境创设是一种创造也是一种改造,鼓励幼儿教育工作者建构一种关于幼儿园教育环境创设的儿童立场,对幼儿园教育环境进行儿童立场的反思,并基于儿童立场对幼儿园教育环境进行生成创设。

---

① 虞永平:《幼儿园教育环境创设与利用的问题和思路》,《早期教育》2021年第9期,第4-7页。

第二章 国内外相关幼儿园教育环境创设理念与实践

第一节 国外相关幼儿园教育环境创设理念与实践

一、瑞吉欧幼儿园教育环境创设理念与实践——环境是第三位老师

马拉古奇领导的瑞吉欧课程体系,其课程植根于当地的传统文化和社会文化背景,以环境、参与、协作、关系为中心,服务于儿童、家庭、社区。受杜威的进步主义教育思想、皮亚杰的建构主义教育理论的影响,瑞吉欧教育把环境看作是幼儿的"第三位教师"。例如马拉古奇提出:"我们非常重视环境的作用。环境可以促进和鼓舞那些能产生安宁感和安全感的各种关系,各种选择、情感和认知境遇。环境据说应该类似于水族馆,反映生活在其中的人们的各种理念、伦理道德、态度和文化,而这正是我们努力的方向。"[1]因此,他们非常重视教育环境的创设,认为幼儿在学习中不是被动地接受知识和经验,而是经过与所处的环境进行互动,培养出创造性、主动性以及学会学习,从而逐渐建构起自己的知识体系。

瑞吉欧教育体系下的学校环境首先在整体设计上表现出对美和自然的关注,其次强调环境要能反映出儿童所取得的成果,幼儿园随处都可看到儿童个人、小组或集体完成的工作成果。最后,环境中材料的投放以及布置都

---

[1] [美]斯泰西·戈芬,凯瑟琳·威尔逊:《课程模式与早期教育(第二版)》,李敏谊,译,教育科学出版社,2008,第299页。

以吸引儿童和激发儿童的创造性和探究欲望为目的,促使儿童对自身周围环境做出积极主动的反应,同时也为儿童创造出一个人与人、人与物交流互动的环境。瑞吉欧教育理念重视根据儿童的成长需求,不断地调整周围环境内容,以促进幼儿在与环境的双边互动中更好地成长。此外,瑞吉欧教育还认为幼儿园的教育环境要拓展到幼儿园以外的空间,如城市广场、社区甚至整个城市,采用以社区为主的管理方式,以促进教育者、儿童、家庭和社区之间的交流与互动。瑞吉欧教育模式下的幼儿园环境教育创设具有以下的特色:

第一,将幼儿园室内室外环境划分成大小不同的活动区域,让不同的小组进行合作学习。为幼儿创设一个开放互动的空间环境,室内外丰富多样的材料能够激发幼儿对周围事物的探索和同伴教师之间的互动。

第二,重视墙壁的教育功能,充分利用墙壁记录幼儿的作品与成长。开展项目活动过程中,幼儿和教师一起生成活动主题并一起制作,通过墙面来展示幼儿的作品。"会说话的墙壁"有效地记录着幼儿的成长。

第三,让幼儿园成为一个"社区",成为大社会中的一部分,将幼儿园环境与家庭、社区、广阔的社会环境联系起来。教育生态学家布朗芬布伦纳认为一个人的发展总是与其所处的生态环境有关,并将生态环境具体分为微观系统(个人直接参与的环境,例如家庭)、中间系统(各微观系统之间的联结,例如家校合作)、外层系统(个人并未直接参与但却对自己产生影响的系统,例如父母的工作)、时间系统(社会文化大环境)。

瑞吉欧的环境创设理念是幼儿园教育环境创设的启蒙者,将幼儿教育者对环境的认知从单纯的物质和心理环境营造,升华成一种课程设计思维。瑞吉欧的教育工作者将环境视为"一个可以支持社会互动、探索与学习的'容器'",赋予了环境丰富而深刻的教育内涵,使一切方案活动都以环境的创设为基础,把环境的教育价值摆在了整个教育取向的一个重要位置。因此,瑞吉欧的对环境教育价值的探讨为我国幼儿园环境创设提供了新思路和新方向。瑞吉欧教育理念下幼儿园教育环境具有重要的价值和更加丰富的内涵。[1]

---

[1] 张金梅:《谈谈环境的教育价值——从瑞吉欧环境创设获得的启示》,《学前教育研究》2002年第1期,第19-21页。

1. 环境是课程设计和实施的要素

在瑞吉欧所倡导的建构性学习中,幼儿的认知、情感和社会化的发展始终来自和环境的相互作用中,幼儿与环境相处的方式直接影响教育的质量。因此,从课程设计的总体观念到具体方案的实施,环境一直是瑞吉欧教育者所考虑的因素。他们思考着生活在某所学校及社区环境中的幼儿究竟对周围的哪些环境产生了兴趣,是否可以从中产生一个新的方案;他们还思考着在方案的进行中需要哪些新的环境设置,以利于方案的不断延伸。具体来说,环境是课程设计与实施的要素表现在两个方面:一方面表现为由环境生成课程。课程主题并不是凭空而来的,它来自幼儿与环境的互动中,如果环境中的某种要素成为幼儿谈话的热点,细心的教师就会引导幼儿一起讨论,以商定是否要将这一主题发展为方案。另一方面表现为由课程创设环境。因为方案活动发生在某种特定的环境中,需要某种特定环境的支持,而且环境创设是否合理将影响方案活动的进行。所以,"一旦有了课程的基本哲学理念与选择后,瑞吉欧教育工作者着手设计空间的安排并付诸行动"。瑞吉欧在幼儿园教育环境创设中开创一条环境创设与课程建设相结合的课程改革之路。

2. 环境是第三位教师

在瑞吉欧教育工作者眼中,除了每个班有两位教师外,环境还是"第三位教师"。当环境具有"教师"的意义时,环境已不再是没有生命的完全物化的东西,而成为一种富有人格魅力的教育力量。在这种情况下,环境如同教师一般,对幼儿的认知具有激发性,使幼儿处于积极的探究状态,在各种尝试中使用材料、发现问题和解决问题;环境如同教师一般,对幼儿的认知具有指导性,幼儿可以在各种材料的使用中,获得对周围世界的认识。他们的具体做法是:①校园里没有一处是无用的环境,即环境具有教育功能。例如,天花板上悬挂着许多不同形状的雕塑品,这些都是幼儿用透明的、五颜六色的、平常少见的材料做成的,教师把它们挂上去让幼儿欣赏、评论;厨房、餐厅和洗涤室都有水槽,除了洗涤物品外,还可以让幼儿在这里进行玩水活动等。②环境具有问题性,对幼儿的建构式学习产生一定的刺激。例如,洗涤室与洗手间里的镜子都切割成不同的形状,以便吸引幼儿用有趣的方式看着自己的影像,并进一步探究不同形状对影像的影响。③环境具有一定的相关性,把能引起相关经验的各种环境因素组合起来。如为幼儿创设水中倒影、镜中像和光与影等一系列——关联的环境,促使幼儿在原有经验基础上提出疑问、讨论解决方案,尝试各种操作,从而建构出新经验。④环境富有弹性,可以根据幼儿和成人的需要不断变化,经常以新的面貌激励幼儿进行新的探索活动。比如,在"小水坑里的智慧"方案活动进行中,当阳光在墙壁上投下树枝斑驳的影子时,教师就把一块布挂在这面墙上,让幼儿清晰地随时观察光与影子的变化。

3. 环境是最佳的记录方式之一

正如马拉古奇所说:"我们的学前学校的墙壁会说话,也有记录的作用,利用壁面的空间暂时或永久地展示幼儿及成人的生活。"所以我们一走进瑞吉欧学前教育机构,不用言谈,只要留意校园的环境,就能"阅读"到其中蕴含的各种教育信息。瑞吉欧的教育工作者把校门口设计成"会说话"的长廊,用每一个精心的布置向到校的访客、每日接送孩子的家长传达了学校的概况,一目了然,形象生动。环境记录不仅在墙壁上展示,瑞吉欧学前学校还设置了档案资料室,那里收集了更为详尽的幼儿发展信息,以及教师和家长提供或制作的各种物品,而参与记录的不仅是教师,还有各位家长。

环境记录所传达的各种信息对教师、幼儿和家长都有很大的益处。首先,环境记录促进了教师的成长,它如一面镜子再现教师的想法,促使教师自我反省;它增加了教师之间的经验分享,取长补短。其次,环境记录对幼儿也很重要,它让幼儿知道成人重视他们的工作,使幼儿十分热情地投入工作中,并珍惜自己的劳动成果;它为幼儿提供了重新检视、反省和解释的机会,有助于知识的自我整合和集体建构。最后,环境记录还是家长了解幼儿的重要途径,它让家长了解到孩子在学校的所作所为;它不仅使家长了解了幼儿的成果——作品,也了解了孩子学习的每一个过程,而这些往往是家长看不到的;它为家长提供探讨教育的素材,进而协助家长进行角色定位。

4. 环境富有家庭氛围

幼儿园的环境究竟应该给幼儿一个什么样的氛围?难道幼儿园仅仅是幼儿学习、教师教学的场所吗?瑞吉欧的教育工作者用他们环境创设的理念和实践告诉我们:幼儿园应该像一个"家"。因为家庭般的舒适、温暖、愉悦的环境,对于心理和生理尚处于幼稚水平的年幼儿童来说,有助于他们获得幸福感和安全感,有助于他们在团体中学会与他人交往,有助于他们的建构式学习的顺利进行。瑞吉欧的教育工作者是怎么做的呢？具体做法：①用屏风、布帘和帐篷等把教室分成几个小空间，幼儿可以自由选择他们喜欢的空间，在那里选择他们喜欢的材料，用他们喜欢的姿势，或卧或坐，或立或走，自由自在、全神贯注地投入方案活动中。②为一个人或一对一活动设置私密空间，满足了幼儿独处的情感需要。当幼儿疲劳时，当幼儿遇到失败时，当幼儿与同伴发生冲突时，可以到这个私密的小空间里安静地休息，或与人谈心，使内心得到一种释放或安慰。③提供一种维系亲密关系的氛围，特别在婴幼儿中心，校门口设有舒适的躺椅，可供家长抱着孩子和其他家长、老师亲切地交谈；教室里铺着地毯，上面摆着许多枕头，可供婴幼儿到处爬行，或依偎在教师的怀里听故事，使孩子在学校里也可以享受到家里的温馨和亲情。④每一个班级环境是由幼儿、教师和家长共同长期建立起来的，具有一定的稳定性。大家在这个环境里彼此逐渐熟悉，彼此了解，彼此信任，由此，发展成一种健康、合作与安全的人际心理关系，这有助于幼儿形成活泼开朗的性格和合作互助的学习方式。

二、蒙台梭利幼儿园教育环境创设理念与实践——有准备的环境

20世纪意大利幼儿教育家蒙台梭利曾指出："在教育上，环境所扮演的角色相当重要，因为孩子从环境中吸取所有的东西，并将其融入自己的生命之中。"她在《童年的秘密》中写道，教育儿童的核心方法就是环境的作用，不同于成人潜意识中的秘密是积压在内心深处的某种东西，只有通过挖掘自我，直面复杂而艰缓的自我调整与扭曲变形的漫长人生，才能脱离苦海，厘清盘根错节的愁绪。而儿童的秘密则是掩藏在环境之中，我们欲要解放儿童就要从他周围的环境入手。一个宽松平等自由温暖的环境易于儿童打开自己的心扉，在不知不觉间暴露出自己内心的小秘密。她认为儿童具有吸收性的心灵，是永恒的求知者，他们从周围环境中吸收各种，并将其融入自身之中，因此蒙台梭利提出要为儿童提供一个"有准备的环境"。蒙台梭利教育模式下的幼儿园教育环境创设具有以下特色。

1. 自由而有秩序的环境

蒙台梭利教育为幼儿提供的物质环境是有秩序的，美观的，自由的。自由而有秩序是蒙台梭利教育的一大特色，也充分体现在其环境创设之中。

(1)环境有秩序。蒙台梭利认为儿童在出生后一年便表现出对"秩序"的敏感,儿童喜欢把物品整齐地摆放起来,"一件东西放错了地方就严重地打乱了这个小孩关于一些东西应该如何安放的记忆模式"①,有秩序的环境更容易培养儿童的逻辑思维,建立儿童的安全感,相反在混乱的环境中儿童则容易产生不安定的情绪和问题行为。因此,教师把工作材料和物品总是以有序的方式排列整齐,儿童的收拿取都要遵守一定的原则,儿童在有序的环境设计中,能自觉将使用结束的教具有序地放回到原来的位置。再比如当两名幼儿都想操作同一组教具时,其中一名幼儿会自发地等候另一名幼儿游戏的结束。同时有序的环境设计也可以避免幼儿在无序的环境中寻找材料浪费精力。

(2)环境自由。自由是指儿童的身体和精神在蒙氏环境中不受限制和约束,自由发展。蒙台梭利认为,在旧学校里"儿童如同被针钉住的蝴蝶一样,被钉在各自的座位上,钉在课桌旁,张开着他们所得到的乏味的、没有意义的知识的翅膀"。而在"儿童之家"中,"有一个带有花园的宽阔操场,它与教室直通,孩子们整天都可以随便自由进出。学校设备取消了一般的课桌、长凳或固定的椅子,设置了稳定又轻便、又宽又结实的八边形和八条腿的桌子,在每间教室放置一些木质或柳条编的小扶手椅。儿童的小桌子和各种小椅子都很轻巧,便于搬动"。② 在蒙台梭利创办的"儿童之家"中,儿童的行动是自由的。在此基础上,自由的环境中儿童同时享有精神自由,可以根据自己的兴趣、需要,自主地选择物品,开展自己感兴趣的工作,在自发的工作中获得内在的发展。可见,蒙台梭利不只强调物质环境中的自由,也强调儿童的精神生命得到自然的发展。

(3)环境自由而有秩序。蒙台梭利主张幼儿在自由的环境中学会自律,自由的、有准备的环境是有限制的自由环境。自由是相对的,是有前提与约束的,儿童在这个环境中可以自由活动但是也要遵守一定的规则和秩序。如一个儿童有自由选择在环境中开展什么工作和怎么开展工作的权利,但是在工作结束后也必须将材料放回原来的位置,保持环境的秩序不被破坏。

---

① 蒙台梭利:《童年的秘密》,马荣根,译,人民教育出版社,2004,第67页。
② 蒙台梭利:《蒙台梭利幼儿教育科学方法》,任代文,译,人民教育出版社,2001,第59页。

2. 自然真实美观的环境

蒙台梭利认为,在儿童的成长需要中,儿童所需要的环境应该是富有生机、自然、真实的,这样的环境能让儿童在其中获得更加真实的体验。

(1) 要创设真实自然的环境。对于户外环境,蒙台梭利指出:"人总还是属于自然,特别是当他在孩童时期,更必须从自然中获取力量以发展其身心。社会生活必须符合人的自然活动的表现。"因此,蒙台梭利主张要让儿童在室外、在公园里成长,引导儿童观察生命现象,让儿童懂得动植物需要他们细心喂水、喂食才能得以生存,从而产生对生命负责的意识。在"儿童之家"里,有一个带花园的宽阔操场,各种家具、桌子、椅子、柜子、陶器,它们都具有淳朴、自然的乡村艺术风格。"在罗马的'儿童之家',有一个宽大的院子作为种植园地,米兰的'儿童之家',养了一些小动物。"这些充分体现了物质环境与自然环境的匹配,让儿童能在幼儿园与大自然亲密接触,产生热爱自然的情感。对于室内环境,教室内环境在视觉上协调统一、生动、美观大方,整个环境平和、有滋养力、轻松而温馨。

(2) 让儿童在环境中获得真实的操作体验。如日常生活教育、感官教育、语言教育、数学教育和科学文化教育等区域都有其对应的位置,有真实可操作的材料。教师应作为幼儿活动的观察者、引导者、合作者,资源的提供者,形成良好的精神氛围和师幼互动关系,促进幼儿的发展与成长。

3. 符合儿童身心发展需要的环境

蒙台梭利根据幼儿的身心发展划分了教育阶段,有准备的环境必须符合儿童的身心发展规律。例如,在"儿童之家"中,"儿童并不会选择我们给他们的所有教具,而只选择某些同一类型的东西,他们总是去挑选同样的东西和一些自己明显偏爱的东西。其他的很少被留意到,以致落满了灰尘"[①]。儿童选择的这些东西,都是符合其需要和兴趣的,落满灰尘的那些东西,恰恰是儿童不感兴趣的。如蒙台梭利写道:"'儿童之家'中特意为儿童安排了小桌子、小椅子、低矮的小橱柜,教室里的另一设施是小盥洗架,盥洗架很低,3岁小孩也能使用。每个教室有一排专门设计的装教具的矮长柜橱,橱门易开,儿童自己照管教具。橱顶放植物盆和鱼缸或各种给儿童随意玩的玩具。教室里挂有很多黑板,挂得很低,最小的孩子也能在上面写画。"这些

---

① 蒙台梭利:《童年的秘密》,马荣根,译,人民教育出版社,2004,第238页。

都是根据儿童的需要设计的,能让儿童触手可及,适合儿童发展的节奏和步调。儿童正处在创造自我的过程中,教师不要让那些不符合儿童节奏和步调的环境对儿童产生阻碍,使儿童处在一种混乱的状态。教师应该为儿童的发展扫清障碍,敞开大门,让儿童自然而然地得到发展并进行自我创造。

4. 充满理解与爱的精神环境

成人是儿童在日常生活中依赖的对象,儿童需要从成人那里获得安全感,获得自己所需要的有利于自身发展的东西。儿童对成人十分敏感,敏感到一个成人对儿童所讲的话就像会刻在大理石上一样永远铭刻在他的心灵上。因此,教师应该尊重儿童、观察和了解儿童,根据每个儿童不同年龄发展的特点,设计教育活动。蒙台梭利认为,在有准备的环境中要注入教师的爱与理解,让儿童时时刻刻感受他被理解的爱所包围,让儿童能够心态平和,得到安全、温暖的精神体验。

三、华德福教育环境创设理念与实践

鲁道夫·斯坦纳,一位奥地利的哲学家与科学家,设计了华德福教育。华德福教育是一种以人为本,注重身体和心灵整体健康和谐发展的全人教育,其教育目标是促进儿童身体、心灵的整体发展。华德福教育认为儿童的主要学习方式是模仿,儿童通过模仿学习周围环境的人或者事物积累获取经验。因此,华德福教育主张把最美好的自然环境和材料摆在儿童面前,同时要为儿童创造一个宽松、和谐、健康,且易于儿童进行模仿学习的精神环境。成人还要向儿童展现出高尚的情操,向幼儿呈现一些我们希望幼儿获得的美好的事物,避免和隔离那些不好的邪恶事物。华德福教育强调幼儿园的物质环境和精神环境创设应该平衡与协调,外界环境应该要完全开放,使幼儿能与之融为一体,把幼儿与环境的关系描绘成"忠于身体的体验"。华德福教育模式下华德福幼儿园环境教育创设具有以下特色。

1. 营造稳定而温暖的氛围

史代纳曾说过,现代教育的重要课题是培育个体,教室是促使每个孩子发展自己内在生活的地方,也就是灵魂萌芽的基础。因此教室内与户外必须有一定的区别,特别是幼儿园阶段,室内空间应该有一种稳定而温暖的感觉,这能让孩子的心安定,让他们的注意力更专注。柔和、美丽、整洁的环境,能让孩子沉浸在安宁和美的心灵体验中,以保护孩子身心健全发展。而

为了能够呈现教室所要的感觉,则需利用一些特殊的设计来布置,如彩绘墙和窗帘。教室内所有的墙壁都是教师们亲自粉刷和绘制的,一般以淡粉红为基调,融合淡黄和淡蓝色,以明快和温暖为目的。窗帘是教师手工染制的,尽量使用植物染料,以淡粉红为主。在两者的相互辉映下,产生被包围、被守护的空间与气氛。

值得关注的是,虽然华德福教育强调课室是孩子精神家园的房子,会直接影响孩子身体的构造,但是华德福教育体系不强调统一的模式,没有制定一系列的标准来衡量一个幼儿园是不是华德福幼儿园,可能因老师不同、面对的孩子不同、文化背景不同,华德福教室会呈现出不同的结构与样式,华德福室内教室的布置都会以幼儿为主体,更加关注幼儿自身的感受,为幼儿创设一个温暖、和谐的室内环境。

2. 追求自然与质朴

华德福教育非常推崇人与自然的贴近与和谐,主张幼儿的生活与自然环境息息相关。幼儿园环境设计不应该追求"高端和昂贵",力求为幼儿提供一个真实的自然世界。在华德福幼儿园的户外都会有足够的空间供幼儿尽情地奔跑、玩耍,活动场地一般都是土地、草地、沙地,不会铺设塑胶。庭院里有可以攀爬的大树、木屋,有沙坑和各种自然的原木、木制的各种玩具设施,以及可供幼儿开展木工活动和种植、养殖活动的空间,有些华德福幼儿园还会有自己的木工房、种植园甚至活力农场,他们希望通过草木、动物、沙石、泥土等充满灵性的环境给幼儿以滋养。许多华德福幼儿园的房设都掩映在树林中,非常的简单质朴,一般都只有一层,目的是让幼儿更能够贴近自然、贴近土地。室内会有教师和幼儿用树枝、野花自染的彩色布料、自制的羊毛画来装饰布置的环境。每间教室里都有适合幼儿使用的厨房设备、工作台、水池、真实的炊具等。他们力求让幼儿接触到的一切都尽可能自然、真实。

此外,幼儿园所有的用品和玩具都选择天然的材质。史代纳曾说:"幼儿期的玩具必须是能培养孩子的想象力的,因此,越简朴的东西越好。"相较于市面大量已呈现具象的玩具,华德福幼儿园中一切取自大自然的素材,如贝壳、木头、石头、树枝等,没有一样经过大人的修饰,即使是娃娃或小动物,也是只具有特征,但没有具体细节的装饰,靠的是孩子自己想象力的发挥。因此,对孩子来说,这些玩具保存了最自然和最真实的一面。孩子在触摸时,会对它们自然的组织与形状产生深刻的印象,而这种印象最能直接影响孩子的内在。

3. 体现季节交替与节令变换

华德福教育追求与自然节律协调的生活节奏,强调在季节交替、节令变换时要有相应的环境与活动与之呼应。在每个华德福幼儿园的教室都有一个"自然角"或一张"四季桌",都会反映出四季的变化,反映出季节的内在特征。墙上和桌上的布或丝绸的颜色会随着季节的不同进行更换。比如,春天用浅绿色或粉红色,夏天用绿色或深绿色,秋天用黄色、红色、橙色、红褐色,冬天用深蓝色或蓝色;桌上摆放的物品,一般以当地当季的植物、果实、鲜花以及其他的自然物,如石头、贝壳等,配合用羊毛、木头等制作的手偶、人物、动物、围栏、房子等,精心布置出充满艺术感的造型或者故事场景,并随着季节的轮回而变化,从而追求一种天人感应或天人合一的表现形式,也以此表达对自然万物背后力量的崇敬。

4. 保护感官、远离现代化科技产品

华德福幼儿园十分重视对幼儿感官的保护。在环境中使用自然的、层次更为丰富的、来自植物的物品,颜色淡雅柔和,避免使用鲜艳的三原色刺激幼儿的视觉。华德福幼儿园的教室里都尽量采用自然光,以使幼儿有规律地、持续地感受每个季节、每天不同时刻自然阳光在室内的变化,开启他们对色彩和光线的感觉。如果必须开灯,也会采用最接近阳光的微黄光线,或者在每盏灯的外围加上手工制作的灯罩,给幼儿带来柔和、温暖、安静的感受。幼儿园所有的物品、玩具都选用自然的质地,提供来自自然界的材料供幼儿玩耍,以保护幼儿触觉的敏感,并以丰富而舒适的触觉感受滋养他们的触觉。华德福幼儿园的环境中一般不使用塑料玩具、塑胶地板、电声设备,也没有电视、电脑、幻灯、投影等科技产品,以避免过多地刺激、干扰、破坏幼儿感官的发展。

5. 投放天然的半成品材料

华德福幼儿园反对给幼儿提供设计太过精巧的玩具,因为这些玩具玩法固定,不能给幼儿提供想象的空间。华德福教室的很多玩具叫作未完成的玩具,看上去好像没做完一样。娃娃的眼睛、鼻子、嘴巴都特别简单,偶戏故事角色的脸上甚至都没有具体的五官,正是这样的娃娃才能给幼儿的想象留下充分发挥的空间。教室里的玩具大部分也都是天然的半成品,像石子、树枝、羊毛、果核、竹筒、葫芦、藤编等，这样的材料比塑料玩具或设计精致的成品玩具更具拓展性和开放性，更能激发幼儿的想象力与创造力。

四、高瞻课程教育环境创设理念与实践

高瞻课程，又名高宽课程、海伊斯科普（High Scope）课程，是海伊斯科普学校学前教育科研项目的一部分，由韦卡特等人首倡。[①] 高宽课程模式以帮助贫困学前儿童为宗旨，使其摆脱贫困，后来被广泛应用在美国教育界，逐渐演变成一种具有代表性的课程模式。高瞻课程在全世界范围内主要是面向学龄前的儿童以及小学儿童，本书中主要涉及的为美国学前高瞻课程。高瞻课程在19世纪70年代，由大卫·威克特和他的同事创立，它以皮亚杰的儿童发展理论为基础，重视幼儿的主动学习，强调幼儿与环境之间的有机互动，重视以关键经验为基础的知识建构，对儿童的认知、情感、社会具有重要影响。高瞻课程作为全世界应用最为广泛的学前教育课程之一，是被研究最多的幼儿教育课程，非常强调学习环境的重要性。高瞻课程主张将学习环境分成各种儿童感兴趣的领域，并根据儿童的学习兴趣和材料特点分成若干个活动区。美国学前高瞻课程模式下环境创设有以下特点。

1. 室内室外活动区域环境具有开放性

幼儿园环境是儿童活动的重要场所，而创设开放的幼儿园环境是美国学前高瞻课程模式下环境创设的突出特点之一。室内活动环境开放多元且便于幼儿出入，室内活动区域包括五大基本领域：可爱舒适的娃娃家、琳琅满目的玩具区、整洁有序的积木区、五彩斑斓的艺术区和安静平和的图书区。室外活动区域有攀爬区、沙土区、游乐场、推车区、奔跑区等，开放多元的室内室外活动区有利于儿童通过自己的自由探索来获得知识，获得主动学习的习惯。

2. 室内室外活动区域环境具有自然性

瑞士著名心理学家皮亚杰曾提出："个体是在与环境的相互作用过程中得到发展的，儿童的发展离不开与精心设计的环境进行互动。"美国学前高瞻课程模式下幼儿园环境创设追求自然原始的活动空间。在结构方面，高

[①] 王芳：《美国高瞻课程中教师支持儿童主动学习的策略及启示》，《信阳师范学院学报（哲学社会科学版）》2015年第2期，第69—71页。

瞻幼儿园室内室外环境采用天然的建筑材料、幼儿喜欢的明亮的色彩,追求饱含浓郁的自然气息以及为幼儿营造愉悦、温暖、安全自在的气氛,避免幼儿对幼儿园产生陌生感,消除幼儿可能产生的焦虑与不安,通过提供温馨自然的环境,保障幼儿可以自由自在地成长。

3.活动材料投放具有层次性

美国学前高瞻课程体系的教师在进行材料投放时,会认真观察幼儿的兴趣变化,按照幼儿的兴趣特点灵活地投放材料。如果发现儿童在一段时间内对某些材料失去兴趣,就会撤换掉这些材料,并且及时补充他们当前感兴趣的新的材料。[1] 提供的这些材料既有买来的材料也有回收的自然的其他材料,以低结构开放性材料为主,激发幼儿的操作与探索欲,促进幼儿的主动学习。

4.活动环境创造的安全性

对幼儿园来说,幼儿的安全问题是幼儿园各项工作的重中之重,也是幼儿园环境创设的首要原则。美国学前高瞻课程非常重视环境创设的安全性,户外活动区的地面会铺上一层木屑,木屑底下是一片柔软的草地,木屑和草地都能够在幼儿进行户外活动时发挥保护作用。基于学前高瞻课程模式的幼儿园在创设户外活动环境时,还会根据儿童的年龄和身材来设置活动器材并定时检查与维护。学前高瞻课程模式下的美国幼儿园在室内活动区重视安全性主要表现在——为每个区域设置开放且易于出入的空间,以保证儿童在各个活动区行动自如,避免儿童在活动时发生碰撞事故。

第二节 国内相关幼儿园教育环境创设理念与实践

《幼儿园教育指导纲要(试行)》中明确指出:"环境是重要的教育资源,应通过环境的创设与利用,有效促进幼儿的发展。"幼儿园环境是教育者根据教育目的与要求以及儿童的身心发展特点,有目的、有计划、有组织地精心设计的,它可以满足儿童的物质需要和精神需要,对儿童的认知、情感、社会性等方面的发展起到启发、刺激和引导的作用。在学前教育的发展过程

---

[1] LFED & ELLEN MEREDITH:《Learning comes to life: an active learning program for teens》,Ypsilanti,MI:High/ Scope Press,1996,第56-58页。

中，虽然我国起步较晚，但也先后涌现了一批又一批宝贵的幼儿园教育环境创设理念与实践经验。

一、陈鹤琴先生关于幼儿园教育环境创设理念与实践

陈鹤琴先生是我国著名的幼儿教育理论和实践的开拓者与奠基人，他通过自身丰富的教育实践，为学前教育总结了许多珍贵的教育经验。陈鹤琴先生在20世纪40年代提出了著名的"活教育"思想，使得具有鲜明中国特色的第一套系统教育理论和方法体系——"活教育"理论体系得以建立。

"活教育"理论对幼儿园环境创设的参考价值巨大。陈鹤琴先生曾说："小孩子生来大概都是好的。到了后来，或者是好，或者变坏，这是环境的关系。环境好，小孩子就容易变好；环境坏，小孩子就容易变坏。一个小孩子在诡诈恶劣的环境里生长，到大来也会变成诡诈恶劣的。一个小孩子在忠厚勤俭的环境里生长，到大来也是忠厚勤俭的。这是什么缘故呢？他所看见的，所听见的，都给他坏的印象，那他所反应的大概也是坏的；他在很好的环境里生长，他所听见的，所看见的，都给他好的印象，那他所表现的大概也是很好的。"其在《怎样做幼稚园教师》一书中写道："教育上的环境，在教育的过程中，起着一定作用，这是不可否认的。大家都知道，儿童爱模仿，所谓近朱者赤，近墨者黑。毫无疑义，儿童可以从四周的环境中得到教育，因此，我们需要布置环境以充实儿童的生活环境，丰富儿童的学习资料。"陈鹤琴先生非常重视环境的教育作用，他曾针对当时我国幼儿园教育的现状明确指出，现今幼稚教育的一个弊病是儿童"与环境的接触太少，在游戏室的时间太多"。他说："小孩子生来是无知无识，没有什么能力的。后来与环境、社会相接触始渐渐地稍有知识，稍有能力了，他与环境和社会相接触的机会愈多，他的知识愈丰富，他的能力也愈充分。""总而言之，小孩子的知识是由经验来的。所接触的环境愈广，所得的知识当然愈多。所以我们要使小孩子与环境有充分的接触。"①但是陈鹤琴先生并不提倡为儿童提供丰富、复杂的环境刺激，而是主张应当依据幼儿年龄阶段与身心发展特点，量力而行，为幼儿提供适度的环境刺激，防止引起幼儿的应激逆反心理。陈鹤琴先生认为，幼稚园的课程应以儿童的环境（包括自然环境与社会环境）为中心。

---

①秦元东，唐淑：《为儿童创设良好的环境——论陈鹤琴关于幼稚园环境创设的思想》，《学前教育研究》2002年第6期，第42—44页。

"儿童的环境不外乎两种:一种是自然的环境;一种是社会的环境。自然的环境就是各种动植物的现象。社会的环境就是个人、家庭、集体等类的交往。"因为"这两种环境都是儿童天天要接触的,所以我们应当利用这两种环境作幼稚园课程的中心"。总之,"大自然大社会是我们的活教材",我们应当"注意环境,利用环境"。

那么,我们应该为儿童创设怎样的环境呢?陈鹤琴先生对幼儿园环境进行了具体的分类,为了促进儿童的全面和谐发展,应该为儿童创设游戏的环境、劳动的环境、科学的环境、艺术的环境、阅读的环境。

第一,游戏的环境。陈鹤琴先生认为,我们首先应为儿童创设一个良好的游戏环境。幼儿这一时期的身心发展特点是好奇心重、好动、爱模仿的,游戏可以满足幼儿想象、模仿、爱动的需求,还可以给幼儿带来快乐,所以我们必须要重视游戏的环境。他认为这种游戏环境的创设主要包括两个方面,即"适宜的伴侣"与"相当的设备"。他说:"做父母的应当让小孩子有适宜的伴侣(即游戏伙伴),这样,小孩子的身体通过游戏就容易强健,心境就很快乐,知识就会增进,思想就会发展了。"此外,"相当的(游戏)环境包含相当的设备"。陈鹤琴认为,置办幼稚园的设备时应注意遵循儿童的主体性原则,考虑儿童的身心发展规律,发挥幼儿的主动性,认真考虑玩具的经济、卫生,以及安全等,并深入分析了选择玩具材料的标准。他认为,好的玩物应当可以激发幼儿的想象力与创造力,激发幼儿的探索欲与求知欲,并深受幼儿的喜欢,且质料优美坚固不易损坏、能发展幼儿的审美能力。

第二,劳动的环境。劳动的环境可分为劳动的物理环境与社会环境,相对而言,他更强调劳动的社会环境。作为父母和教师要给孩子提供劳动的机会,比如孩子的起居饮食种种事情,放手让孩子去做。作为教师应该让幼儿参与一日生活起居中去,凡是儿童能够能做的让他自己做。

第三,科学的环境。科学的环境具有两层含义:一是指环境科学,符合儿童的年龄特点和身心发展规律;二是指提供"科学领域"的环境,引导儿童观察、发现、探究,发展儿童的科学素养。

第四,艺术的环境。艺术的环境包括审美的环境、音乐的环境、绘画的环境三个方面。

第五,阅读的环境。阅读环境涉及阅读的物质环境和人文环境两方面。要尽早为孩子创设良好的阅读环境,使他们认识图书、喜欢图书,在阅读中体验快乐获得进步。如何为儿童创设以上的环境呢?"活教育"理论中体现出以下环境创设原则和特点①。

1. 环境的整体性

儿童是一个整体,教学是一个整体,那么幼儿园的环境创设也要体现一定的整体性。环境作为一个整体,各方面要有机联系,共同促进儿童的整体发展,即体、智、德、美、劳的全面发展。任何一种环境都可以且应该为其他领域服务,如阅读的环境不仅可以促进儿童的阅读发展,也可以促进儿童在社会交往等方面的发展。

2. 环境的自然性

陈鹤琴先生提出"大自然与大社会都是活教材,也是活教具,自然界是幼稚园最好的教室,也是幼稚园的一个大设备",自然现象,四时不同,如果依时令,利用每一季中的特殊自然物来布置,可以使儿童认识各种不同的自然现象。陈鹤琴列举了生活中很多自然物来布置环境的例子。如泥土、葱、树叶,自然物"取之不尽,用之不竭",要营造优美的户外环境,通过菜地、池塘、花园等充分利用自然,让孩子置身自然中,认识各种植物、动物,获得劳动的能力、审美的能力,在室内环境布置的时候要选择自然的材料,既实用又易得。

3. 环境的活动性

环境的活动性指环境的可操作性,即探究性和趣味性。受杜威做中学、做中教、做中求进步的教育思想影响,陈鹤琴先生主张幼儿教育应该为儿童提供丰富的操作机会,由此强调环境的活动性。这个活动性具有以下含义:一是给儿童机会参与活动的布置创设中去;二是根据儿童的兴趣、需要、季节的更替、学习的需求对环境进行更新和改造;三是环境中提供大量充足的可操作的材料,让儿童在其中进行探究和操作,为儿童的学习提供支撑。

4. 环境的适宜性

环境的适宜性是指环境要适合儿童的发展,适应时代的发展,适合中国的国情,即儿童化、时代化、中国化。陈鹤琴先生1927年发表的《我们的主张》中,第一条主张即"幼稚园是要适应国情的"。环境是为儿童服务的,环

---

① 张剑春,刘雄英,陈欣悦,董璇:《学前教育专业育人"活环境"创设研究——基于陈鹤琴学前儿童环境教育理论的实践》,《陕西学前师范学院学报》2021年第5期,第15—19页。

境与玩教具也必须和儿童的年龄特点相匹配,符合儿童身心发展特点及兴趣需要。玩具要根据孩子月龄来分,看什么玩具几岁小孩喜欢玩而能玩的,反之亦然。环境也要符合儿童所处的时代,能够被儿童接受并从中获得益处。总而言之,环境一定要适宜于儿童,适合于本民族及当时的社会。

除了上述的环境观,陈鹤琴所提倡的环境还具备教育性、趣味性、丰富性、人文性等特点。陈鹤琴先生的整个环境教育理论,"以儿童为本"的环境观,对当前幼儿园教育环境创设依然具有很强的现实指导意义。

二、"安吉游戏"中的环境创设的理念与实践

"安吉游戏"作为中国幼儿教育的明信片世界闻名,让中国和世界的幼教同仁们对儿童游戏有了更深刻和醒目的认识。安吉游戏秉承"把游戏权利还给儿童,把儿童从室内解放出来"的理念。"安吉游戏"成功的基础就是游戏环境创设和材料投放。在一次次调研中,教师们不断推敲反复思考,"为什么我们精心创设的游戏环境,孩子很快就没了兴趣?""为什么孩子在游戏中总是出现这样那样的行为问题呢?""孩子需要什么样的环境呢?"带着这样的疑问不断实践改革,最终打造了具有安吉特色的天然游戏场地,这个场地不断地吸引、鼓励、支持幼儿开展各种各样的游戏,并在游戏中获得生长和发展。华爱华教授曾经说到,安吉幼儿园的教师没有教幼儿如何游戏,但幼儿的游戏水平却很高,这完全得益于他们为幼儿创设了丰富的游戏环境。安吉游戏环境的创设是一个不断探索和不断更新的过程,安吉游戏环境的基本区域,包括综合游戏区、特定功能游戏区,还有相应的配套设施与补充区域。安吉游戏理念下幼儿园的环境是生态的、安全的、自主的、开放的、探索的、挑战的、融入的、有野味的。安吉实验幼儿园园长钱敏曾指出,"安吉游戏"的户外环境具有自然、野趣、开放等多种特征。这种不限定边界、功能的游戏环境充分显示了孩子是环境的主人,孩子对环境具有支配权,而这样的环境也正是孩子体验、探究、发现、学习的重要场所,"安吉游戏"的户外游戏环境具有以下特点。

1. 贴近自然且富有野趣

儿童天生是亲自然的,自然之中蕴含着促进儿童发展的力量。现代化的物料充斥着儿童的生活,导致儿童离自然越来越远,致使其心智的发展也受限于人为的塑造。"安吉游戏"户外环境的第一个显著特点就是亲自然,

将自然元素融入幼儿园,并尽可能地保留自然元素的原生态性,让幼儿在其中玩耍。具体来看,就是在安吉的幼儿园户外环境一定有草地、山坡、沟壑、沙水、野花杂草、阶梯等自然元素,这些元素组合在一起不只是园林风景,更是一种能够让幼儿融入进去与之互动的游戏场所。"安吉游戏"理念认为,幼儿每天在幼儿园的自然环境中游戏,他们所获得的学习与体验是偶尔去大自然远足所不能替代的。因此,幼儿园引入自然,幼儿就有更多的机会在与自然环境的互动中探究和感受生命,体悟人与自然的关系,从而产生对自然的热爱和敬畏之情。

2. 多样充足的游戏材料

种类丰富、数量充足、功能多样的游戏材料是安吉幼儿园户外环境创设的一大特色。首先,游戏材料种类丰富,数量充足。安吉幼儿园为幼儿提供了大量不同材质、尺寸、种类的安全游戏材料。有木质、竹质、布质、线绳、PVC管、塑料桶、铁油桶、轮胎,以及沙、水、泥土、石头等。其次,游戏材料以低结构、多功能性的非专门化游戏材料为主,如大家熟悉和常见的安吉木箱、安吉梯、安吉滚筒、大型积木等。除了这些还有大量废旧的材料,如旧轮胎、旧电器等,给幼儿一物百变组合运用提供了空间。最后,安吉游戏材料的种类丰富性和低结构性能被反复操作搭配,使得幼儿百玩不厌。各种长短、大小、高低不同的梯子;各种规格大小,四面刻着不同几何图形的正方体的大木盒子;各种粗细不同、规格不等、材质不一的滚筒;各种材质不同的木屋帐篷;各种长短不等的山洞隧道;各种规格形状的大型户外搭建用的木块、木板、木条、木柱、木墩、木片;各种体能游戏垫;各种各样的车子(购买的、自制的、手拉的、手推的轮胎车、木板车、木箱车、塑料车);等等。这些安吉游戏材料的种类调动了孩子们无限的、自主的、创造性的、专属于儿童游戏的内在原动力和生命智慧。

3. 追随儿童,动态调整

"安吉游戏"户外环境的创设是一个没有最好只有更好的动态演变过程,环境的每一次改变都为"儿童发现世界和教师发现儿童"提供了更多的可能。如安吉实验幼儿园"多变的山坡"[①]从始建到完善一直追随儿童游戏的兴趣,动态调整,体现环境的可变性和多样性。一开始幼儿园没有山坡,

---

[①] 钱敏:《"安吉游戏"户外环境打造例说》,《幼儿教育》2021年第7期,第18—22页。

教师在对儿童的游戏观察中发现儿童喜欢将物品从高处滚向低处,并从中有惊喜的发现,于是教师开始思考,如果让物品从更高的地方落下孩子会有什么样的体验和发现呢?于是幼儿园利用沙池改造的泥沙堆砌了一个小山坡。教师在山坡上投放梯子、轮胎、塑料滚筒、木板等,供儿童自主游戏,幼儿每天都能在这里体验惊喜刺激进行冒险和挑战。本以为幼儿会有更精彩的游戏体验,出人意料的是儿童再也没有出现过"小山坡"时期的快乐和令人惊喜的探究行为。于是老师们开始反思儿童为什么不喜欢这个环境,这个环境为什么不能激发儿童的探究与创造?在观察中,教师体悟到儿童喜欢灵活可移动的、多变的材料。如相比在山洞中爬,孩子更喜欢在可移动的滚筒中爬,看似有趣的空中长廊也不过只能从这头爬到那头,自主发挥的空间本质上受到了限制。于是幼儿园对山坡进行了改造,拆除山洞和空中走廊,让空间给儿童;变空中走廊为滑索;将山坡与沙池融为一体,增加了山坡的高度,让儿童自主探索,体验速度与激情。

4.环境中安全性与挑战性相统一

安吉幼儿园的户外环境处处充满着挑战与冒险。无论是山坡区、绳索区、野战区、冒险岛等区域的设置,还是梯子、绳子、箱子、木板、轮胎、滚筒等材料的投放组合,都充满着挑战和冒险。儿童在这种冒险环境中一次次尝试,不断地挑战自己发展自己的能力和胆量。安吉幼儿园是如何实现安全与挑战并存的呢?

(1)排除安全隐患。安全隐患应该是指可能造成身体伤害的危险因素。所谓"隐患"是指那些暗藏着的具有隐蔽性的危险因素,如沙池里的碎玻璃、草地上的小钉子或被掩盖的凸起物、脆裂的平衡板、运动设施上松动的螺丝、老旧的悬挂绳,以及着装的不适宜等,这些幼儿难以发现或无法控制的因素被称为"隐患"和"不安全因素"。然而,泥泞的小路、坑坑洼洼的场地、高高低低的木桩、地面上有意设置的障碍物、结构复杂的运动设施,这些场地特征是幼儿自己能发现的,反而不会构成安全威胁,幼儿会根据自己的能力有意识地进行挑战或加以规避。比如,安吉幼儿园在户外游戏场上投放的木板是可以被任意架在梯子、箱子、滚筒上玩的,我们发现幼儿在架板时非常谨慎,会不断地关注是否牢固,如何架设才能不滑落,如果架得不稳他们是不会轻易站上去的。但有的幼儿园在木板的两头钉上了小木条,以便将木板扣在梯子或箱子上使之不会移动,这看起来是出于安全的考虑,但是用久了,钉小木条的钉子万一松动了就会成为安全隐患,因为幼儿玩的时候会认为木板已经扣住而不用去思考是否稳固的问题了。

(2)创造有挑战性的环境。在安吉幼儿园的认知里,挑战并不等于危险。挑战性的环境并不是危险的环境,儿童是喜欢冒险和挑战的,挑战性的环境能够激发儿童在原有经验的基础上超越自己对环境进行探索和尝试。此外,相关研究表明人的运动能力和事故发生的概率是呈反比的,也就是说个体的运动能力越强,应对危险的能力和自我保护能力也越强。运动能力和自我保护能力是控制风险的基础,因此,环境的风险性与个体的能力是相对的,具有个体差异性。所以在安吉幼儿园的户外环境中,教师通过创设具有挑战性的环境来提高儿童的身体控制能力和自我保护能力。任何过度保护的措施都只能削弱幼儿应对挑战和风险的能力。幼儿活动得越多,对自己运动能力的把握就越大,也就越安全。鼓励幼儿参与多种形式的运动不仅不是引发事故的根源,反而是降低事故发生率的有效方式之一。具有挑战性的游戏场会刺激幼儿获得多样化的运动经验,幼儿在这样的场地中运动时既小心又大胆、既谨慎又放开,通过控制身体、避开障碍等方式学习运动技能和技巧,建立积极的自我感觉,自我保护能力也从中得到了锻炼和提升。①

---

① 韩庚倩:《华爱华教授访谈录之二"安吉游戏"中的环境创设》,《幼儿教育》2021年第7期,第180-182页。

第三章 非儿童立场的幼儿园教育环境创设

第一节 幼儿园环境创设观念形态中的"成人意志"

在幼儿教师的环境创设观念形态中,若保存有"成人意志",会直接在环境创设实践中透射与儿童立场相背离的结果。

一、当前幼儿园环境创设观念形态中的"成人意志"现象

在当前的幼儿园中,教师出于客观或主观因素影响,或多或少地在环境创设的目标、环境的内容、环境的评价和主体等方面存在一定"成人意志",主要表现为以下环境观。

1."静止"的环境观

基于视觉角度,环境是一个物理空间,在这个物理空间下,环境也是一个帮助幼儿建立关系、做出决定和形成一种特殊文化或新的存在方式的地方。幼儿需要在与环境的沟通、互动、探究中建立新的认知。然而当前在很多幼儿园,环境却常被教师看作是一幅静止的画或精心设计的一件欣赏性作品,教师通常会选择一些自己认为"好看的""幼儿喜欢的""颜色鲜艳的"作品作为环境的内容,呈现方式多为挂图、印刷装饰画、幼儿画作等,这样,环境就成为一次成型的高结构的"教师作品"。芬兰教育家苏塔玛曾说过,缺乏刺激性、新异性的环境会剥夺幼儿感官的辨别力,削弱思维的积极性。环境是一个动态的过程,它应随着教育目标的改变和幼儿的兴趣需求而不断调整和完善。① 在"静止"的环境观影响下,教师的惰性心理愈发加剧,导

---

①朱慧红:《幼儿园环境创设中存在的问题及对策》,《基础教育》2012年第9期,第9-10页。

致环境沦为简单的背景板。对幼儿来说,华丽的、静止的作品在环境创设初期,幼儿还能对环境产生好奇心理,能通过看和说,与环境建立简单的互动。但随着时间的推移,司空见惯、一成不变、缺乏刺激性的环境会剥夺和削弱幼儿感官的辨别力和思维的积极性,幼儿会从开始的语言交流或是模仿、操作到最后的麻木和视而不见。所以"静止"的环境观,不利于发挥环境的教育和促进幼儿全面发展的功能。

2. "教师包干"的环境观

当前,大多数幼儿教师虽然已经意识到幼儿作为环境主体的价值,意识到幼儿参与环境的途径和形式是多种多样的,但对幼儿主体性的理解还存在误区。如在与幼儿的交流中,教师常表现出对幼儿参与环境创设的一些困扰:

"我所在的小班,幼儿们的美术功底普遍还比较弱,有时想让他们画一些与主题墙面相关的内容,他们也画不出来。"

"孩子们画得太乱太随意了,本来墙面是有设计的,但孩子们参与进来之后墙面的内容就显得杂乱无章,缺乏美感。"

"我在创设墙面时已经把孩子们的作品贴上了,他们是参与者。"

以上问题反映出,在幼儿园班级区域环境创设的过程中,多数仍为教师制作和布置。受传统"教师包干"的环境观影响,幼儿则被视为"不成熟的""弱小的"个体,其是不能理解环境,且不具备环境创设能力的。很少有教师会在布置班级区域环境的过程中考虑幼儿的想法和需要,他们认为幼儿的想法是"不实际的""没有条理的""不需要考虑的",也因此造成在幼儿园班级区域环境创设的过程中幼儿角色的缺席。在"教师包干"的环境观念驱使下,幼儿教师不敢放手将环境交给幼儿,自然而然地就把幼儿排除在环境设计之外了。

3. "模式化"的环境观

环境在幼儿园中的影响力越来越凸显,幼儿教师也逐渐意识到环境对幼儿园和幼儿的重要作用,但也存在教师仅把环境当作一种"约定俗成"的东西而逐渐模式化的现象。如在主题墙面创设中,不同时期的墙面主题逐渐模式化,开学主题、秋天主题、新年主题、春天主题等,一年一个轮回,教师成为环境创设的机械实践者。材料和技法也逐渐模式化,如秋天主题墙面创设前,让幼儿收集秋天的叶子和果实以张贴在墙面上,墙面的模块和内容千篇一律。在班级主题墙创设中,各班的主题墙仅在名称上有细微的差别,而板块设计和展示的内容都大致相同,没有体现出不同年龄班的差异和每个班的个性与特色。在"模式化"的环境观影响下,教师只知道"是这样"和"要这样",但是没有深究"为什么"要这样。缺乏对幼儿实际情况的关注和对可预见性问题的思考,教师被动地完成阶段性幼儿园环境创设"作业",环境的教育价值不能得到充分地发挥。

4."技巧化"的环境观

当前,很多幼儿园将环境创设能力视为考核教师职业能力水平的一项硬性指标,教师也十分注重自身环境创设能力水平的提高。同时,艺术性也是幼儿园环境创设的重要原则之一。在这样的态势下,教师对环境创设中的技法、材料、技巧就倾注于更多的关注。很多幼儿教师甚至开始关注于当代艺术领域中艺术家所应用的技法和材料。但过分关注环境创设中的技巧表现,也会带来一些问题,如当代艺术比较强调观念性的表达,这种观念和技法是相辅相成的,观念影响下的技法在幼儿园环境中是否会产生水土不服的效果,是否会让适宜幼儿发展的环境变得不伦不类,是否能投合幼儿的审美喜好,是否适合幼儿全面的发展,这些问题值得教师进一步审视和探索。总之,幼儿教师应该全方位、多角度地看待环境问题,避免出现过分强调技巧的环境观。

5."迎检目的"的环境观

对幼儿园环境的评价和监督是为了促进幼儿园环境创设的有效开展。但在当前的一些幼儿园中,本末倒置地将"迎检达标"作为幼儿园环境评价的首要指标。首先,从环境的审美主体来看,"迎合检查"的环境观迎合的是上级领导的审美取向,这直接导致教师在环境创设中的行为动机是围绕上级领导的意志即成人的视角进行的。如在环境创设主题的选择上,会想尽办法投上级之所好。不可否认思政元素融入幼儿园环境创设中的重要价值和意义,但前提是建立在与幼儿园主题性活动联动的基础上生成的,而不是跳脱出幼儿的整体性发展需要仅为迎检而创设的;其次,从环境的评价来看,在此种环境观念影响下,对环境的评价往往侧重于物质环境的设计,如环境的美观度、材料的丰富程度、环境创设的技巧性和复杂性等。在这样功利化的观念下,幼儿、家长甚至教师本身的意志被排除于环境之外,环境仅作为一个展览、展示的橱窗,失去了其本身的教育价值。

二、幼儿园环境创设观念形态中"成人意志"现象的成因

1. 教师自身缺乏对"儿童本位"环境创设理论的学习

当前,绝大多数教师都认同"以幼儿为本"的理念,在活动中能根据幼儿的实际需要设计活动内容和活动方式。但"儿童本位"理念融入幼儿园环境创设的实践方式还不够明晰。具体表现在教师普遍认同幼儿有必要参与本班的环境创设,但在调查中发现幼儿实际参与环境创设的比例很小,且仅存在于材料的收集和作品的展示,缺乏创造性和高水平的参与过程。这就反映出教师对"儿童本位"环境创设理念认识不到位,教师认为的"儿童本位"仅仅是在环境中留有幼儿的痕迹,而环境的主题、内容更多呈现的仍是教师自己的主观意愿,没有真正地从儿童的视角出发,满足儿童的想法、兴趣以及对环境的接受能力,缺乏对如何启蒙和指导儿童参与创设环境,如何与环境互动的思考。导致这一现象的主要原因即教师自身缺乏对"儿童本位"环境创设理论的学习,没有深入挖掘理论的精神内核,独立探索和主动学习的能力不足,导致理论无法有效指导实践,实践也难以形成反作用于理论的反馈机制。在调查中也发现,当前幼儿园也没有专门从"儿童本位"的视角对幼儿园教师的环境创设能力进行专门性的培训,虽然幼儿园会定期开展关于环境创设的教研活动,但针对已有环境中存在的"非儿童化"问题不能有的放矢地提出有效改进措施。所以幼儿园管理者和教师们还需要通过各种途径,加强对"儿童本位"环境创设理论的持续性学习。

2. 幼儿教师没有深入探究幼儿的已有经验和兴趣点

在日常的环境布置中,一些教师往往没有深入幼儿内心去探究幼儿真正的需求,难以敏感地捕捉到幼儿的兴趣爱好,无法及时地发现幼儿的兴趣转变。因此教师们很难通过有效的教学方式与儿童形成互动。有研究者指出,认知指向的幼儿园墙面环境,是根据幼儿学习的兴趣点或者学习内容,有意识地将学习内容或学习成果展示在环境中。[①] 教师要根据幼儿的已有经验和兴趣点来创设环境内容,而不是将环境视为一个大黑板,随心所欲地布置灌输式、说教式的知识内容。未基于幼儿兴趣点和已有经验的教育环境无法吸引幼儿持续性的兴趣,因此难以与幼儿形成有效的教育互动。

---

① 管倚:《幼儿园墙面环境创设及其教育功能的研究》,华东师范大学硕士学位论文,2005,第19页。

3. 幼儿教师在环境创设中存在固化思维和惰性心理

环境是一个动态的过程,教师固化的思维很容易影响环境的动态发展。如固化思维导致的环境创设中的一些固有内容和固有模式,带来千篇一律的环境效果,缺乏新异性和刺激性的环境会使幼儿们获得知识、感受环境、参与教学的过程缺乏趣味,难以再从环境中形成新的生成性的教育活动。

由于幼儿园教师精力有限、人数有限,用于环境创设的经费有限,在不能充分利用支持性环境如家庭环境、社区环境的情况下,往往在有限的时间内幼儿园教师无法单独完成环境创设的工作,在这样的情境下容易产生一些惰性心理,形成模式化的"一次成型"的环境观,造成环境"不坏就不更换",每阶段的环境创设主题和内容都是一成不变的问题。也容易形成"静止"的环境观,教师仅考虑视觉上的观赏性,缺乏对操作性环境的关注。"惰性心理"也容易让教师忽视对环境的反思,不能及时对环境创设过程中的收获和困惑进行探究,以及对环境使用过程中的师幼互动、同伴互动、材料的适应性和利用率、幼儿参与度等进行解析,针对环境的下一步改进策略和实施路径也就无从谈起。

4. 幼儿园关于幼儿园教育环境创设的管理与评价不到位

第一,传统的幼儿园教育环境更注重环境的审美价值,忽视其教育价值。"儿童本位"理念下的环境评价,应将以往过于注重装饰性、技巧化的迎检式环境,向真正适宜于幼儿身心发展的具有教育价值的环境转变。

第二,幼儿园教育环境评价机制尚不够完善,已有评价体系操作性不强,不够科学合理,评价维度尚不全面,基于"儿童本位"理念的环境评价量化标准难以制定,因此无法有效督促教师对环境布置进行不断的完善优化和动态更新。

第三,缺乏专业、客观的评价工具对幼儿园的教育环境进行实时监控,教师普遍缺乏对可预见性的支持性环境和环境的动态发展路径的关注。

第四,环境评价的激活功能常常被忽视,因而不能及时通过分析、诊断发现幼儿对环境资源的兴趣点和消极、积极行为,未能卓有成效地将"死环境"激活、唤醒,转变成"活环境"。

第五,管理者作为幼儿园环境评价者拥有绝对的话语权,忽视了其他评价者如教师、幼儿和家长的评价作用。《幼儿园教育指导纲要(试行)》指出:"管理人员、教师、幼儿及家长均是幼儿园教育评价工作的参与者,评价过程是各方共同参与、相互支持与合作的过程。"所以管理者"一言堂"的环境评价模式需要改进和革新。

第二节 非儿童立场的幼儿园环境对儿童发展适宜性的遮蔽

《幼儿园工作规程》中指出,创建出与教育相适应的环境,并为幼儿的健康成长提供所需的活动空间和具有表现力的机会和条件。我们在空间环境的设计与布局中,以儿童为中心,注重不同年龄阶段儿童发展的特点,尊重儿童的发展天性,从儿童成长的视角着眼。儿童视角下的幼儿园环境,应做到:尊重儿童的身心发展规律和特点;尊重儿童的学习方式和特点;尊重儿童的情感及愿望;尊重儿童的主体地位。相反,非儿童立场下的幼儿园环境,便是与之相背离的行为动机,主要体现在以下几个方面。

一、忽视了儿童的身心发展规律和特点

1. 缺乏对幼儿独特视角的关注

儿童用不同于成人的视角观察周围的世界,这种独特的视角是由其身高所决定的。3~6岁幼儿平均身高为94~109厘米,幼儿的身体相较于成人,离地面比较近,因此他们常常会发现更靠近地面的事物,如土丘缝隙里排成排的蚂蚁、草地里的一朵小野花、掉落在地面上的一颗松果都能被他们所关注到。根据儿童人体测量学的平均数据,3岁幼儿站立时眼睛的高度为87.5厘米,4岁为94厘米,5岁为99.5厘米,6岁为105.5厘米,视角范围为视线上下30度夹角内的范围。所以在环境创设中,要基于幼儿独特的视角进行设计,把视觉聚焦点按照儿童的身体比例下移,不可设置过高,超出幼儿视线范围。如在幼儿园班级环境创设中,幼儿低矮的身高,导致他们的视野受限。若置物架设置过高,幼儿无法看到或接触到上层置物架中的材料,便无法根据个人喜好随心地去选择和取放材料;若隔断设置过高,儿童无法越过隔断观察到其他区域,或者看不到教室里的其他空间,儿童在这个观察位便失去了探索其他区域游戏的机会;墙面的环境创设,如主题墙和常规墙饰,也应按照儿童的视角来设置墙面高度,墙面创设重点应设置在幼儿的视觉中心。若创设过高,幼儿无法及时提取墙面中的信息,不能有效地与墙面产生互动,也就无法凸显环境创设中幼儿的主体地位(见图3.1、图3.2)。

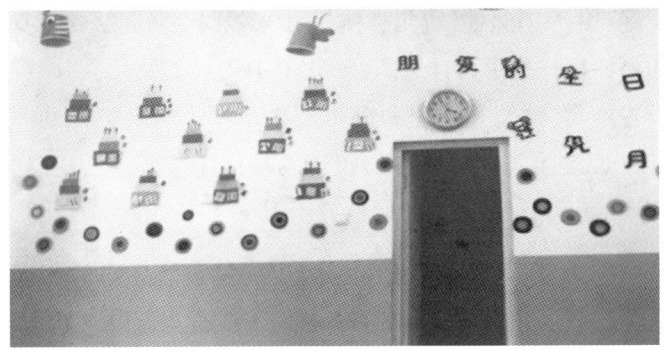

图 3.1 墙面创设位置过高(1)

图 3.2 墙面创设位置过高(2)

2. 忽视了幼儿区别于成人的人体比例

除了幼儿身高导致的视觉受限,儿童独特的身高视角也会让他们对室内环境空间的感受区别于成人,但也容易被成人忽视。《托儿所、幼儿园建筑设计规范》(2019年版)里明确说明了幼儿园一般用房净高3米,多功能活动室3.9米。这样的层高对于成人而言是适中的,但若不加任何装饰的3米或3米以上层高的空间,幼儿置于其中就会感觉过于空旷。在这样的空间里,教室有必要进行一些吊饰、吊顶或隔断的设计,以减弱层高对幼儿带来的空旷感。

此外,幼儿在探索周围事物时,会用手掌能否握住物体或伸开手臂能否抱住物体等肢体动作来理解物体的大小。为适应这种积极的学习过程,设计合理科学的桌椅、操作台、窗台、工作台、围栏、栏杆扶手、书架等物体的大小和高度会让幼儿有更强的空间探索欲望和活动兴趣。当前一些园所,园舍建筑和设施没有完全根据幼儿身体尺寸来设计,而是以成人身体尺寸作为参照。如楼梯栏杆扶手设计过高,幼儿上下楼时无法手扶扶手;如操作台和工作台设置过高,给幼儿活动和操作带来不便。以上忽视幼儿身体尺寸的环境设计,均无法体现幼儿园园舍设计的教育性特征。

3. 对幼儿的审美喜好的误判

(1)色彩不适宜。幼儿心理学的研究表明,全世界的幼儿都普遍偏好红、黄、绿三种颜色。有一定经验的教师都了解,幼儿比较喜欢饱和度高、鲜艳、明快的颜色。但我们要深知一点,幼儿偏好五彩缤纷的色彩并不意味着要把所有色彩都堆砌在一起。一些幼儿园,其园舍建筑的外墙色彩是把很多鲜艳的颜色并置在一起,虽然有效地凸显了幼儿园的色彩鲜明这一符号,但颜色缺乏主次,没有色彩构成,主色调不明显,显得色彩杂乱而缺乏美感。在室内空间环境中,色彩搭配的协调性显得更为重要。幼儿长期在室内空间游戏、学习和活动,受环境色彩的影响尤其明显。色彩的堆砌容易分散幼儿的注意力,造成视觉污染,不利于幼儿审美能力的发展;在墙面创设中,色彩堆砌且无规划会造成幼儿无法将关注点集中于墙面的内容,不能有效地提取墙面信息,以致降低了幼儿与墙面的互动性。因此,环境创设中无规划的色彩设计会对幼儿造成一系列的负面影响,建议在幼儿园中大面积使用贴近自然的、低饱和度的色彩,并用适当的鲜艳的色彩进行装饰和点缀,形成主次分明、色调统一的、符合幼儿审美需要的色彩环境。

除了关注色彩的主次和色调,幼儿园环境还应做到"随类赋彩",即根据室内空间功能的特性选择适宜的色彩。每种颜色都有特定的波长,从而影响人的感觉。当人看到令人平静的颜色,心率会降低;当人看到令人兴奋的颜色,心率会加快。所以在不同的空间场合,需要合理选择不同波长的颜色。例如睡眠室,环境的色彩对幼儿的睡眠质量有着重要影响,在这里就不能大面积应用饱和度较高的黄色、红色、橙色等会使人产生兴奋情绪的色彩,宜选择温馨、宁静的淡色系,如浅黄色、浅蓝色、浅绿色。儿童对色彩有所偏好,他们的这种偏好与情绪密切相关。例如进餐区,应选择能够增强幼儿积极情绪且能增进食欲的明亮色调,如暖黄色、豆绿色,避免大面积出现明度和纯度较低的色彩,如黑色或棕色。

在空间环境创设中,针对色彩的运用,教师也容易陷入以下误区而选用了不适宜的色彩。例如有教师认为教室里要保持明亮,所以环境创设中选用大量的白色,殊不知纯白色能够反射光线,有时可能会很刺眼,不利于幼儿的视力发育;例如活动区的家具、置物架等木质结构中的原木色,教师认为色彩过于单调,故彩绘成幼儿所喜欢的五彩缤纷的颜色,以增添色彩的丰富性。其实,家具的中性色调有助于营造自然、宁静的氛围,与彩色的玩具、教具、吊饰、地垫等搭配在一起相得益彰且不显凌乱,而且在环境创设中融入类似原木色的自然主义元素,也可以培养幼儿亲近自然的情感,促进审美的和谐发展。环境创设不是一成不变、一劳永逸的,需要随着季节、温度、空间的变化而调整。如冬天的教室,应以暖色调为主,到了夏天则需调整为以冷色调为主。同样的功能室,若面积比较小,则需选择明亮的色调,深色调只会令面积不大的房间在视觉上显得更紧凑。而到了面积比较大的空间,则需慎用白色、亮黄色等明度高的色调,其会让空间显得更大更空旷。

(2)视觉图像不适宜。幼儿主要以视觉的形式观察和认知周围事物,在幼儿园中,每一处环境都需要有视觉图像的呈现。在与幼儿教师的交流中,我们了解到在教师眼里,幼儿喜欢的视觉图像有哪些:

我们班的小朋友比较喜欢动画里的形象,男生比较喜欢奥特曼,女生喜欢各种公主。

我一直认为儿童比较喜欢具象的形象,但有一次在墙面装饰时,一幅仅有几个图形并置在一起的半成品图案却吸引了很多幼儿去观察讨论它到底是什么。

在幼儿园墙面环境创设中,我们常见到教师会用"奥特曼""公主"等形象去装饰墙面,虽然类似的形象是幼儿所偏好的,但我们不难发现,这种偏好是具有性别差异的。幼儿园的空间环境应面对幼儿园内所有幼儿群体,我们尽量要兼顾每一位幼儿的审美喜好,因此在环境创设中选择具有性别偏好的视觉图像如机器人、武器设备、公主等是不科学也是不合理的。

针对幼儿是更喜欢具象事物还是抽象事物的问题,我们要辩证地看待。幼儿喜欢的是能与其生活产生联系的事物,如写实的花、鸟、鱼、虫,幼儿能轻易地从写实的图像里识别出是他们生活中所熟悉的事物。但幼儿也并不是拒绝一切抽象的视觉图像,相反,抽象的视觉图像能够延展出更多的视觉可能性。如墙面创设时,我们用高结构材料拼摆出一些偏抽象的图形,孩子们可能会针对这些抽象的图形产生系列的联想:是汽车,是人,是树,还是楼房?抽象的视觉图像,不仅增强了墙面的互动性和趣味性,也帮助幼儿拓展了想象和思维。但在抽象的视觉图像中,有一种形式我们是不提倡在幼儿园环境中应用的,即带有观念性的当代艺术家的抽象画作品。理解这样的作品需要欣赏者了解其背后的社会背景和历史情境,幼儿在接触这样的作品时,由于缺乏对基本知识的了解,且画面中也没有能产生生活联想的事物要素,所以幼儿解读起来比较有难度就会容易产生消极的情绪,这将不利于幼儿审美能力的正向发展。

4. 缺乏对幼儿生长发育期特点的关照

儿童在生长发育期新陈代谢快,在高强度运动中不易感到疲劳,表现为精力旺盛,喜欢奔跑、跳跃、攀爬、追逐等游戏。在幼儿园环境创设中,教师要充分考虑幼儿的生长发育期特点,避免因一味追求环境的美观而创设具有一定安全隐患的环境。如教室上方悬挂易碎物品作为吊饰,小班投放的材料过小过碎易发生误吞危险等。在幼儿园中,以下两种情况是因忽视幼儿生长发育期特点而设计的,且容易被忽视的具有安全隐患的幼儿园环境。

(1)落地门窗设计。主要由玻璃结构组成,不仅采光效果好,视野开阔,而且美观大方。除了能够很好地隔离室外的冷热空气,还能够起到一定的隔音效果,是成人比较偏好的一种装修设计形式。基于室内空间环境的需求,一些幼儿园为追求明亮、开阔且具有一定隔离性的室内空间环境,会在门厅、活动室等区域设计落地门和落地窗。由于落地门窗是由玻璃结构组成,玻璃透明、易碎,存在一定的安全隐患。且幼儿在生长发育期,喜欢奔跑和玩闹,稍不注意难免就会与落地门窗发生一些碰撞,力度较大的话就会发生玻璃碎裂的问题。所以在幼儿园中,落地门窗的设计和安装要格外谨慎。如果在幼儿园中,确实因为空间需要安装落地门窗,基于幼儿的安全性考虑,可以在玻璃门窗上进行一些玻璃装饰画环创,既美观又起到了提醒幼儿作用。在玻璃材料上,尽量选择厚度大、真空、双层、抗压能力强的钢化玻璃,避免因碰撞出现玻璃碎裂的安全隐患。

(2)防护网设计。针对幼儿园中公共区域环境的安全性问题,在与幼儿教师的交流中了解到,他们普遍认为楼梯的环境最容易出现安全隐患。

幼儿园的楼梯处,有集体活动时,往往上下楼的孩子们比较多,容易发生拥挤、推搡现象。

有些比较调皮的孩子下楼,会顺着楼梯栏杆的扶手直接滑下来,非常危险。

园里也担心孩子们走楼梯发生危险,会在楼梯栏杆上方安装防护网,这样万一摔下来也有防护网保护。

针对避免楼梯的安全隐患,在楼梯安装防护网的措施,我们也要辩证地看待这个现象。安装防护网的初衷,是为防护幼儿在楼梯处因戏耍打闹而发生坠落的危险。然而处于生长发育期的儿童,除了爱好跑跳追逐,还喜欢攀爬活动。楼梯防护网主要由尼龙绳编织成网状,安装于楼梯围栏上方,网状的结构为幼儿攀爬提供了落脚点。幼儿出于好奇心很容易把防护网当作攀爬墙,反而会导致高空跌落的安全隐患。所以教师在进行环境创设时,要充分、全面地考虑幼儿生长发育期的特点,预见性地避免有安全隐患的设计(见图3.3)。

图 3.3　幼儿园空间环境中楼梯防护网的设计

二、忽视了儿童的学习方式和特点

3~6岁儿童的思维处于具体形象阶段,从其学习特点的角度看,其自主学习并不是自发的,而是在与环境中的人、事、物不断相互作用的过程中产生、发展的,更大程度上它需要环境的支持与熏陶,需要儿童运用多种感官,在亲身体验、实际操作的过程中激发儿童的探索性思考,促进儿童的全面发展。传统的幼儿园环境创设往往重视幼儿感官的刺激,偏好直白的、能吸引幼儿关注力的视觉图像,把重点放在让幼儿感知"这是什么"上,缺乏激发幼儿针对环境"这是为什么"的思考。环境是一个不断生成和持续性的教育过程，不仅要在视觉上让幼儿感受到环境中美的熏陶，更应促使幼儿不断对环境产生思考，激发其进行想象、创造和探索活动。例如以"动物"为主题的墙面创设，传统的环境创设可能会关注于选取哪些幼儿喜欢的动物形象、用哪些材料进行装饰等，侧重于对幼儿感官的刺激，幼儿被墙面所吸引，认识了墙面上的动物，墙面的作用就中止了，其不具有生成性和启发性。启发性的墙面应基于幼儿的生活经验，侧重发展幼儿独立发现问题的能力。在"动物"主题墙面上，我们就可以设计"胎生与卵生动物""两栖动物有哪些""动物界中的'冠军'们"等问题情境，让幼儿针对墙面内容产生联想和思考，自发寻找答案，进而获得相关领域的知识和能力。

三、未关注幼儿的年龄差异

不同年龄阶段的幼儿，其身心发展水平、兴趣爱好、个性特征等差异较为明显，所以不同年龄阶段的幼儿所需要的环境也不尽相同。在实践中发现，有些幼儿教师在创设环境时，缺乏明确的年龄特征意识，在环境创设实践中常随心所欲地按照自己擅长或熟悉的方式进行，不符合幼儿的认知水平和发展特点，创设环境的效果不尽理想。例如，小班幼儿处于形象思维阶段，即以直观形象和表象为支柱的思维过程，他们对直观形象和视觉图像有着更强烈的好奇心，所以在班级活动室环创时，教师需要布置大量挂图、图形标识等帮助幼儿完成从识图到认知内化的心理发展过程。但在实践中发现，有些教师在为小班活动室创设环境时，运用了大量的文字进行标识，"错位"的设计就体现了教师缺乏一定的儿童年龄特征知识。而大班幼儿随着生活范围的扩大，知识经验的丰富，特别是语言的发展，思维在具体形象的基础上进一步发展起来，抽象逻辑思维开始萌芽，可以借助语词、概念进行思维。大班的班级环境，就要用图文结合的形式，创设出能够启发幼儿思考、探索和互动的环境，仅仅应用简单的图形标识环创就无法满足幼儿拓展知识经验、进一步发展抽象逻辑思维的需求。

在活动区的材料投放上，不同年龄阶段的幼儿也要体现出差异性的特点。在与幼儿教师交流中，他们反映了一些关于材料投放的问题：

我所在的小班，在建构区总是出现争抢玩具和材料的现象。
我在小班活动区投放的材料数量和种类都很多，但幼儿好像反而不知道要怎么去选择。

我在活动区投放的材料还是比较丰富的,但我们大班的孩子,每次都是三分钟热度,玩一会就不想玩了。

幼儿在活动区的问题,很大程度与材料投放有一定的关系。小班幼儿倾向于单独游戏或平行游戏,在实践中,教师若没有投放足量的相同材料,就会出现幼儿为玩一个玩具或需要同一材料而争抢的现象。小班幼儿偏爱模仿,喜欢角色扮演游戏,因而娃娃家中的道具材料投放尽量齐全,各种玩偶、锅、铲、勺子、碗等一样多份,满足幼儿进行平行游戏的需求。2~4岁是幼儿个体秩序感发生发展的敏感期,因此小班活动区中材料投放的种类和数量要适中,多而杂的材料会让幼儿无从选择,尽量让幼儿感到环境中的秩序,同时也满足幼儿对环境控制感的需要。大班环境要突出探索性和实验材料的丰富性。在前文教师反映的幼儿在活动区学习和游戏的持久性不足的问题,很大程度是因为材料的吸引力不够。大班幼儿处于抽象逻辑思维萌芽阶段,对材料有一定的探索欲望,因此那些玩法和功能单一、通关方式简单、缺乏操作感的玩具或材料,限制了幼儿的想象和创造,就很难维持幼儿的兴趣。而且大量高结构、封闭式材料的投放,也无法满足幼儿合作游戏的需要。所以大班幼儿更需要富有创造性的、能够一物多玩、具有开放性、复杂性、合作性的材料。如低结构材料石头,可彩绘、可拼摆、可搭建,也可作为游戏的道具,一物多玩,就满足了大班幼儿合作游戏以及探索不断生成新游戏的需求,幼儿游戏的持久性就会延长。

四、缺乏对幼儿个性特点的关注

教师在环境创设时应面向全体幼儿,尊重每位幼儿的个性特征,包括每个幼儿的动机需要、兴趣爱好、学习方式、能力水平和性格特点等。针对这个问题,很多幼儿教师表示在实践中确实难以关注到每一位幼儿的个体需要。其实教师在与幼儿长期接触中,对每一位幼儿的性格都会有一定的了解。有这样的一个真实案例,在某所幼儿园的中班有一位普通的、微胖的小女孩,各方面表现都很平均。有一次,在角色区,她扮演了一位店家,教师发现她在吆喝卖货、介绍商品时,说得头头是道充满表现欲。于是教师便关注到了她在角色扮演、自我表达时的优势,幼儿园的舞台剧、新年演出等经常让她参加,经过不断的演出锻炼,她的表演也越来越成熟自信,成了幼儿园里的小明星。这个案例就告诉我们,个性化的环境中存在很多潜在的教育资源,需要教师不断地探索与开发,通过环境教育发现和激活幼儿的闪光点。

当前,一些幼儿教师在创设环境时忽视了幼儿的性格特征。如有的幼儿性格内敛,教师却安排其参加大量的操作性活动和冒险性游戏;有的幼儿性格外向,教师却安排他们长期在比较安静或私密的区域进行活动。在游戏的安排和材料的投放上,也没有关注到男女幼儿的性别差异。如总让男生去玩他们不感兴趣的娃娃家,让女生去攀爬会让她们恐惧的大型器材。如此"错位"的设计和安排,忽视了幼儿的个性特征,抑制了幼儿某些才能的发展,潜在教育资源的影响和作用无法得以发挥。除此之外,一些特殊儿童如孤独症、残障等,也需要教师根据实际需要创设特殊的教育环境,从物质环境和精神环境两个层面,帮助他们更好地发展和完善自我。

当然,本书探讨的幼儿园环境创设要尊重幼儿的个性特征,是针对幼儿个性的亮点和劣势进行倾向性的教育资源投入。环境创设以适宜性为原则,把握好一个"度",过犹不及。以下两种情况就陷入了误区:幼儿对某个领域缺乏兴趣,教师便完全把幼儿隔离于这个领域之外的教育环境;幼儿对某个领域表现出极大的兴趣,教师就简单地让其每天沉浸在这个教育环境中。以上两种情况违背了环境创设的适宜性原则,幼儿所接触的教育环境应是系统而全面的,才能保证其全面、和谐地发展。环境的创设可以根据幼儿的个性特征有所偏向,但不能过于绝对。除以之外,环境创设也讲求兼容并包,兼收并蓄。教师在不断观察中随时添加或修正环境,在一定程度上满足个别幼儿的需求,最终使环境能够达到"融合"不同兴趣和能力的幼儿的程度。

五、忽视了儿童的情感及愿望

1. 重视规则,忽视自由的观念

蒙台梭利认为,只有在自由的气氛中,儿童才会显露他们的本质。然后,成人才可以观察儿童的兴趣和活动,了解儿童的个性和发展,随时改进环境以适应儿童的需要。卢梭曾说过:"人生来自由。"儿童天性向往自由,无拘无束。幼儿通过自由活动来探索未知,了解周围的世界,认识社会。所以教育环境的自由,更能激发幼儿潜在能力的发展。

在幼儿园中,基于教师的管理需要,考虑幼儿的安全因素,幼儿园的环境往往重视规则意识而忽视自由的观念。教师主观认为某项东西是"难以管制的"或者"不重要的",从而限制幼儿的自由行动、选择和表达,成为幼儿园自由的禁锢者。在传统幼儿园中,首先,教师偏向让幼儿在室内有限空间内活动,且在教师视线所及的范围内减少户外活动时间,避免因户外活动场地面积大、幼儿过于自由、教师疏于管理而存在安全隐患;其次,在活动区的选择上,教师为严格控制每个活动区人数和幼儿活动情况,提前分配了每位幼儿的活动区去向,限制幼儿自主选区或选择材料,剥夺了幼儿自由选择活动游戏的权利,将成人视角下的物质条件的提供凌驾于儿童视角的幼儿的主观需求之上;最后,控制幼儿的"话语权"。规则是教师制定的,还是幼儿讨论制定的,对儿童的行为与发展的影响是完全不同的。① 在访谈中发现,教师往往喜欢表扬和关注那些"听话"的幼儿,"听话"的幼儿所言所行均在教师制定的规则之内。而"不听话"的幼儿往往会受到一定"惩罚",如不允许玩游戏或被安排到幼儿人数较少的活动区,以免其行为打扰到其他幼儿的自主游戏。"听话"行为的背后往往蕴含着儿童视角下不合理的规则,将幼儿从"不听话"培养到"听话"的过程,限制了幼儿的自由和表现,犹如磨去了孩子个性的棱角。这样的教育环境下扼杀了幼儿的好奇心和求知欲,让他们变得不敢表达也不会表达,失去对未知世界的求知欲和探索欲。

在活动区中,幼儿更关注游戏的自由开放性,如可以自由选择玩什么、怎么玩以及跟谁玩,渴望在游戏中自由选择材料及其玩法。而教师是成人文化的代表,他们希望幼儿能够按照自己的价值标准,按照成人的规定行事。② 出于秩序性的考虑,教师会规定幼儿不允许同时拿几种玩具和材料,有时甚至会提前为幼儿选择好材料。在建构区中,教师投放了各种方形的纸质包装盒,根据活动目标,教师希望幼儿能够按照要求用生活材料包装盒来搭建房屋或城市,所以其他种类的拼插建构材料如积木、积塑等是不允许同时出现在本次活动中的。虽然在教师规则下的区域活动会平稳、有序地开展,但却容易错失一些因材料间相互作用而生成的教育契机。

2. 重视教育氛围,忽视幼儿归属感和自我实现的需求

家庭是幼儿出生后所接触的最早环境,其是幼儿情感发展的重要影响

---

① 刘焱:《中国履行儿童权利公约.研讨会综述》,《学前教育研究》1996年第3期,第6—7页。
② 边霞:《儿童文化与成人文化》,《学前教育研究》2001年第3期,第8—9页。

源。刚入托的幼儿,常常会出现分离焦虑,就是难以割舍与父母、与家庭情感的表现。幼儿园为帮助幼儿减缓分离焦虑的困扰,应创设像家一样温暖和谐、轻松有趣的环境氛围。但有些幼儿园教师,从成人的视角去审视,认为幼儿园作为学校,隶属社会的一部分,是儿童学习的场所,故环境的创设要有区别于家庭环境的学习氛围,更为严肃和正式,这样在情感上割裂了幼儿与"家"的联系,"幼儿园"在幼儿心理上被贴上了束缚和拘束的标签,导致幼儿在心理上更为抗拒幼儿园。

在环境创设中要增强幼儿的归属感和决策权,让他们感受到自己与他人紧密相连,并作为"家"的一分子在集体中被需要并能做出重要的贡献,让幼儿被爱、被需要、被关注的心理得到满足。当下幼儿园中,幼儿往往缺乏这种自由选择权。小到为教室或其中的区域选择一个特别的名字,让幼儿参与制定进区规则与行为规范,大到参与教室空间环境的设计,如将空间变成什么样,用什么材料和工具,和谁一起组建团队等。幼儿通过设计并创设自己理想中的环境,展现自己的能力,加强同伴协同合作,增强归属感。

在当前的幼儿园中,一日生活内容往往是由教师提前计划好的,有条理、有目的、有规划的一日生活固然井井有条,但从教育的角度来看,往往因为缺乏大量非结构、开放性的活动时间,而让幼儿失去了自由决策和实施自己想法的机会,没有满足幼儿自我实现的需求。

3. 重视游戏的功能价值,忽视游戏的过程体验

作为教育者,教师在设计区域活动时,往往将游戏的教育价值放在首位,选择与投放的材料,均为教育目标的达成而服务,关注幼儿在游戏中能够学到什么、收获什么,大于幼儿在游戏中获得的情感愉悦。对于幼儿而言,其基本活动就是游戏。[1] 幼儿更关注能够在游戏的过程中获得快乐、刺激、轻松的情感体验,这也是游戏的本体性价值,即注重展现游戏的童心童趣。正如研究者所言"儿童视角是指向儿童内在天性,而教师视角是指外在的教育目标"。[2] 教师在设计游戏活动时,往往本末倒置地将游戏的外在价值即功能价值凌驾于本体性价值之上。游戏不好玩、没有趣味性,如幼儿所

---

[1] 雷湘竹:《学前儿童游戏》,华东师范大学出版社,2012,第17页。
[2] 王春燕,周彬男:《基于儿童视角的幼儿园区域材料及投放研究》,《幼儿教育(科学教育)》2018年第3期,第8-13页。

言"进活动区跟上课一样",自然不会吸引幼儿全身心投入游戏中。驱动幼儿游戏的动因错位,就出现了教师将游戏强加给幼儿的现象。有研究者针对此问题得出研究结论:游戏的外在价值是成人或者教师由于教育需要而赋予它的,它必须与其内在价值一致,否则将破坏它的本体性,即因忽视儿童需要而强加于儿童,使游戏异化为非游戏。①

4. 关注"以物易物",忽视"真实"的教育环境

蒙台梭利指出,环境中的真实与自然,有助于儿童发展探索内在及外在世界所需的安全感,而成为敏锐的、有赏识力的生活观察者。真实的物品更能激发幼儿的兴趣,能够给人以丰富感官刺激,可以促进幼儿全领域、多感官的整体发展,并与自然、生活建立联结。有些物品因为色泽和质地可以引发幼儿视觉或触觉兴趣。如松果、岩石的纹理和触感,其凹槽、凸起、棱、坑等具有更强的视觉吸引力和视觉质感;如不锈钢的杯具具有清凉的金属质感,有镜面一样的反射效果,敲击时还能发出金属特有的声响。有了真实的感受,幼儿在娃娃家时会更加投入体验真实角色,同时也能探索材料不同的感觉特质。有些物品,如花朵和水果,除了具有真实自然的色泽外,还会散发怡人的香味,可以丰富幼儿的视觉和嗅觉;食品类材料具有多种感觉特质,可供品尝,更能促进幼儿的味觉敏锐性。

皮亚杰认为,当儿童为游戏或者活动设计物品的物理特性时,他们就在建构关于世界的心理模式。所以儿童运用真实物品建构心理模型时,学习的效果最好。真实的物品更有质感和分量,如真实的电话有光滑的触感,可操作的听筒和按键,可延展的电话线,等等,这些都能促进幼儿参与感官活动,与材料发生互动。真实物体丰富的肌理和质感可以帮助幼儿通过触摸体验进行学习,从而理解轻重、粗细、光滑或粗糙等概念。

因此,教室中的设施在设计上应接近真实社会的情况。如为幼儿展示真实的树叶、花朵而非树叶、花朵的图片;区角投放真实的电话、微波炉、电饭煲等而非塑料的玩具、道具等。当前一些幼儿园为省时省力,环境创设时大量张贴工业印刷图片,用半成品材料包代替手工制作,导致环境中缺乏自然材料、生活材料的装饰,环境千篇一律,人工痕迹明显,缺乏与自然、生活的有效联结。

---

① 曹中:《儿童游戏论——文化学、心理学和教育学三维视野》,宁夏人民出版社,2000,第17-18页。

5. 过于重视安全性，忽视幼儿亲自然的天性

《3～6岁儿童学习与发展指南》提出科学探究的目标之一就是亲近自然，喜欢探究。根据幼儿的年龄特点，通过感官获得对事物的直接认知是其主要的学习方式，且幼儿具有亲自然的天性，因此在幼儿园中为幼儿创设充满自然因素的环境具有重要意义，通过自然环境潜移默化的作用，培养幼儿的想象力和尊重自然、热爱自然的品质。我国城市中的幼儿园由于受空间的限制，往往忽略儿童对自然环境的需求。如户外的绿地仅仅供观赏或起隔断作用，缺乏实用性；户外活动区地面多铺塑胶材质的地坪。塑胶地坪是由各种颜料橡胶颗粒或EPDM颗粒为面层，黑色橡胶颗粒为底层，由黏着剂经过高温硫化热压所制成。虽然塑胶地坪耐磨防滑、色彩鲜艳且易于打理，但其人工痕迹明显，大面积的塑胶地坪也会挤压其他自然元素如植被、水、草坪、泥沙的创设空间。而且一些幼儿管理者认为幼儿嬉水和玩沙活动容易弄脏幼儿衣裤和地表环境，故在幼儿园户外环境中很少设计水池和沙池等游戏设施；在室内空间，一些幼儿园管理者为统一整个园所的环境风格，通常会找专业的设计公司或机构统一进行园所环境的设计和规划，这样在环境中就会大量使用人工材料、成品材料，且装修成型的环境不易改变，教师难以进行进一步的生成性教育环境创设。

针对幼儿园环境中自然元素应用情况问题，在与教师交流中，他们主要反映出以下几个问题：

很少组织孩子参与嬉水活动，因为过程中很难控制孩子们的行为，而且容易导致幼儿滑倒、感冒等风险。

幼儿在室内的活动比较好把控，室外就无法全面把握幼儿的行动。

由于幼儿园空间有限，我认为幼儿在离园后有更多的接触大自然的机会。

在与教师的交流中，我们发现在教师眼中，安全隐患是阻碍自然环境在创设中使用的最大因素。由于自然环境存在着不可控因素，主要有以下表现：天气变化较大，在进行阳光浴、空气浴的时候易使体质较差的幼儿生病；花池、树池边缘较硬，幼儿亲近时易发生碰伤；一些植物有毒性、树枝带刺、易伤害到幼儿；幼儿在泥沙活动区进行活动时，将泥沙误弄进眼睛、口鼻中；种植区易招致大量的有害昆虫，如蚊子；水池地面光滑，幼儿易滑倒、擦伤。

以上问题,表明教师利用自然因素进行环境创设的自我效能感不高。一是教师忽视幼儿对自然环境因素的需求,且空间的开放导致幼儿活动的一些不可控性,教师臆断了幼儿的兴趣和需要;二是教师过于考虑安全因素,担心将绿地、树木、水池、泥土地作为幼儿的活动场地,会发生安全事故,幼儿之间发生冲突,因此规避这些场所,缺乏对安全因素的思考和规避措施;三是教师对自然环境因素的价值认识不到位,认为幼儿园环境中的自然元素不是幼儿刚需的,缺乏相关知识的系统性学习。

六、教师的游戏材料投放行动与儿童需要的焦点错位

在游戏材料投放过程中,教师行动意向与儿童个体意向之间的焦点错位具体表现在教师的投放行动与儿童的需要不一致,教师的主观意愿、目标预设、主题要求等成为其投放行动的主要依据。通俗而言,即教师在投放材料时,没有以儿童个体的行为意向与实际需求为逻辑起点,而是多关注在材料的规范性、教育的目标、材料与主题的适配度上,导致幼儿在操作材料时,发现材料不是其想要的,这将极大影响幼儿动手操作的积极性和乐趣,使得游戏活动沦为了幼儿并无真实体验的"伪游戏"状态。

在材料的具体投放上,主要存在以下几个方面问题。

1. 缺乏幼儿自制材料的投放

幼儿园活动区材料多为集中购买或教师自制,教师缺乏区分"需要教师做的"和"可让幼儿做的"的明确意识,往往自己不辞辛苦地去做了幼儿能够自己做的事情。① 教师往往会有这样的困惑,自己在活动区的材料准备上投入了大把时间和精力制作材料,但在实践操作中却反映出幼儿对材料缺乏兴趣、抱怨材料用不到的现状,这既打击了教师在学前工作中的积极性,又剥夺了幼儿参与环境创设以及发现问题和解决问题的机会,没有实现精准高效地投放材料。

2. 材料一成不变,缺乏动态

《幼儿园工作规程》指出:"应因地制宜地为幼儿创设游戏条件(时间、空间、材料)、游戏材料应强调多功能和可变性。"在活动区材料投放时,教师往

---

① 刘焱:《幼儿园自制玩教具活动的意义、指导思想和评价标准》,《学前教育研究》2007年第9期,第24—30页。

往由于保有材料"一劳永逸"的观念,以及对活动动态和幼儿的需求变化缺乏关注,而没有及时更新材料以拓展和丰富游戏主题,导致活动区游戏一成不变,幼儿参与活动的积极性和游戏频率下降。

3. 结构化材料投放不合理

经调查发现,幼儿园大多数幼儿倾向于低结构材料的投放方式,因为低结构材料游戏形式较为开放,限制较少,幼儿可以自主探索材料更有趣的玩法;少部分幼儿倾向于高结构材料的投放方式,他们认为教师设计的玩法更有趣且认同教师制定的规则。所以不论是低结构材料还是高结构材料,幼儿园活动区内都要占一定的比例。很多幼儿园没有根据幼儿的实际需求来进行结构化材料的投放,如高结构材料过多,缺少低结构材料投放,游戏玩法单一,影响了幼儿的游戏持久度和游戏频率。教师应了解幼儿的游戏喜好,有目的、有计划、有针对性地投放结构化材料,营造轻松、自由的游戏氛围。

七、忽视了儿童的主体地位

成人对幼儿的看法受传统教育观念的影响,在教师看来,幼儿是不成熟且能动性不强的个体。于是在幼儿园实践中,成人居于社会文化的中心,制定社会文化生活中的各项标准、制度,并对社会制度进行决策,等等,这就背离了幼儿园教育环境中儿童的主体地位。幼儿是环境的主人,也是幼儿园一切环境设计的出发点和最终目的。幼儿不仅仅是环境创设的参与者,更是环境创设的主人,对环境有着绝对的支配权和管理权。传统的幼儿园环境创设更多体现了教师的主导作用,具体体现在以下几个方面。

1. 环境设计教师"不敢放手"

在前文中已提到,当前很多幼儿园教师介于"不敢放手"的环境观的影响,教师对幼儿能力缺乏信心,担心幼儿的加入会影响整个环境创作作品效果的呈现,故不敢放手让幼儿参与环境的主题生成、设计到实施的整个过程,只是让幼儿配合着做一些辅助性工作。因此在环境的设计中我们很难发现幼儿的操作痕迹,而且被动地参与并没有发挥幼儿的主体性。在环境创设的内容上,许多教师通常会选择自己最为擅长的艺术手法,擅长什么就布置什么,根据教师自己的个体经验或参照好的环境来设计,幼儿常常被当作被动的"边缘人",机械地接受教师的安排,如此幼儿在环境中就丧失了掌控权和话语权。教师应从自身出发,让幼儿发出自己的声音,削弱教师对于区域活动和幼儿参与环境的限制,把环境还给幼儿,让他们做回班级的"主人翁"。

幼儿是环境的主人,他们可以承担设计、发展、完善环境的责任。[①] 在幼儿园环境创设中所体现的幼儿主体性主要有两个方面:一是在幼儿的环境创设过程中要有幼儿的参与;二是幼儿应与所创设的环境产生互动。前者中,针对教师对幼儿参与环境创设缺乏信心的问题,在低年龄班,教师先制作形和色均比较完整的、可以作为独立墙面的墙饰,幼儿只需画或贴比较简单的、不影响整体墙面效果的点状材料、线状材料、面状材料或撕纸、剪纸作品,教师主要通过给幼儿提供的材料来控制幼儿制作部分的色彩和效果;针对幼儿作品中涂鸦较多、画面较凌乱的问题,教师可以通过裁剪作品、裱框等方式,加强幼儿作品的装饰效果,让幼儿作品中的形象与主题墙面内容较好地融合。后者中,强调幼儿应与所创设的环境产生互动。互动式墙面需要教师掌握综合技能,具有全局意识,其不局限于墙壁的装饰美化设计,还要包含师生交互游戏的随机设计,以及引导幼儿参与展示的创意设计,具有一定的难度,值得幼儿教师深入探索。

2. 环境评价幼儿的缺席

幼儿既是环境的使用者,更是环境的创设者。当前幼儿园环境的评价主体多为管理者和教师,幼儿在环境的评价中往往失语。其实我们从幼儿的视角去审视幼儿园环境的现状,存在很多问题:如主题墙创设成人痕迹明显,缺乏幼儿自由、自主的互动性设计;班级公约中,特别是其中的"禁止"取向,是从成人的语境而非幼儿的角度阐述班级规定;作品展示墙中的幼儿作品,是单纯从成人的审美标准选取的优秀作品,而一些"非优秀"的作品则失去了展示的机会。这种单一的挑选模式挫伤了幼儿参与环境创设的积极性,也忽视了儿童的差异性,限制了其创意思维的发展。这种仅关注作品的艺术性,忽略幼儿作品的创作内容、创作意图和初衷,也是成人视角下环境设计的体现。

八、课程生成缺乏优质的环境

幼儿教育环境的创设是有目的性的,环境的设置可以催生课程,而这样

---

① 吴绍萍:《幼儿园管理与实践》,江苏教育出版社,2012,第89页。

的课程又与环境布置相呼应,使得学习课程与学习环境融为一体。所以环境的创设要紧密围绕教师的学习任务和教学主题进行,实现教育和环境动态一体化。但纵观当前幼儿园教育环境现状,能够生成课程的优质环境设计少之又少,多沦为仅供观赏的"静态景观",忽视了环境的生成性和动态性发展,无法发挥幼儿园教育环境在幼儿一日生活中的教育作用。

第三节 非儿童立场的幼儿园教育环境问题

一、教育环境生态系统尚不均衡

幼儿园的环境实则是一个生态系统。环境的创设不仅要考虑内容的丰富多样,更要关注环境中各种内容之间及各种教育功能之间的相对平衡和全面性。宏观层面,要保持幼儿园与社会、幼儿园与社区、幼儿园与家庭这个生态体系的平衡。微观层面,要兼顾环境中的教育功能既能保障幼儿身体发育,又要能促进幼儿心理发展;既能增长知识,又能提升能力;既能激发智力因素,又能激发非智力因素。具体表现为,幼儿园班级中活动区的数量和种类平衡、活动内容中五大知识领域的平衡、活动方式中动态活动和静态活动的平衡、多种感官发展的平衡、局部环境与整体环境的平衡等。幼儿教师应全方位、多角度关注幼儿发展,营造适宜的教育环境,将环境视为教育生态系统的一个分支,避免出现以下教育环境的不均衡问题。

1. 精神环境的不均衡

《3~6岁儿童学习与发展指南》在健康领域中强调,"营造温暖、轻松的心理环境,让幼儿形成安全感和依赖感"。然而在幼儿园中,园所对物质环境的重视程度普遍远远大于精神环境,教师在物质环境创设中往往投入大量的时间和精力。在传统的成人思维里,物质环境是有形的、显性的,美观而和谐的物质环境可以通过视觉让人直观地感受到。而精神环境是隐性的、无形的,所以在成人视角里前者的重要性大于后者。精神环境的营造在幼儿园中也往往被忽视。

在幼儿园的很多案例中均体现出教师缺乏精神环境营造,多表现为师幼关系和同伴关系的失衡:

(1)"唯教师论"。幼儿虽然存在一定"倾教师"的行为和心理,但有时他们也希望能够自由表达和选择,渴望民主与平等。但一些传统的教师坚守作为成人的"权威"和对班级各项事务的"支配权"及"掌控权",剥夺幼儿的话语权和选择权。如活动区的选择、墙面的主题内容、游戏的同伴等均由教师统一分配和安排,幼儿机械被动地接受"分配"。类似这样专制型的教师往往会带来不良的师幼关系,幼儿表现为害怕教师,不敢表达,沉默寡言,这不利于他们身心的和谐发展。

(2)"唯儿童论"。在一些传统成人的观点里,还存在这样的误区,认为孩子之间都是小打小闹,成人无须干预,幼儿自己可以解决。这样的观点忽视了成人在幼儿同伴关系中重要的疏导作用。幼儿的年龄决定了他们无法创设一个完全积极交往的环境,加上家庭因素的影响,如溺爱等问题,导致幼儿自身存在自我中心的倾向,不善于察觉他人的思想感情和需要,缺乏对他人情绪情感状态的认知、了解,这就会导致帮助、合作、关心、抚慰、同情等亲社会行为的缺失,不能有效地建立良好的同伴人际交往关系。教师作为成人,可以通过对幼儿进行疏导和自身的努力为幼儿创造一个积极交往的背景,如引导幼儿及时向同伴表达关心和需要,进而产生帮助和合作的行为,从而有效地影响幼儿的交往态度和社会行为。

2. 为凸显"园所特色"而造成的不均衡

幼儿园的特色是办学主体刻意追求逐步实现的幼儿园工作某一方面特别优于其他方面,也特别优于其他幼儿园的独特的稳定的品质。但在追求特色建设的过程中,很多园所没有理解透彻"特色"的内涵,导致有些幼儿园为充分彰显这种"特色",整个园所的环境都围绕着"特色"进行设计,将能够体现"特色"的符号和标签,生硬地应用于班级的环境创设中,缺乏与课程的整合,与幼儿发展的融合,这种"特色"的环境创设势必会造成幼儿发展上的失衡。

3. 幼儿参与环境创设的方式不均衡

从幼儿的学习角度出发,其自主学习不是自发的,而是在与环境中的人、事、物不断互动过程中产生和发展的。幼儿的自主学习依赖环境的支持和熏陶,所以教师在创设环境时应面向全体幼儿,多角度、多感官、全方位地让幼儿在亲身体验和实际操作中激发个人思考,促进全面发展。调查显示,当前很多幼儿园中儿童参与环境创设的方式不均衡,主要集中在:

(1)在与环境的互动中,幼儿在语言上的参与较多,在思想和情感上的参与较少。这反映了传统的环境创设中所蕴含的教育元素注重的是幼儿智力因素的发展，如语言、思维、判断等方面的能力发展，而在培养幼儿情感、态度、行为等非智力因素方面倾注的教育元素明显不足。

(2)在活动的内容呈现上，五大领域的知识在环境中主要通过艺术领域中的美术领域而呈现，其他如健康领域、社会领域、科学领域、语言领域和音乐领域的知识内容在环境中体现较少。

(3)幼儿个人能力水平不同，参与环境创设的机会和频率差异较大。如教师比较倾向于让动手能力强、听话的幼儿更多地参与环境创设活动，而平时不愿服从支配、能力不突出的幼儿就相对缺少参与环境创设的机会，幼儿参与环境创设的机会不均衡。

(4)幼儿多种感官参与不均衡。3~6岁是幼儿感官发展的关键时期，因而环境的创设要兼顾幼儿视觉、听觉、触觉乃至嗅觉的多感官平衡发展。从幼儿园环境创设的现状中发现，教师更多关注幼儿视觉上的发展，在环境中投放了大量图案精巧、色彩丰富、形式多样的视觉图像作品，而供幼儿感觉、触摸、倾听、试闻的材料却不多见。多感官材料投放的不均衡，导致幼儿多感官参与环境的互动不均衡，不利于幼儿建立多感官经验，无法促进幼儿多种感官发展的平衡。

4. 整体环境的不均衡

当前一些幼儿园中，幼儿园的环境创设以责任田的形式分包给不同的教师。教师在进行环境创设的过程中，把空间进行了分割，形成了活动室、区角、睡眠室、盥洗室、走廊等不同的区域，每位教师针对自己分到的区域进行环境设计与布置。这样一来，虽然局部的环境得到精巧的设计，但整体的环境没有根据幼儿教育的目标和幼儿园整体的发展目标进行系统地规划，呈现出碎片化的教育环境。这样缺乏统一性的环境，不能有效配合与支持每个活动计划顺利实施，无法全面调动幼儿、家庭、社会和社区等支持性环境的力量，给全面实现教育目标带来一定的难度。

二、教育环境的效用性较低

在经济学视角下，效用代表着人们消费商品或劳务就会产生幸福感、满足感，是一个主观概念，而不是一个客观范畴。在环境创设中，"效用性"体现在教师能用最为经济有效的投入换取幼儿在主观上对环境的满足感，最大限度地促进幼儿的学习和发展。环境创设是一个"投入—产出"的过程,投入包含了"量"上的创设环境所需的人力、物力、财力、时间和精力等,以及"质"上的创设者的环境教育理念和价值取向。如何增强环境的效用性,教师就不能仅仅关注于"量"上,更要站在幼儿的视角,考虑如何通过"质"的提高增强幼儿的满足感。在成人眼中,往往存在这样的误区:想要高回报就要提高付出。在环境创设中体现为花费大量的财力和精力在材料的准备和投放上,没有根据幼儿生长特点和实际需要有目的、有规划地准备和投放材料,高额的花销和过量精力的投入造成了财力和人力的浪费,没有有效体现出环境的效用性。

1. 迎检造成的低效环境创设

为迎检而创设的幼儿园环境往往流于表面,忽视了其核心内涵,而只为应付临时的检查与参观。在关于迎检问题与幼儿教师的交流中,教师们普遍流露出为难的情绪。

每次园里有大检查,老师们都要牺牲休息时间,加班加点地进行符合检查标准的环境布置。

迎检所需的材料通常是园所统一购买,为避免在实际需要时出现材料种类和数量不足的问题,一般一次性购买的材料会比较多。

迎检的墙面往往时效性比较低,等检查过去一段时间就会被换掉。

教师们反映的问题,体现出为迎检而创设环境的低效性:一是迎检造成的人力、物力和财力的浪费;二是通常为应付上级的检查而创设的环境,是站在成人的角度一次性、大规模进行的,其发挥的教育作用对幼儿来讲是低效的;三是检查者和参观者都不是幼儿园的常驻者,那么这种为了应付他们而设计出来的环境必然也不可能考虑长期的实用性和灵活性,这就造成了墙饰创设失去了其根本的价值,造成很大程度的低效和浪费。

2. 在活动区数量上盲目追求"丰富"导致的低效

一些教师存在这样的认知误区,认为活动区要尽量丰富,才能满足幼儿不同的发展需要。基于这样的观念,教师在幼儿园有限的空间环境里盲目设置了几乎所有种类的活动区,使狭小的空间变得更为拥挤和混乱。然而,幼儿在喧闹、嘈杂的环境中变得不知所措,易感挫折。可见若在活动区数量上盲目追求"多",既耗费了教师大量的时间和精力,又没有起到高效的教育作用。而且,若在班级同时创设所有的活动区,一定会存在一些活动区门庭若市,一些活动区无人问津的现象,这就导致了幼儿园空间环境的利用率变低,导致幼儿活动的低效。在国外针对幼儿园活动区的研究中,教师会随时记录班级内活动区进区幼儿的人数和频次,针对进区人数少、频次小的活动区随时进行调整或更换为其他种类活动区。因此,不能盲目决定活动区的种类和数量,应根据班级幼儿情况分段设置,并根据幼儿的反馈及时调整,在动态中创设阶段性、渐进式的环境。

3.活动区设计不合理导致的低效

活动区各区域的设置要基于效用性原则,合理规划每个区域空间大小、区域分布和相关设施安排。

(1)考虑区域的分隔与相容。首先,安静区应与嘈杂区分隔开。如阅读区、美工区与角色区、建构区就要避免作为相邻区设置。设想阅读区紧邻角色扮演区,角色区中喧闹的气氛会影响阅读区中安静看书的幼儿,造成他们思维和注意力的分散,降低了阅读区的教育效用。其次,考虑区域之间的相容性,相邻的活动区要保持开放性。如益智区和阅读区,幼儿在益智区操作时遇到的问题,可能会通过阅读区查找资料来试图解决。在阅读区的幼儿,可能也会去角色区找一些角色头饰佩戴,增加阅读时的体验感。这样活动区之间互通有无,促进材料的有效利用,极大发挥了活动区的效用。

(2)区域空间的面积大小要根据区域的具体功能合理规划。如建构区和角色区就需要比较大的空间面积。建构区内的材料数量较多、种类丰富,若空间过于紧凑,幼儿可能无法在有限空间内完全铺开材料。一些建构类作品如桥梁、楼舍、公园的构建也需要大面积的空间,若材料和空间无法满足其创作的需要,就会大大降低幼儿活动的动机,导致低效的区域活动。

(3)区域的配套设施要合理。为提高幼儿的活动效率,区域的配套设施的设计也依照成效性的原则。如美工区要靠近水源,方便幼儿清洗颜料。阅读区要靠近窗户,保证充足的光源。活动区之间在保证开放性的同时应有清晰的边界,保证幼儿在适当的区域使用材料,也防止幼儿因界限模糊而误入其他区域。区域的入口处要留有宽敞的空间,同时应悬挂区角牌和进区规则,可张贴辅助路线标识如小脚丫,帮助幼儿更好地识别所选区角,提高进区效率。同时帮助幼儿提前了解活动内容和常规,提高幼儿活动投入程度和参与活动的成效。

三、教育环境的启发性不够

在幼儿园中,"启发性"教学即着重发展儿童独立发现知识的能力。传统的幼儿园环境创设往往重视对幼儿的感官刺激,而忽视对幼儿思维的启发;注重环境中信息的罗列呈现,而缺乏对启发原型的关注;墙面设计多用"句号"形式,而忽视创设问题情境。如此创设的教育环境往往存在"启而不发""启不得法"的问题。

1. 板块割裂,缺乏留白

在幼儿园中,墙面主题环境创设普遍存在各个板块较为割裂,信息呈现较为碎片化的问题,让幼儿难以在有限的时间内识别信息,产生思考。而且教师大多未关注墙面的"留白",有限的墙面中呈现的元素往往过多过满,没有给幼儿留出适当的发挥自我想象和创造的空间,限制了幼儿与环境互动的自主性,忽视了教育和环境的动态发展。

2. 脱离了幼儿的认知结构和已有经验

环境中的启发应以幼儿已有的认知经验和认知结构为基础,脱离了这些内容,就无法引起有意义的启发。如小班幼儿若对奥运会相关背景知识不够了解,奥运会吉祥物主题墙便脱离了幼儿原有的认知经验,幼儿可能会对吉祥物的外形产生兴趣,但不会对吉祥物的由来、设计要素等产生启发。而大班幼儿从电视新闻或科普知识中已了解到奥运会是一项世界类竞技项目,吉祥物也是为奥运会而特别设计的,幼儿也对其产生极大兴趣,"奥运吉祥物"就可以作为一种启发原型。

3. 环境中"知识陈述"多,"问题情境"少

缺乏问题情境的教育环境,难以形成与幼儿的有效互动,不能有效地激发和培养幼儿思考和解决问题的能力。如在墙面的创设上,教师多以展览式墙面设计为主,将墙面当作报纸式的信息公布的平台,这是"句号"的墙面设计形式。如此,幼儿仅仅是单向性地接收墙面提供的信息,没有带着问题去与环境互动,进而无法产生多种形式的思考和探究,难以维持幼儿持久性的兴趣。

第四章 自主与共享并存的幼儿园空间环境创设

基于儿童视角的空间环境创设,应该肯定"以人为本"的基本原则,在幼儿教育工作中,要求教育工作者以自己的教育对象——儿童为本位,发挥环境对教育产生的作用。"以儿童为本"就是进行空间环境创设的根本出发点,从环创思维立意、设计规划,到落实实施、反思反馈,都应该渗透着儿童的影子,从孩子的认知和需要出发,不仅做到幼儿参与,更要以幼儿为主体,用环境支持幼儿的深度学习。

当前的幼儿园空间环境规划大致可以分为三个部分,分别是户外空间环境、室内空间环境、班级活动室环境。三种空间领域相对独立,又各有渗透。比如,我国大部分幼儿园户外空间环境中的养殖区域由各班级承担责任,落实在班级区域的规划与管理上;室内空间环境中与班级活动室环境中,都包含地面、屋顶、主题墙面的创设,但任务、性质、功能有相似与不同之处。

本章从儿童本位的角度出发,从上述三个独立又联系的空间规划入手,分析当前我国幼儿园实际在落实空间环境时的成人倾向,在环境创设中拒绝社会对儿童施加的影响,放弃传统教育中教师的逻辑思维,使幼儿能够在幼儿园拥有充分探索的自由,支持儿童从环境中获得存在与掌控的权力,实现在自主与共享的空间环境中的"儿童感"。

第一节 实现儿童权力掌控的户外空间环境创设

幼儿园的户外环境通常是指幼儿园基本建筑以外的场地、空间、材料、设备等,包括大型体育器材、绿化、操场、道路、景观、户外公共区域等,用于幼儿园开展体育游戏、日常集体活动、自由活动的空间环境。与普通户外环境不同,幼儿园的户外环境是有意设计与安排,目的是为幼儿创造一个丰富、可变、有趣、安全的物质环境,为幼儿身体健康、同伴交往、社会与心理发展提供充分的环境支持,从而满足幼儿身心发展需要,激发幼儿探究欲,落实幼儿户外权力自主的空间。

在我国,许多家长在选择幼儿园时,对幼儿园的认识良莠不齐,有的会考虑幼儿园的硬件设施,是否夏有空调冬有暖气;有的会考虑幼儿园的食宿生活条件,饭菜是否可口营养;有的会关心幼儿园的日常教学内容,是否教授识字算数等。对户外环境的考察多停留在是否有足够的器材和空间大小,以满足幼儿户外活动的需求。对于户外环境的潜在教育价值,户外活动的类型层次,户外活动的内容与时间,户外游戏材料的投放等问题的了解稍显不足。幼儿园在户外环境创设时也疏于系统规划与专业知识和理念的加持,导致许多问题的产生。

一、户外空间环境创设的常见问题

1. 成人本位的环境规划

在我国户外环境创设中,大部分幼儿园最大的问题是成人本位思想占主流,极少数幼儿园能够做到始终站在儿童立场,考虑户外环境创设,追求儿童利益最大化。具体体现在户外空间设计一览无遗,缺乏可供幼儿交流的隐蔽空间;规划由行业外设计公司主导,缺乏儿童思维的内涵建设;盲目追求空间利用与效率最大化,忽略幼儿的体验层次和自主探索深度;伪儿童立场致使建筑风格庸俗化,与自然朴实留白的审美理念大相径庭,等等。

(1)空间设计一览无遗。走进我国很多幼儿园,映入眼帘的便是一眼望到头的户外环境,没有层次的平面结构,器械被零散地固定在地面上,以便于幼儿的户外活动能够时时刻刻得到监督管理。如果站在儿童立场,可以反问孩子们喜欢这样清晰的被监督被管控的环境吗?孩子需要什么样的户外环境?在儿童世界中,充满起伏、遮挡、错落有致的环境更加富有神秘感,能够引起他们的好奇心,更加适合孩子们私下的交往与交流。幼儿园户外环境是一个充满神秘色彩,值得探索的小花园,将是孩子们多么向往的游戏地带。依据这样的儿童立场建构的环境,设计时就需要关照更多的微地形处理,营造富于变化与层次的空间,建构具有遮蔽、透视作用的建筑,规避硬化的路面,塑胶的操场,器械在场地中的堆砌。

日本的树屋幼儿园(见图4.1)围绕天然大树造景,用交错排列的楼板包围着中心大树,建筑内部的柱子和楼梯隐藏在树叶和枝杈的阴影中,而蔓生的枝杈和茂密的树叶也在建筑内部穿透,打破了室内与室外、建筑与自然环境之间的界限。其中环形楼梯间也有许多比较狭窄遮蔽空间,仅供小朋友半蹲或蜷起身体才能够通过,让环境为同伴间的秘密交流营造了机会。当然,这类儿童视角下的能够让幼儿充分探索的空间创设,也对安全性提出了更加严格的要求。因此,在高度达标的情况之下,树屋的设计并不是增设围栏,增加紧张严苛的把控感,而是选择设计了软垫,以开放自然的态度允许幼儿的互动游戏,最大程度减轻因意外对幼儿造成的伤害。

图4.1 日本树屋幼儿园

再如,瑞吉欧的中心广场思维的运用。广场文化深深影响了意大利人与人交流的行为方式,人们聚集在中央广场议论国家政事、分享生活琐碎、往来生意、观点碰撞,在幼儿园中就慢慢形成了瑞吉欧中心广场。马拉古奇认为"广场"不仅是空间的延伸,而是大量信息合成的地方,也是鼓励不同意见发生和充分活动的场所,是一个能够让小朋友萌生想法和实践出发的神奇诞生地。在这样开放、共享的环境思维下,中心广场的设计就别具一格,充分考虑到了幼儿的实际需要。比如用长廊、延伸平台、特色屋檐进行内外衍生;采用玻璃视窗的设计思路;关注开放的空间氛围营造;使用较为低结构化的材料;注重自然元素和自然环境的引入;等等,都是充分尊重儿童的结果。孩子在幼儿园的任何地方能够看到中心广场,幼儿拥有了充分思考的空间和充分进入的权力,中心广场设计加强了儿童对自我身份的认同,鼓励着儿童权利意识的诞生,实实在在成为联结物质与文化的桥梁。

(2)缺乏内涵化建设。一所幼儿园的创建需要有理念的支撑、科学原理的引导、专业知识的加持。户外环境设计需要合乎整体幼儿园的创设理念,幼儿园所在地的具体地理位置、实际情况,本园幼儿的实际,需要考虑地形地貌、实际用途,以及可探索的空间,是否能够与本园课程规划产生联系。

当前我国许多幼儿园盲目跟风建园,没有系统逻辑的设计规划,遑论园所的文化内涵建设。投射在幼儿园的户外环境创设上,多是由一些设计公司入驻场地,按照一定的模式设计幼儿园,预算高一些的,最终整体效果较为美观、干净、安全,如果遇到预算较低、不专业、不负责任的设计团队,连视觉效果都不能保证,整体来说充斥着成人逻辑、成人审美,区域设置流于形式。户外环境里总有与其他园相似的影子,少了属于自己园所的独特性,师幼创想的空间过少,儿童参与的痕迹模糊。

(3)盲目追求空间最大化。空间最大化本身是值得提倡的创设模式,在幼儿园户外环境创设中该如何追求空间最大化是值得讨论的课题。成人视野里是将所有空间成分利用起来,一味进行玩具填充;是参观某园后发现与本园不同的户外创设区域,于是迅速在本园模仿起来;是为了应对上级检查东拼西凑、临时找资料的布置;是尽可能把所有户外区域创建起来,忽略适宜性;是盲目追求效率的最大化,而不是儿童体验的最大化。

如果站在儿童的立场看待空间最大化利用,其实应在户外环境中多注意立体空间的营造和去平面化,因为孩子喜欢有探索有挑战的环境;不必焦虑于别的园所有什么新鲜的材料和活动区,多问问身边的孩子,他们需要什么样的游戏环境;多给孩子们一点信心,放权给孩子,让他们去设计一下自己喜欢的户外环境;再多一点帮助,支持孩子们去创建自己的需要。

(4)建筑风格庸俗化。好的幼儿园建筑风格不仅能够成就隐性课程资源,为幼儿自主探索创造条件,更能带给幼儿美的享受,成为审美教育不可或缺的一部分。建筑风格"庸俗化"主要指从视觉角度出发的问题探讨。具体主要包括两个方面:其一,环境用色"五彩缤纷";其二,环境创设造成视觉拥堵。

走向儿童立场的幼儿园教育环境创设

在成人化的审美中,认为幼儿喜欢五彩缤纷、绚丽多姿的色彩。因此,在环境创设过程中,滥用色彩成为户外环境创设中一个非常突出的问题。我们经常远远就能看到某些幼儿园的"亮丽色彩",高纯度、高明度、高密度的色块使用,与周边环境形成格格不入的感觉。研究发现,儿童在视觉发展萌芽阶段,的确对动态的、清晰的、较饱和的颜色表现出偏爱,但是这并不意味着幼儿园的环境色中可以大面积、无规则地使用花花绿绿的颜色,给幼儿的色彩感觉是紧迫的、慌张的,不能支持幼儿持续探索的行为,这样的色彩设计是无效色彩使用,甚至会对儿童审美心理产生副作用。大环境色中更提倡使用自然色,接近自然的原木色、无彩色等,在色彩上做减法是当下幼儿园应该考虑的。

五花八门的色彩意味着某种程度对被观看者造成视觉压迫,其实不仅仅是色彩,在幼儿园环境创设中,也有许多物体堆砌,比如器械设置的杂乱无章,区域创设的密集,材料投放的密集,放眼望去高密度、高饱和,即视觉拥堵现象。缺少自然留白的区域、思考的区域、视觉休息的区域,物与物之间没有实际关联,流动性与延展性都不能很好地支持幼儿参与户外活动探索。长期定向不变的庸俗化设计,对儿童附加的影响是浮躁的、负面的,是看似儿童视角的伪儿童化。

2. 幼儿的被控制者地位

我国大部分幼儿园在户外环境创设中,是从成人视角考虑与规划的,是提前建构好的,甚至教师参与和改变的机会都十分有限。幼儿在园的一日活动中,能够真正成为主人的控制权根本没有,只能被动地游戏,如果遇上风雨天,户外活动的机会就会被剥夺,幼儿园缺乏相关的户外活动预案。具体通过以下几点说明问题:

(1)规则意识仍然占据主导。在户外环境创设中,出于对幼儿的安全、管理、有序等诸多问题的考虑,在区域规划上秩序与规则意识的建立仍然比比皆是。"禁止""不"字打头的标语在幼儿园环境创设中大行其道,规则意识的树立对幼儿来说是重要的,我们通过教育的方式让幼儿了解社会中诸多规则是需要每一个人遵守和维护的。但是在户外活动中,命令性的规则,更多展示的是它辅助教师管理的功能,会挫伤幼儿主动参与和充分探索的积极性,面对这样的规则,更多的孩子内心的感受是退缩与被动接受,孩子们不爱玩、不愿玩,失去了户外环境创设的本心,影响了户外游戏的质量,反而忽略了规则建立的真正重要意义。其实,户外游戏规则的诞生与户外环境创设是一脉相承的,欢迎幼儿参与环境创设的所有过程,幼儿反而会珍惜自己创设的环境,会维护自己设计的游戏,会设置自己认为应该遵守的规则,建立良好的规则意识,承担自己的责任,成为环境的小主人。

(2)高控教师组织户外活动。这主要体现在幼儿参与户外设计与管理得少,教师动手与控制得多,形成本末倒置的局面。户外环境创设旨在让幼儿能够大胆探索、自由选择、充分交流,但是由于教师高控意志的影响,便于管理的同时,大大降低了幼儿的体验感,使幼儿在活动室束手束脚,难以施展自己的创意,本来是幼儿最幸福的户外活动,发展成为高控下的教师展示舞台。规则的建立,意味着师幼共同遵守,那么教师必须为此布置场地、指导游戏、高度关注、收拾场地,增加了无谓的工作量,徒增职业烦恼。

(3)单一的户外活动评价模式。有效的户外环境是多元的、可变的,是能够根据儿童成长的需要,不断地调整来满足儿童经验的获得,因此,环境、幼儿、教师之间的良性循环与互评,是非常重要的。就目前大部分幼儿园户外环境的创设,还不能做到通过环境来支持儿童的深度学习,在环境中,幼儿的角色是被评价对象,教师是评价对象,评价模式较为单一、主观,评价与反馈滞后,后续没有得到有效推进。在户外环境中主要表现在创设一成不变,材料投放层次性、丰富性不够等问题。

儿童的所有经验其实都是通过与客体世界的相互作用不断丰富和充实的,经验的获得不仅取决于环境本身,也取决于幼儿与环境的互动,更取决于教师给予幼儿与环境的反馈。单一的评价,将幼儿置于被控制、被评价地位,造成的是环境与幼儿之间隔断,不再产生积极有效的联系。因此,需要更多教师拿出智慧的教育理念、优良的教学经验,使儿童能够真正从环境资源中汲取经验。

3. 户外环境的表象支持

(1)户外区域环境创设形而上。户外区域环境创设的作用是发挥环境的作用,让幼儿能够通过观察发现问题,提出能够解决问题的方案,寻找能够落实方案的材料,解决落实问题,获得经验,儿童在环境中发起活动,游戏活动,结束活动,反思活动。

但是,许多户外区域活动的设置不能支持儿童自主经验的获得。比如,园所绿植的营造除了在数据上完成绿植占比规格之外,对于儿童关注的兴趣点、课程生成资源建设、家园联结功能的开发等都处于断层状态;再如,幼儿园基本标配戏水玩沙区,肯定了沙子、泥土和水对儿童成长的重要影响,但是突出的问题在于园所在该区域的管控意识过强,加上受天气影响,便于游戏开展的材料投放不足等,都使幼儿园里最受小朋友欢迎的嬉水、玩沙区形同虚设。类似的户外环境创设形而上的问题还有许多,不一而论。

(2)户外游戏挑战维度不够。户外游戏创设挑战维度不够主要体现在以下两个方面:

第一,没有关照到各不同年龄层面幼儿认知挑战。户外环境创设首先具有公共性,面向3~6岁的所有年龄层次的小朋友,因此,在户外环境创设中必须考虑不同孩子的认知经验。材料的种类、投放的层次性、规格数量等都是幼儿在游戏活动进行中是否能够保持专注、持续探索的重要因素,需要适应不同年龄儿童的需要。在户外环境中最常见到较高结构材料的投放,或者玩法较为单一的区域游戏设置,显然对于年龄稍大的孩子的需求便不能获得满足。对于小班幼儿,单一元素的环境或游戏区域创设,便于他们迅速投入活动中;而中班和大班幼儿则需要复杂单元的户外游戏设置,有一定挑战的游戏,是他们持续探索的动力。

第二,没有给予充分信任,使挑战难度降维。户外环境创设,幼儿园需要充分考虑户外环境特点,塑造坡道、洞穴等有梯度的、有挑战的环境,加强幼儿冒险精神,提升幼儿不畏艰辛的素养,要允许幼儿在户外环境探索的过程中有一点"磕磕绊绊"。反观时下许多幼儿园为了保护孩子,土地变成了塑胶地,有意思的弯道设计变成了方正隔断,在过度保护孩子的同时,慢慢使幼儿对于危险防范意识淡薄,自我保护意识疏离,征服世界的雄心消弭。

(3)户外探索空间片面有限。我国大部分幼儿园目前对于儿童在户外空间探索经验片面有限,这主要体现在进行深度学习的支持经验不足,以及幼儿在探索过程中不能够获得全面科学的锻炼。

好的户外环境创设是有能力有条件支持儿童的深度学习的,这种探究性的主动建构知识经验的学习方式,可以有效地帮助儿童解决成长过程中遇到的实际问题。因此,户外环境中在材料的选择、规则的建立、游戏的设计上都应该趋于多元化,加强低结构的材料投放,支持儿童在不同区域间连续、深入地探索出新鲜的、有意义的经验。

另外,当下幼儿园的户外活动场地设计,多涉及锻炼儿童的跑跳经验,对于细节感统、上肢经验的可持续探索空间不够。一般便于幼儿奔跑的操场是每个幼儿园的必备设施,而悬挂类、引体向上的户外游戏相对少了许多,益于全面发展的立体化、综合化的游戏材料投放更加不足,对于幼儿全面可持续的深度户外游戏空间探索造成一定影响。

二、儿童视角的"三有"户外空间创设

我们不妨真正地放低姿态,站在儿童的视角看待户外环境应该怎样创设。好好考虑孩子们是否喜欢被成人制定的规则约束?是否习惯于时刻暴露在老师们的视线之下?是否觉得户外有他们足够选择的空间?足够奔跑的地域?足够游戏的内容?

儿童视野下的户外环境创设其实非常简单,孩子们会把视线投放在"我每天是不是有足够的时间出来玩?""如果我能够出来玩,那么我玩什么游戏呢?"答案肯定是好玩的游戏活动,"怎么样才能一直好玩下去呢?"满足这三个需求的户外环境创设一定是站位儿童的,是能够理解儿童、从儿童的需要出发的,是遵循儿童生理心理发展特点的。儿童视角的户外空间环境应该是有时间、有意思、有挑战的"三有"环境创设。

1. "有时间"的户外探索

儿童获得能力与经验的主要方法是充分探索游戏,而充分探索的条件是有充足的时间。认可户外游戏的价值,为孩子们的户外探索提供了可能。我们经常听到有的孩子回家抱怨:今天我们都没有出去玩。也经常发现,家长接送孩子们进出班级活动室时,孩子们在户外的逗留与留恋。说明户外的场地对孩子们的吸引力非常大,但是许多幼儿园在管理上认为户外存在不便于管理、安全隐患系数高等问题,再遇上风雨雪、冷热天等自然天气干扰,使儿童在园户外活动时间大大缩减,根本不能满足幼儿的需要。

幼儿有了充足的户外活动时间,才能在游戏探索中不断进行交往、表达、尝试、体验,学会发现问题,积累学习的经验。运动、组合类的户外游戏,需要大量的时间尝试搭建组合、协作互助、制定规则,挑战新的难度,获得新的方法,形成核心经验;观察与认知类的户外游戏,需要长时间专注于细节的变化,跟踪与记录点滴的现象,探索事物发生改变的本质;社会交往类的户外游戏,则需要幼儿彼此之间充分的交流,借由事件交往,不断交互,学习解决人际矛盾与冲突的办法,获得人际交往能力,加强情感间的共鸣,达成共同的需要大家维护和尊重的规则。

目前,关于"有时间"的户外探索,包括以下几个方面的时间保障。

(1)保障幼儿在园一日户外活动的时间。儿童立场的户外活动时间需要幼儿园提起重视,充分认可户外游戏时间的保障是支持幼儿发展的基本条件。根据幼儿园自身地理位置,户外空间的大小,课程资源的整合,合理地延展户外游戏活动空间,保证幼儿每日参与户外环境探索的权力,不以任何借口剥夺幼儿的户外游戏时间。

(2)保障幼儿在不同季节的户外活动时间。幼儿园结合自己园所的情况,统筹幼儿在不同的季节里户外探索的时间。春华秋实、冬干夏叶,每个季节都有自己的户外特点,适合幼儿探索的内容和领域各有不同,南方多雨潮湿,北方四季温差显著,天然的四季变化是幼儿户外探索最好的素材。植物、动物、身边环境的变化,各自呈现出来的自然状态,赋予户外活动发生变化,探索内容得以连续,可供幼儿思考的问题随之增多。开放、有趣、富有挑战和变化的四季户外活动,成为幼儿园必须保障和重视幼儿在不同季节户外活动时间的理由。

(3)保障幼儿享有特殊天气的户外活动时间。许多幼儿园没有意识到特殊天气对于幼儿潜在的教育价值,一到雨雪天,孩子们便只能待在活动室开展活动。当然,这里的特殊天气主要指在可供幼儿外出活动的较温和的雨雪天气,对幼儿健康有害的风沙雹,或大暴雨、强降雪天仍然不建议外出游戏。过度拒绝特殊天气无非出于对孩子可能发生的着凉、摔跤、行动不便、脏乱等行为的担心。其实,在特殊天气环境下,只要有充分的应对方案,既可以规避一切不利因素,还能使教育利益最大化。比如提高户外特殊天气的防护措施,增加支持探索的材料,创造开放性的游戏空间,提供分工合作的工作游戏模式,等等,发现雨天带来的动植物变化,雨雪的形成,雪花的模样,它的塑型功能……激活幼儿的求知欲,满足孩子们的好奇心,利用好平时难得遇见的机会。天然的自然课程生成,需要教师、幼儿园、家长的支持,为儿童的认知打开另一扇窗。

2."有意思"的户外环境

衡量一所幼儿园的户外环境创设是否站在儿童视角下的一个十分重要的标准,就是儿童觉得户外游戏好不好玩,好玩到哪种程度。如果户外环境整个设计出来,无论外观看上去多么华丽,造价多么高昂,材料多么优质,但是通过儿童体验反馈,认为这里真没意思,那么这样的创设无疑是失败的,是典型的成人追求的环境。

如何才能创设"有意思"的户外环境，必须通过从儿童的兴趣出发、儿童的眼睛观察、儿童的思维建构进行。儿童不会关注高大上的建筑材料，只关心最真实的体验感受。哪里好玩？我能不能奔跑跳跃？有没有一个地方让我藏起来？有没有可爱的小动物？因此，在整体格局规划、游戏内容、游戏方式等方面严格依照儿童的视角进行创设是唯一的标准。

（1）多样化的空间格局规划。户外空间是幼儿最喜爱的游戏场所之一，一切便于幼儿能力发展的空间，都应该被合理地、科学地规划起来，发挥其最大作用。在户外环境中大致可以分为能够发展儿童运动能力的活动，比如组合游戏器材、跑道、攀爬器具的设置；认知探索类的活动，比如搭建组合场地、水沙泥空间、科学探索领域等的设置；人际交往与情感获得类的活动，比如遮蔽空间、角色类区域、低结构化游戏场所设置等。因此，户外环境的设计需要充分考虑不同功能的区域划分，能够为儿童提供不同类型活动的需要。

第一，目前我国幼儿园大多比较关注幼儿下肢运动能力的锻炼，对于上肢全身协调能力的器具器材的引入还不够丰富。在运动类游戏器材的设置上，将空间领域向上延伸的空间还有许多。

第二，多样化的空间体现在整体户外格局需要向立体设计方向转变，不仅增加游戏活动的趣味性，同时满足将空间利用趋于合理化。其中生成一些安全隐患，需要在设计时综合考虑，除了地面软化措施，也可以选择亲近自然的木屑、泥土、沙池、厚草堆等，同时，消除安全隐患重要的措施还需要包括定期维护、安全检查与及时维修。

第三，树洞、吊屋或者适合幼儿身高的躲避空间，是每一所幼儿园处理空间碎片的优配，也是幼儿园户外空间不可或缺的创设内容，增强神秘感，以及主动探索的欲望，儿童自由选择可以交往的半封闭空间，交流经验、探讨问题，在交流中获得认知经验。

（2）丰富新鲜多变的游戏内容。户外游戏若能做到吸引幼儿主动参与进来，在内容设置上要符合幼儿的兴趣和需要，能够依照幼儿的身心发展规律，充分尊重幼儿。因此，游戏内容不仅要丰富多样，同时还要可延展可变化，让儿童每次去玩都能感到新鲜有趣。

首先，户外游戏内容需要尽可能充分模拟户外条件。将大自然的元素引入户外游戏内容中。这不是指将大自然无差别地模拟照搬到幼儿园中，而是需要统筹适合儿童多元认知发展需要的、有课程资源开发价值的、适合本园户外条件的自然环境。比如，小树林的营造，可以帮助幼儿神秘感获得、树叶果实探索、依赖树木存活的多种小动物的探索；养殖园中饲养一些便于幼儿园管理，需要被照顾的温和小动物，种植不同季节的时令瓜果蔬菜，可以让幼儿感知大自然中人与动植物的关系，探寻生命的奥秘。上至空中花园，下至地窖，等等，丰富多彩的自然环境里也有着大量可供幼儿深度探索的有趣游戏素材。

其次，立体设计的理念不仅体现在空间格局中，每一项游戏内容设置也应当遵循这个理念。比如，少投放一些只能固定一种玩法的游戏材料，多投放些多种玩法的游戏材料，鼓励幼儿持续探索自发形成游戏材料的新玩法。再如，打破常规的平面游戏玩法，用立体思维创编新的立体玩法，获得新的能力。支持幼儿寻找户外环境创设中丰富的材料，形成对材料的立体式探究思维，能够很好地帮助和影响儿童的深度学习（见图4.2、图4.3、图4.4、图4.5）。

图4.2　幼儿在户外玩中学（1）

图4.3　幼儿在户外玩中学（2）

图4.4　幼儿在户外玩中学（3）

图4.5　幼儿在户外玩中学（4）

（3）新鲜多元的互动组织形式。有了良好的户外空间规划格局，建立了丰富多变的游戏内容，孩子们怎么玩，用怎样的形式来组织自己的游戏，也同样影响着"有意思"的户外体验。幼儿在游戏中可以采取个体专注的方式,可以采取小组互助合作的形式,也可以采取以集体的方式共同探索。这反向考验了幼儿园户外环境创设是否给孩子们提供了足够被选择的余地。

针对不同的户外探索课程资源,同一区域探索形式给予的可能性应该是多样的。比如,小菜园区域空间里,菜地的开发、翻土、规划等,应该是集体参与的结果,小菜地里每一小片园地的布局,浇水、捉虫、搭棚等可以通过小组责任,或分批养护的形式完成,对于单株植物,需要特殊照顾的,可以采取个人责任制,以观察、记录、制表的科学探索方式进行。

丰富多样的互动形式,有利于幼儿自主探究式学习,关注幼儿个性品质的养成,在实践中了解竞争、合作、求助等解决问题的方法,同时也能使户外游戏变得更加有趣好玩,有效推进活动的开展。

3."有挑战"的户外游戏

如果想要幼儿长时间保持对户外探索的热情,在活动中刺激深度学习,在创设时就需要考虑相对复杂多元的户外环境,即更富有挑战的环境。

就像在区域里投放材料是一样的,材料的投放不一定是越多越好,大量的材料吸引着幼儿纷纷投效其中,但是总有材料探索枯竭的时候。材料的更新、更新的频率、更新的比率等,意味着材料投放的层次性、科学性等专业且复杂的问题,它直接指向应该如何解决儿童希望获得更有挑战的活动。同理,户外环境也是一样,设计大量的活动区域和投放游戏材料是不科学的。没有递进层次的、五花八门的户外环境看似表面的风光,却没有以长远的眼光看到儿童真正的需求。

儿童没有良好的语言表达能力,没有清晰的逻辑思辨能力,但是儿童会在环境的探索中以实际行动告知你,他们喜欢的户外环境是什么样的,他们能够达到的挑战高度又是怎样的。凡是尊重幼儿自主选择和持续探索的开放式环境条件,都值得被鼓励和创造。

(1)低结构化区域设置。高结构化的区域意味着幼儿游戏玩法的单一,合作方式单调,可拓展、可思维的空间有限。活动形式是被游戏的儿童。比较常见的是,许多幼儿园会从玩具商手中直接购买大量仅供幼儿单一玩法的户外运动游戏器材,然后被孤立固定在幼儿园闲置地面上,缺乏挑战性,有些孩子玩过一次,便不再感兴趣。

低结构化的区域意味着更多的可变因素,比如,幼儿参与人数的多样性、活动内容的可变性、活动形式的多元化、人际交往的可能性。活动形式是儿童游戏。在低结构区域,幼儿可以根据自己的能力发展水平和兴趣爱好,决定自己玩什么游戏、跟谁玩、怎样玩、玩多久,鼓励幼儿创造性地使用材料,关照不同年龄层面的儿童。

目前低结构化的户外环境创设也存在一些问题。比如,坡道、攀爬架、障碍设置没有充分考虑儿童能力发展极限,存在一定的安全隐患;小型自制玩具较多,不能很好考虑幼儿全面协调能力发展,且易破损、不耐用、效率低;规则意识的"度"拿捏不好,要么幼儿肆意无序过度,教师不管不问,低结构区域幼儿无控无规则,要么教师高控高规则,幼儿整齐划一地游戏。

建议幼儿园可以选购一些结实耐用,符合幼儿身体结构的可延展可探索的游戏器材,比如通过组合、搭建,能够充分满足幼儿走、跑、跳、爬、投掷的体育运动类器材。

(2)开放式的公共空间。户外环境面向全园小朋友开放,幼儿在户外活动中建立合作互助意识,同时也要有公共意识。区域空间的设置不能仅考虑某一年龄层面的幼儿,想让不同能力水平的幼儿同时享有户外场地,需要开放的意识。

开放式的空间设计。户外一些区域场地界限可以适当模糊化,在设计时考虑幼儿开放共享的富有挑战的游戏,比如嬉水区,沙地、泥土、种植养殖区,这些基本建构素材类似的区域,可以采取靠近原则,模糊边界意识,在水域中养殖、泥沙中玩水、搭建,泥土中种植瓜果等,间或衍生出小作坊,出售商品,半成品加工等更具挑战的活动游戏。

留白式的空间设计。在户外环境创设中不需要将户外的每一个角落设计得满满当当,儿童需要一个可以充分思考、重组信息和交流的空白地带。有挑战的游戏可能因留白的空地就此诞生。

(3)被选择的游戏材料。开放式的、低结构化的设计理念,需要相应的材料支持。一个开放式的空间设计,意味着对不同性质、功能、类别的材料需求。比如,原本比较独立的玩沙区,需要的材料包括沙盆、铲子、漏勺等,而开放的玩沙综合区,资源就不仅局限于此,孩子在游戏的时候,需要选择其他独立区域的材料,这样看来,是不便于幼儿的自主探索行为的,幼儿可能因为不便捷、不自由的拿取材料,而失去持续探索的动力。因此,对于材料的科学整合就十分迫切了。

材料整合的核心是方便幼儿依据活动的开展情况,自主、自由地选择不同类型的适宜材料,推进活动进行,生成新的活动。也因此对材料统筹、梳理、采集、分类、管理等提出了更高的要求。弹性材料的规划与建设,是把自主权归还幼儿的前提条件。

三、儿童本位的户外空间规划坚守策略

我们选择大胆放手,将权力交还给儿童,充分地探索与环境的享有,是否意味着在游戏活动中成人可以不管不顾不问,放任孩子们?孩子们是否知道哪些活动可以锻炼他们的什么能力?哪些材料安全可靠?哪些植物有毒?哪些空间可以被创造?哪些基材必须采购?诚然,有许多问题等待"专业的"成年人来去解决,以不忘初心的儿童本位思想,周旋于各类环境创设问题中,需要智慧与经验,有着必须坚守的策略。

1. 支持幼儿设计规划户外探索环境

(1)保障幼儿整体规划设计户外环境的权利。一般幼儿园可供户外环境创设的机会比较特殊,有以下两种情况:一是新园建设,户外环境需要全程统筹规划;二是老园改造,户外环境需要局部规划设计。通常,第二种情况较为常见。但是,当前对于园所来说,无意识留给教师和幼儿的空间都比较有限,特别是幼儿只能被动地在别人局限好的空间里活动。因此,师幼双方在户外环境创设中都应该发挥自己的价值,加强主动参与的意识,争取行动的步伐。

教师需要做的是了解幼儿对于户外探索的需求,根据不同年龄层次的幼儿,邀请其规划与设计自己生活和学习的户外空间,推动将设计想法变成现实的可能。而幼儿则需要把自己的所思所想、实际需求、理想与现实充分地表达出来,发挥自己的权利意识和动手能力。

教师可以提前让幼儿做好经验准备。带领幼儿探索户外空间环境,引导幼儿有目的地发现哪些区域更受欢迎,哪些地方不被发现,为什么?可以改进的地域,补充的材料有哪些;观察并讲解户外地形的利用,空间感的营造,造景之间的连续性,整体的视觉效果等设计理念。提前建构幼儿设计规划的意识,比如提前学习绘画及设计图的基本要领,区别设计图与普通绘画的不同,让幼儿能够客观准确地表达自己的设计理念和想法。

支持幼儿结合实际与理想大胆设计户外环境。可以先以平面的方式呈现,再分组以模型的形式呈现,通过民主评选的办法,探讨出最适合本园实

际情况的、更受小朋友喜爱的设计方案，最后推动方案的实施。在此过程中允许问题的出现，儿童在实践中不断发现问题、解决问题、更改方案，用自己的智慧打造幼儿园的环境，其中带来的教育价值是巨大的。

（2）提供幼儿深度参与局部户外区域的机会。前文提到的幼儿参与户外环境的整体规划设计，更多的是对该环节的体验，对于结果则可以保持开放的态度，毕竟3~6岁幼儿的逻辑统筹能力有限，统筹整体的园所户外环境的能力还显不足，有些环节孩子是无法关照到的。但是，每一所幼儿园都有适合幼儿深度参与创设的户外区域，挑选适合幼儿全程深入参与的区域空间，是幼儿园应该尽可能为其提供的。

比如小菜园的设计，菜园子设计在哪里比较合适？园所可以根据类似的线索向幼儿发出邀请，征询孩子的意见。是不是必须如大部分幼儿园规划种植区，需要一块很规整的现成空地摆在那里等待建设呢？答案是否定的。儿童视角下的菜园子是等待孩子去发现的可利用的空间，在外形、功能、改造难易程度上都不是幼儿重点考虑的内容，菜园子里的草需要除一除，土需要翻一翻，种什么需要考虑一下，用什么种植，怎么种植，该怎么照料施肥和浇水？提水可能很不方便，能不能想办法从嬉水区引进一条小水渠？通向菜园子的路怎样才更方便有趣？是否需要改建几条通往菜园的地面小路？用什么材料铺路？局部规划的延展课题随之而来，户外环境的探索也因此变得生动有趣、丰富多彩。

幼儿在进行局部户外环境深度探索时，可以从实践中获得宝贵的经验，知道什么是"想当然""纸上谈兵"，什么是"现实和实际"，据此得来的知识远比教师的口授"教育"深刻得多。在此过程中，教师不必纠结于幼儿每一个环境创设进度的快慢和应该达到的理想状态，跳脱成人思维，做好引领、观察、帮助、记录、催化和支持幼儿探索的各种可能性。

2. 和幼儿一起共创户外游戏规则

（1）启动责任制。"禁止"类规则设计在户外环境创设中还是比较常见的，成人站在自身角度规范和制约幼儿户外探索，就眼前利益来看是非常奏效的，但是对于幼儿的深度学习，责任意识、主权意识的维护显然是不利的。户外游戏需要建立规则，但是这个规则应该从儿童本位的角度制定，将活动区域放手交给幼儿自己负责，自己制定游戏规则，自己维护，自己管理，幼儿沉浸游戏的同时，不忘自己的责任担当。

大、中、小班责任制管理:户外环境创设大部分具有公共性与共享性的特质,但是也有针对不同年龄层次需要的建构。比如,高结构化区域设置管理可以有小班幼儿参与制定规则与负责监督管理;锻炼精细动作,较为单一的独立户外区域可以交由中班幼儿负责实施规则制定与管理;而低结构化的、综合性较强的复合型区域的管理游戏规则的设置,则可以放心让大班的哥哥姐姐们实施责任管理,树立榜样的力量,建立榜样的环境。

班级轮流责任制管理:有些户外环境适合全体幼儿探索不同维度的游戏,这种适合全园小朋友的活动区可以尝试采用班级轮流责任制管理模式。这个探索区域应该采取怎样的保护措施才能保证它能长久有效地供我们游戏,材料投放、维护、管理由不同年龄层次的小朋友共同提出,共同探讨,形成方案,落实执行。

小组责任制与个人责任制管理:在户外环境中有部分是支持个体经验发展区域,比如饲养区中某只小动物的观察喂养记录,不太适合太多的幼儿共同管理,针对这类情况,采取"认领"的方式,充分满足个体持续探索的同时,帮助儿童小组管理或个人管理机制的形成,会让幼儿在此过程中获得极大的成就感和归属感,也是对个人权力意识的大力支持。

(2)弹性规则制。由于规则的产生出于幼儿不成熟的经验,在执行过程中一定会产生一些问题。可以预见的常见问题包括:规则制定过于理想化,缺乏实践;规则执行的有效性;不能兼顾不同年龄的规则需要;欠缺合理的规则预判;等等。这时,教师耐心的观察,允许幼儿犯错,积极调整规则,推进活动进行,不严苛、不埋怨,实施弹性规则制度就十分必要了。

首先,用科学民主手段支持规则的诞生。规则应具有普适性,规则一经提出,需要一视同仁,大家共同遵守,因此,规则是在每一个幼儿都知情同意的情况下形成的。

其次,允许规则更替与优化。在环境中潜移默化地影响幼儿的责任意识,需要包容规则的不合理之处,允许不同声音的出现,及时对规则进行调整,在实践中获得知识经验。

最后,支持有效的规则评比。幼儿园可以根据自身情况,选择在规则执行一段时间后进行规则评价,提高游戏的有效性,实现幼儿在户外游戏探索中的真正自由。

在弹性规则制度下,逐步带领幼儿学会适应规则,知道环境中自己的行为活动对材料的影响,形成游戏探索时正确的自我暗示,增强榜样的力量。

第二节 保障儿童资源共享的室内公共空间环境创设

在幼儿园环境创设中，有一类室内空间是每一所幼儿园必须思考和创设的部分，不同于班级的室内独占性，比如门厅、走廊、楼梯、房顶、活动室等，是幼儿园中无论大人还是儿童都会经过的地方，就社会属性而言，它们具有共享性、公共性。这些空间不仅承载着公共通道的作用，也有弥补班级区域创设空间的不足。作为一个具有共享性质的公共环境，保障儿童资源最大化的同时，在创设时要尽量避免幼儿的排斥感、疏离感，尽可能考虑幼儿置身环境的接纳感、存在感。善于利用这些空间，把幼儿园中零碎的空间集合起来，最大限度整合教育资源，是环境育人中十分重要的一部分。

一、有情怀的门厅

幼儿园的门厅是一个人来人往的地方，每天清晨，幼儿、老师，甚至家长在这里相遇，每天傍晚又在这里告别，幼儿园中的人与人不分年龄、身份都有在这里交流的机会，无形中构成了一个特殊的人际循环。因此，好的门厅设计应该给予人温暖、关怀，把祝福和回应送至每一个人的心里，接纳包容每一位到达或经过门厅的人，让其能够放松精神、卸下包袱，真诚而友好地分享与交流，赢得"人"最基本的归属感。

门厅是幼儿园文化传达、办园理念、课程分享的集中地，也是最好的展示平台，在这里家长可以通过看、听、感受获得对幼儿园的理解与信任，从而更好地支持幼儿园的工作；教师可以通过分享、展示等，获得独属于自身的职业认同感、自豪感，从而转化为工作与学习的动力，更好地为幼儿教育尽心；幼儿可以通过交流与体验，获得安全感、幸福感，激发探究欲望，加深对幼儿园的喜爱，这便是幼儿园门厅设计的情怀所在。

1. 缺乏儿童视角的门厅模样

（1）教师主导，忽略儿童。出于对门厅创设内容的一般性理解，在实际的门厅创设中，幼儿园更多地会把创设的任务交由教师主导完成，教师会主观地依据对幼儿的判断进行设计，潜意识将幼儿排除在门厅设计环节之外。在当下的门厅设计成果中，处处透露着成人的思维模式、审美取向，忽略儿童视角，这种幼儿的被动参与或不参与的情况相较之班级区域环境更加严重。

（2）重视装饰，忽视育人。大部分门厅的设计都被视作一个幼儿园的脸面，因此无形中幼儿园在设计门厅时讲究"好看"，使幼儿园看上去光鲜亮丽。这种思维无可厚非，人们在追求美的道路上总是能达到空前的一致。但是对于美丽门厅的追求，不可以掩盖其基本的功能，或者说不能因为考虑装饰效果而忽略本应是一个为幼儿"提供有准备的环境"的门厅。当下装饰意味浓重的门厅，往往是静态的、不可替换的，这与幼儿园一直以来强调的动态性、可变性、参与性是相悖的。装饰美与教育人本来并不矛盾，关键在于执教者采取哪种方式，秉持何种理念平衡两者之间的关系，让门厅真正实现环境育人。

（3）强调展示，缺乏流动。通常门厅应该具有充分传达文化、园所建制、办园理念、活动记录、成果展示的功能，因此，教师们多选择陈列式的方式作为门厅创设的内容：一方面能够将幼儿园的日常呈现出来，另一方面也是一种美化的方式，这是较为传统门厅创设模式，创设形式静态化、单一化。幼儿身处门厅时，通常采取观摩或视觉刺激的方式获得经验，缺乏动手实践和操作的机会，很难从中产生可变性，以及刺激幼儿的探索欲望。因此，在门厅环境创设中，其实不仅要关照展示的部分，也要注意游戏性，关注儿童的需求，用流动性吸引幼儿操作，让幼儿感受实践带来的快乐。

2. 打造一个充满融合意味的门厅

（1）赋予幼儿安全感。在公共环境中，"安全感"是空间环境应该赋予孩子们的基本保证。这里的安全包括两个层次的含义，即心理和生理的安全。生理安全是指幼儿身处的空间既能满足其各种感官的需要，同时也能保证其身体不会因空间设置而遭受伤害；心理安全则是指幼儿在游戏过程中的体验，获得的稳定感、满足感、可控性，从而获得行为自信的表征。

门厅的设计一般多有园所理念、教育模式、幼儿展示的功能，因此为幼儿心理安全的获得提供绝佳的机会。门厅中呈现的童趣与温馨的氛围，可以为幼儿一天的幼儿园日常产生积极的影响，提升幼儿在园所生活的愉悦感，支持幼儿有效、自信地探索活动。

（2）大门厅里善利用。不同地市、县区的幼儿园都有独属于自己的环境，许多幼儿园始建初期并不是从零基建开始，相反是使用已经建造好的房屋，房屋在规划时并不是按照幼儿的需要来设计的，因此造成了幼儿园面貌的多样性和复杂性。条件好的新建园、地广人稀的幼儿园留给门厅的空间较大,而旧房建园、人口密度大的幼儿园,门厅大小则视原始房屋的预留空间而定。无论是大门厅还是小门厅,都需要遵循儿童性,本着幼儿需要的初心来设计,才不会使门厅设计形同虚设。

将大门厅有效利用起来

缘起:江苏省张家港市梁丰幼儿园的占地面积较大,幼儿园花了许多心思在幼儿园环境创设上。门厅中除了幼儿园的园训、标志、办园理念标识牌之外,仍然还有很大的空间,幼儿园发现有许多家长接小朋友有时会早到很久,在门厅等待时只能闲聊或看手机,没有事情可做,于是萌发了为在门厅等候的人建一个图书阅览室——图书馆(见图 4.6、图 4.7)的想法。

图 4.6　和孩子一起建构图书馆

图 4.7　图书馆设计秀

落实:接下来就是方案落实与实践的事情,幼儿园并没有将图书馆的事情大包大揽起来,而是通过征询意见的方式向家长和幼儿发出了邀请,让图书馆的主要受用者家长和幼儿,一起商议我们具体应该为幼儿园建立一个怎样的,我们喜爱的图书馆。邀请一经发出,便引来家长和幼儿的积极响应,家长和幼儿一起讨论方案,甚至许多家长同幼儿一起绘制图书馆规划图。幼儿园负责将这些意见收集、整理、讨论,最终达成一致(见图4.8)。

图4.8　门厅图书馆各类图书

管理:就这样,在家长和幼儿的共同努力、幼儿园的大力支持下,门厅图书馆(见图4.9、图4.10)落成了。这里有供家长阅读的成人书籍,有幼儿喜爱的绘本专区,有科学的分类管理办法,有自制的分类标签,有井然有序的借阅流程。

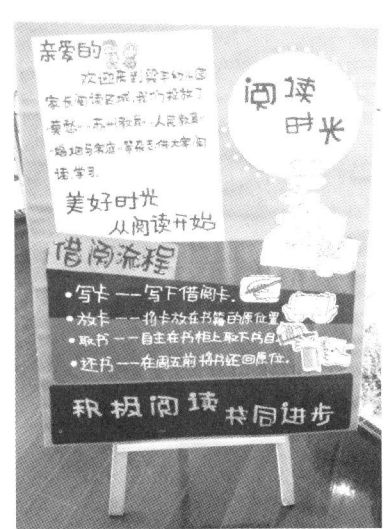

图4.9　阅览室标识牌　　　　　　图4.10　借阅流程说明

呈现:阅览室最终被设置在门厅一侧,用镂空方形隔断隔开,既表明阅览室的独立空间,同时也不妨碍与门厅的诸多信息交汇。在隔断墙上(见图4.11),悬挂了许多过程记录性质的照片,也有读书感悟,人文气息浓厚,可见在阅览室的人对这里的情感付出。

图4.11 阅览室与门厅的隔断墙

启示：这里被打造的温馨雅致，除了基本的设施设备是采购材料，其他一切的软包装饰均来源于幼儿教师、家长朋友还有小朋友们。门厅不再只有匆忙的过路人，每一个看到这里环境的人都有了驻足观赏的欲望，成为大人和孩子都喜爱的地方。图书馆的共建也拉近了幼儿园和家长之间的距离，使家长有了宾至如归的感觉，幼儿和家长的深度参与体现了幼儿园对家长的尊重，赋予了幼儿权利，为良好的家园共育提供了更多可能性。

(3) 小门厅里善巧思。大门厅中可供使用的空间比较大，留有的余地大，反而需要加倍思考如何站位儿童立场使空间合理充分利用。反观小空间的门厅可利用的空间有限，则应该善于巧妙利用空间变化，打造创意有趣的门厅。

首先，需要表达一定教育理念。基于门厅的创设目的，门厅设计要温馨、趣味，体现多功能性以及办园特色。清楚地了解门厅的功能：过渡地带、沟通交流、认知学习、家园互动、文化体验等。其次，在创设时要注意设计标志性标识，甚至辅以路标指示牌，旁边设置橱窗或展柜，以供展示园所动态、宣传文化、展示作品、家园互动所用。最后，落实创意有趣的门厅。所谓创意且有趣的门厅，就是打造一个有邀请感的环境。邀请幼儿探索，邀请幼儿表达，邀请幼儿参与。

门厅中应该多提供幼儿游戏的机会。比如在门厅设置不同的功能带、涂鸦墙、触摸墙都是不错的选择，幼儿在其中可以亲自感知和接触不同的活动，在实际操作中获得真正的锻炼。门厅也可以有切合主题课程的环境布置，四季时令、节气变化、身边大事小情，都可以依据幼儿园的主题变化随时进行更替和调整,动态化的门厅也是幼儿园现在提倡的理念。

门厅可以为幼儿量身打造独属于幼儿的特殊印记。比如某位幼儿的小画展,舞蹈表演的精彩瞬间,团体操的获奖荣誉,某一次春游记录,毕业班小朋友的小手印,毕业照小长廊,等等,可以是个人的也可以是小团体的。总之,用专属的空间表达幼儿园对每一位幼儿的关心和重视,代表幼儿在幼儿园的这一段特殊的经历。

二、开放动态的走廊

幼儿园走廊是衍生于幼儿园主体建筑中的存在,但凡有教室,就会产生走廊。走廊由于被动地依附于教室空间,具有了某种中介性,连接班级与班级,连接集体活动与自由活动,连接园所风貌与办园宗旨,连接主题课程与衍生课程。具体的创设领域相对固定,除去走廊上的通风玻璃,主要包括地表、房顶和墙壁三个方面,走廊的墙壁则是幼儿园打造走廊文化的核心。另外,在走廊中,也有幼儿园有连接室内和室外的长廊,它可以与户外游戏相结合,也可以打造成绿荫长廊,以供幼儿自由嬉戏玩耍、攀爬、悬挂、休憩等所用。

(一)缺乏儿童视角的走廊的特点

1. 干净整洁,强化装饰

很多幼儿园更多关注的是幼儿园的装饰效果,在建设初期就对走廊的墙壁进行了规划设计,用彩绘涂鸦墙或精美壁纸进行廊壁装饰,就结果来看,的确能够为幼儿园的整体外观营造统一的色彩,形成装修风格。但是据观察和了解,越是造价高昂的廊壁,越不注重教育资源的渗透和幼儿的参与。在这类墙壁上,在设计时也未曾考虑今后还要利用该墙壁,无论是张贴、订制、按压均没有很好的处理渠道,都会把原本的图案掩盖,装饰风格一经形成,就意味着永久性和不更换,许多幼儿园也生怕花费巨资打造的墙壁,如果进行墙壁改造和利用,便会将原有装修破坏。因此,通常保持走廊的干净整洁是这类幼儿园对待走廊的处理方式,没有特殊情况是不会考虑利用走廊空间的,这是一种极大的空间浪费。

也有许多幼儿园的廊壁装饰由教师一手打造,具有一定美术功底或美工经验丰富的老师无形中会以自身的审美水平,试图站在幼儿的视角,打造具有视觉审美效果的廊壁,在成人看来无可挑剔的美丽墙壁,却忽略了幼的审美取向,剥夺了幼儿参与的机会。廊壁是为参观者服务,本质上仍旧疏离了幼儿。幼儿园环境不能是装饰器物的堆砌,在环境创设时应该时刻注意教育资源的共享,与幼儿的需要相互关联。

2. 缺乏流动,更新过慢

廊间文化创设本应该是主题课程实施的延展,开展班级区域活动的外延地,打开班级门户,实现不同年龄不同个体班级之间良性互动的最好集结地。因此,廊间环境创设应该加强流动性,随着园所课程主题规划的变化或者班级主题的探索进行有目的的变更。依据幼儿的兴趣将探索的深度和广度以环境创设的方式布置在走廊间,儿童通过在走廊间的交流互动,增加对该领域学习的兴趣,迸发出新鲜的思路或主题,回馈、辐射、巩固对原有主题项目的思考。

不少幼儿园走廊的区域布置更新速度过慢,在主题的选择、区域的划分、规则的制定、幼儿的参与度上都缺少活力。有许多教师反映廊间环境创设落实一次,就需要谈论创设内容、什么人负责哪些区域、采买材料、怎样落实等,耗费大量的时间和精力,因此做一次就希望能保持得长久些,这些实际问题也反映了目前我国在环境创设上的一些通病。教师精力有限,不应该把环境创设的压力投放在本就工作量很大的教师身上,让幼儿参与进来,不要过分在意成人视角的墙壁的美丑,让幼儿成为廊壁装饰的主人,把廊间文化的打造交给幼儿,成为它们课程的一部分,回归教育的本质,从理念上进行纠正,才能从根本上保证儿童视角、保证儿童的互动、保证更新速度,使幼儿在走廊的区域游戏中实现玩中做,从而积累、拓展、深化主题活动的经验。

3. 材料结构化程度过高

幼儿探索的动力来源于兴趣,兴趣的主推力来源于挑战。如果想要打造好的廊间文化,首先得让幼儿喜爱在走廊里玩,对走廊里的环境布置产生兴趣。目前许多幼儿园采买了许多高级的游戏材料,材料投放伊始,幼儿会被琳琅满目的玩具所吸引,感叹这样的环境布置,并迅速投入进去,但是很快便发现,高结构的玩具玩法单一,探索性低下,也很难使材料与材料之间达成互动,生成新的游戏玩法,很快幼儿们便对这些高结构化的游戏材料失去耐心,以简单粗暴的形式对待,使幼儿园的设计心思尽数落空。

高结构化的材料在视觉上的确可以刺激幼儿的感官,吸引幼儿关注,但是游戏玩法一经破解便很难有生成的空间,关闭了幼儿持续探索的通道,势必会使幼儿失去兴趣。相反依据课程主题投放相应的低结构化材料,才能保证幼儿探索的动力,站在游戏者的角度,一种玩法尚未彻底玩透,其间或许还有更加有趣的新的游戏玩法产生,材料与材料之间的互通的可能性更多,材料能够依据幼儿能力、年龄、探索的深度等条件进行弹性调节,增加了挑战难度,激发了幼儿的兴趣,使幼儿愿意留在廊间探索,获得对游戏的认同感。

(二)打造寓教于乐的廊间文化

1. 地表平面游戏设计

在廊间文化环境中主要有地表、吊顶、墙壁三种类型的空间以供创设,就形式而言,可以是平面、立体、综合型的。单就地表设计,可以依托幼儿园现有条件以传统游戏和现代游戏作为创设思路,设计适合本园幼儿的游戏形式。

比如传统游戏中跳房子、踢毽子、跳皮筋等都需要依托地面进行活动,天气状况不适合外出活动时,针对户外体育课程的补足项目,将相关材料投放在廊间地表,设置专门的器材角以供不同班级的游戏使用。

在落实现代游戏时也可以向幼儿征集意见,根据本园现有的走廊特点提前规划好区域,将目的区域大小清晰地转达给幼儿,也许会有不一般的收获。依托地表的游戏类型可大可小,可以是幼儿自身感兴趣的游戏扮演,可以是正在学习的棋类游戏,也可以是孩子在主题课程中接触的新鲜事物,衍生出来的各式各样的地表游戏。只要符合创设条件,在可以实施的范围之内,交给幼儿去创设,既满足了幼儿好奇心,也能让更多的幼儿参与其中。

2. 巧用吊顶立体空间

吊饰设计与幼儿产生互动的空间较小,国家对于幼儿园的悬挂物也有较为明确的标准,比如不能过重,不能过低,前提是一切幼儿园环境创设都需要保证幼儿安全。因此,一般吊饰一旦制作完毕悬挂在廊间,在客观上便会阻断与幼儿进行肢体上的接触。幼儿参与主要体现在通过观察欣赏,或者是参与吊饰的制作过程中。

要想提高幼儿的参与度,使每一位幼儿参与其中,在吊饰的制作工艺上就不能太复杂,尊重每一位幼儿,使每一位幼儿的作品都有被看到、被欣赏的可能性。增加幼儿参与的热情也体现在,将每一位幼儿的作品收集整理之后,被巧妙地装置起来能够产生意想不到的视觉效果。教师需要整体把控,以及需要运用一定的美工美术知识技能,让幼儿的作品不被虚伪地夸奖掩盖,而是真真正正地被客观评价,这种真实的评价才是幼儿学习的内驱力。

制作一个菱形的小风筝(见图4.12)对于适龄的孩子来说不是什么难事,教师需要适当引导,同时给这些风筝创设一个美好的情境,立刻便会新鲜有趣赋予故事性,结合时令季节的主题十分恰当。再如结绳吊饰设计(见图4.13),既符合国家的关于重量高度的标准,也有让幼儿全员参与的机会,试想如果有一个这样的设计,仅仅依靠教师完成,那将会对教师的工作造成多大的负担,相反把这个创设任务教给孩子们,不仅可以锻炼结绳,满足日常生活训练的目的,同时结果也十分出人意料,每一个小结都凝结着孩子们的劳动,当它

图4.12 入口处装饰

们被组合整理起来,悬挂在合适的位置,被人驻足观赏时,对幼儿的付出将是极大的肯定。

图4.13 廊间吊饰

3. 会呼吸的艺术墙壁

廊间墙壁的创设需要考虑创设地是一个公共空间,因此,为了更好地让不同的幼儿享有这方天地,就需要注意独立性与公共性之间的矛盾,在规则与管理层面多进行适当的调控,避免不必要的冲突。

第一,观赏类型的廊壁。这类墙壁一般多应用于墙面创设中,用于展示幼儿的作品,可以展示绘画作品,立体手工作品或者综合艺术作品。在创设时需要注意,确保每一位幼儿的参与,也就是让每一位幼儿的作品都有被展示的空间,不可以在展示环节有选择地使用淘汰的方式,将不被成人看好的作品忽略掉。

通常展示的时候需要教师运用自身的美术美工知识为幼儿的展示平台进行装饰,原理十分简单。比如遇到幼儿作品是五颜六色的,采取无彩色的装饰背景来降低视觉疲劳感;遇到幼儿作品为黑白作品时,大胆起用彩色背景烘托氛围,巧用装饰素材,重视大环境,添加小细节。

第二,记录类型的廊壁。有些幼儿园的廊壁上方有教室窗户,一条走廊连接了数间教室,天然形成了低矮且长的,十分适合幼儿观赏的墙壁,也是作为记录墙面(见图4.14)的十分合适的创设地带。可以依据主题,跟随幼儿探索的脚步,发现可以延展的有意义进行持续深入探讨的子主题,从主题的诞生开始,目标、缘由、探究的方法、活动的形式、活动的人数、探索状态、遇到的困难、阶段成果等一一记录下来,在墙壁上创设简单的背景,将探索的点点滴滴布置在墙面上,不仅可以帮助幼儿梳理主题探索的线索,巩固一路走来积累的知识,对于幼儿是一种荣誉,有很强的仪式感,也是给予他们理解和尊重的方式之一。

图4.14　记录型廊壁

第三，互动类型的廊壁（见图 4.15、图 4.16）。互动类型的廊壁设计种类也十分丰富，是课程延展的十分合适的平台。常见的主题包括触摸墙、光影墙、结构墙、攀爬墙、益智墙、绘本故事墙等。通过组织与提供不同的材料搭建互动墙面，增加游戏的趣味性，也让幼儿亲身体验不同材料的特点、结构属性、光影变化，训练幼儿的平衡力、四肢协调性等，让幼儿能够在游戏中学有所得。

图 4.15　互动触摸墙

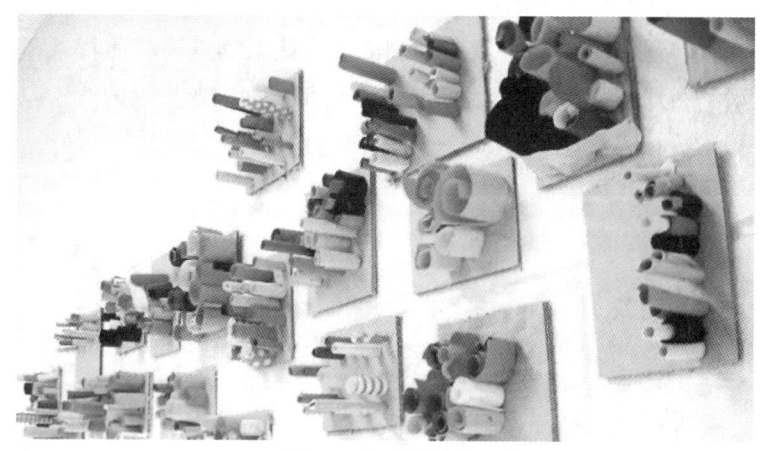

图 4.16　互动墙面

4. 浸入式的廊间区角

除了在走廊的天、地、四周打造廊间文化，走廊中还有许多可以被利用的空间角落，这些沟沟坎坎的零碎空间如果能够被有效利用，将会发挥巨大的作用。目前我国建议新建园的廊间宽度要达到1.2米以上,有条件的幼儿园可以适当再加大廊间宽度,目的在于使走廊不再只是供人们通行的通道,同样也是隐性课程资源的一部分,是有准备的环境,时刻为主题的活动的延伸做准备,为班级空间的不足做准备,为幼儿的持续探索做准备。

幼儿园可以根据自身园所的情况设计统筹可以被利用的走廊空间,作为班级区域的拓展,将班级区域搬出教室,成为共享空间,将班级文化推广到年级或整个幼儿园,收获不一样的声音,帮助班级区域活动的探索和落实,让幼儿不仅能听见自己班级的小朋友的意见,也能收获来自别的班级幼儿和老师的反馈,进行更复杂的人际交往,收获更多的友谊。

由图4.17、图4.18、图4.19和图4.20可知,被充分利用的廊间角落可以被设计成有价值的建构区,在那里拥有比教室建构区更大、更奇特的搭建材料。廊间也可以成为幼儿角色扮演的一部分,跟其他班级的小朋友一起做生意,制作面食,定价议价,交换商品;还可以打造一方安逸闲适的种植养殖区,每天浇浇花、拔拔草、喂喂食、做做记录,在里边跟朋友聊聊天,说说开心的事。当然在廊间区域形成一定的文化氛围之后,就是沉浸式的体验活动,通过沟通协商每天安排专人负责介绍廊间活动,引导整个幼儿园的小朋友进行深度探索。

图4.17 走廊建构区

(三)共享精神的活动室

作为幼儿园班级主题活动的拓展,班级内部有许多问题需要更宽广的资源来支持和承担,因此专用活动室慢慢变成了重要的课程资源,用以满足

图 4.18　走廊小面馆

幼儿持续的需求,也是全面发展幼儿的载体。专用活动室顾名思义是利用专门的空间,打造专门的主题,进行专门的教育,投放专门的材料,为幼儿的有效探索提供更为便利的条件。

图 4.19　走廊植物角　　　　　　图 4.20　走廊综合服务吧

1. 专用活动室里的课程延展

幼儿在班级区角活动或主题活动中某些问题没有得到深入的解决,或没有得到尽情探索,专用活动室便能发挥多种教育功能的整合,让幼儿进行深度游戏,补足在班级内由于空间有限造成的缺憾。有些幼儿偏爱美术活动,有些幼儿喜爱科学探索,有些幼儿近期对搭建十分感兴趣,有些幼儿觉得区角游戏过于简单……对于有特殊需要的幼儿的跟进,都可以在专用活动室的游戏探索中得到解决,这里有班级教室中无法比拟的更加充分的学习环境,比如特定的场景、规制种类丰富多样的材料、宽敞明亮的空间布局、层次多样化的主题探索方向、更自由的使用方式等。专用活动室是教室空间的延伸,幼儿通过其中的游戏活动,了解和掌握更多的在普通教育环境中无法涉及的学习经验,能够帮助幼儿建构知识,是实现教育目标的重要途径。

2.专用活动室的共享功能

专用活动室除了在功能上不同于班级活动室,相较于班级活动室主要只服务于本班级内部幼儿,专用活动室是服务于幼儿园所有的小朋友,在环境创设时就需要充分考量专用活动室的全纳意识,即面向所有年龄层幼儿的兴趣、能力和交往需求。虽然专用活动室的主题倾向性较强,但是由于受众群体变大,对专用活动室的要求也随之提高。

第一,幼儿参与制定活动室规则。注重共享精神的活动室创设首先应该保证幼儿在活动时遵循统一的规则,那么这个规则就不能取一家之言,特别不能由教师想当然地制定规则。参与制定规则,是保障幼儿接纳和遵守集体规则的前提,为专用活动室的良性互动、活动内容的持续进行打好了基础。规则经过提前统一讨论,征集幼儿的意见,不仅可以避免幼儿在进入专用活动室时花费大量的时间精力学习各项规则,或者产生被动接受规则的抵触感,帮助幼儿迅速投入探索的过程中,也可以成为幼儿之间相互监督的有效方法,遵守自己与同伴一起制定的规则,幼儿在实施规则的同时,更加能够感同身受体会到规则制定的合理性和科学性,也会在执行中不断加强责任意识,无形中提高了活动探索的效率。

第二,多样化的互动式空间。体现共享精神的专项活动室也体现在能够将活动室的空间进行多样化的设计与改造。比如恰当的空间布置具有上中下多层构造的体验空间,不仅在视觉效果上给人新鲜的感觉,同时也增加了探索的趣味性,在安全的基础上,适龄幼儿可以根据自己的需要去高处作业,也可以选择安稳的地面空间。也可以根据幼儿的年龄大小提供不同的设施装备,比如较为适合大孩子的站立式大画架大画板,适合年龄阶段较低幼儿的小蒲团坐垫等,让幼儿在轻松自在的环境中学习工作。或者在活动室内部搭建独立的半遮蔽空间,以供个别幼儿交流意见,或者独处思考。幼儿园可以根据具体的专用活动室,建立更多有趣、易改的互动空间。

第三,探索材料带来的满足感。能让幼儿产生认同感的共享活动室还有十分重要的创设内容,就是满足各种不同需求幼儿丰富多样的材料。比如在图书馆中不仅需要提供适合不同年龄幼儿的感兴趣的图书素材,也需要提供图书相关的创设材料,比班级活动室中的图书角更加丰富的图书材料。包括可供幼儿书写的材料、可供幼儿绘画的材料、可供幼儿视听的材料、可供幼儿手工制作的材料，同时还要分门别类归纳清楚，当幼儿探索需要的时候，能够迅速找到相应的区域选择自己心仪的材料，推动探索的进行。

图书馆如此，美术馆亦如此。常见的专用活动室还有生活体验馆、科学发现室、戏剧游戏室、舞蹈教室、综合体验馆等，也有些幼儿园根据自己的园本课程资源的开发，相应衍生了许多有意思的专用活动室，比如木工坊、室内运动室、木偶剧场、烹饪小厨房等，对幼儿的多项智能发展都给予了极大的支持。

3. 室内专用活动室的活力

（1）专业的图书馆。精心创设的图书馆为幼儿提供了能够成为有效的说话者、倾听者、阅读者、写作者的一切机会，精心创设的图书馆应该是一个专业的图书馆，尽管幼儿园的专业图书馆与成人图书馆的专业性还是有根本的不同的。

现象导入：在进行班级区域活动时，很多教师发现幼儿如果可以去选择，总是很少有人愿意主动选择阅读区，需要教师为阅读区分配幼儿。

有些班级在进行集体活动时利用集体活动时间给幼儿阅读故事，但是却会花费大量的时间精力在组织和维持秩序上，儿童阅读的过程时常不能专注，为了能够读完故事，教师不得不加快速度，很少停下来询问或了解幼儿对故事的理解或困惑，能够感受到幼儿并没有体验到阅读的快乐。

还有一些幼儿园的公共图书馆的阅读时间是按照班级分批、限时进入，有的幼儿被动在该时间段进入并不想体验的活动室中，有的幼儿对于图书馆内的图书采取漠视的态度，有的幼儿甚至偷偷撕书搞破坏。

专业图书馆的专业性体现在图书馆不能仅仅作为一个孤立的空间存在，无论从内部的区域创设，还是从不同专业活动室之间的联系上来看，图书阅览都应该成为幼儿园整体的一部分，与其他功能室相互配合，与不同年级、班级的幼儿的课程达成一致。比如绘本馆可以与美术馆、科学馆主题呼应，在科学馆中探究问题，在图书馆中查找资料，在美术馆中实践作业，或者在绘本馆中充分考虑与班级读写区的延伸和联系，丰富班级读写区，也使幼儿在图书区中享受阅读，热爱故事，倾听和书写，进行学习领域内的融合。

图书馆的专业性也体现在教师和家园合作在指导方式上的专业性,即有效的支持策略。在图书馆中不能简单地提供充足材料之后放任不管,依靠幼儿自身主动阅读的途径显然不能满足幼儿有序、有目的的阅读,长期的被动学习或不指导,造成幼儿积极性的消退,不利于图书资源长期有效的被利用。

1)舒适的环境创设。幼儿园图书馆应该是一个温暖舒适的地方,在视觉上就有强烈的吸引力,比如明亮的颜色、毛茸茸的地毯、柔软的抱枕,它们都在向幼儿发出积极的邀请,"快进来图书馆,在这里阅读你喜欢的故事,与书中奇妙的人物一起历险"。

第一,图书馆内的颜色创设要基本统一,明亮温暖,米白色、鹅黄色、浅绿色都是不错的选择。书柜、桌椅可以选择白色系、原木色系,与其他环境色自然融合,不会显得突兀。在墙壁装饰上,可以选择图画书海报,既可以营造图书馆阅读氛围,也可以将海报设置为重点推荐的阅读书目,或者某一阶段幼儿阅读主题中的系列丛书。

第二,阅读的设施要丰富和舒适。比较推荐的有地毯,适合幼儿身高体重的小椅子、豆袋椅、软木凳、瑜伽砖或泡沫积木等,大桌子或小圆儿,以供不同幼儿的阅读需求,摆放的地点可以靠窗,可以居于室内中间,形式灵活多变,保证充足的采光即可。

第三,有条件的图书馆可以将图书馆打造成不同层数的阅读空间,2~3层的阅读空间可以增加阅读的神秘感,使阅读变得更有趣,同时方便在馆内进行分区。比如阅读区、书写区、资料查阅区、图书制作区等都属于静区,而表演区、倾听区、录音区则属于动区。依据动静分离的原则,图书馆内需要通过物理隔断将动静分离,使幼儿在各区域内进行更加专注的学习。

2)高质量的藏书管理。拥有丰富的高质量的馆藏图书是一个好的图书馆的基本条件,幼儿园的馆藏图书应达到人均10本以上,每周更换25本图书。教师可以通过许多方法保证书籍的供应,比如在市区青少年图书馆中定期借阅、购买二手书籍,或提倡捐献书籍,举办图书义卖活动等。

第一,适合幼儿的高质量图书要有趣,符合幼儿的身心发展特点,包括合理的页数,恰当的选题,每页文字的数量、大小、文体等。能够帮助幼儿理解和阅读的书籍应该具有一定的文学价值,包括图书的立意、情感指向、塑造的人物个性、语言表达、情节铺陈等。①精美的图画。好的绘本不是单纯地将故事文本以图画的形式绘画出来,而是懂得细节的处理,象征意义的使用,帮助幼儿反复推敲和阅读。②没有刻板印象。主要是指图书没有既定模式,强调描绘的真实,基于真实基础上的夸张和想象,没有关于性别、文化、家庭的刻板印象。③能够吸引成年人,让成年人一眼就爱上的绘本,在阅读时就要容易将情感传递给幼儿。④权威性的书籍。依据国家权威机构推荐的书籍,或获奖书籍。⑤正版书籍。正规渠道购买或获得,书籍装帧质量有保证,纸张印刷质量好,能够较为长久阅读的书籍。

第二,采取科学的归类方法。图书的归类需要按照类似的主题内容,分别归纳到不同的书架上,一般要有两本以上的相同的书,对于幼儿十分喜爱的图书,可以增加相同副本书籍,鼓励幼儿阅读,幼儿园可以采用彩色点子给图书编码的方式,将彩点与书架相匹配,方便幼儿阅读取放。为了避免幼儿阅读时来回存取书籍,也可以提供小书筐,方便幼儿一次性取走较多的书,看之后再一并归还,避免阅读区域相互走动造成干扰。也有国外幼儿园推荐使用一些新奇有趣的图书陈列办法。比如用一根绳子从教室一头紧贴墙壁延伸到另一头,在绳子上分段悬挂彩带,彩带颜色与学习区的颜色对应,彩带的另一端绑上夹子,并保持与幼儿的视线齐平,接下来让学习区使用的图书用夹子夹在彩带上,吸引幼儿的注意力。这也是节省空间的好方法,幼儿只需要学会正确使用夹子取书即可,用趣味的互动形式帮助幼儿主动阅读。另外,图书馆的推荐书目也是不可缺少的一部分,推荐书目一般多以幼儿园的课程主题、正在研究的项目、幼儿感兴趣的新课题息息相关,这些图书一般不建议存放在幼儿只能看见书脊部分的立式书柜上来推荐,不便于幼儿对该本图书的了解。因此,对于推荐书目需要以更加醒目的形式,展示其封面、扉页或内页,放置在配有能支撑图书的开放式展示书架上才更能发挥作用。

第三,回应儿童的需要。好的图书馆能够真正让幼儿对阅读产生好感,认识到阅读的重要。儿童接触的图书越多,提高深度和广度的探索,就会产生良性循环,从而推动进一步的自主阅读,使阅读变成成长中最快乐的事情之一。回应幼儿的需要,包括为幼儿提供各种难度的书即幼儿园所有小朋友感兴趣的话题和种类。3~6岁的幼儿自身的能力发展变化差距是相对比较大的,同龄的孩子也许有的刚刚接触自主阅读,还需要学习必要的图书阅读方法,而有的幼儿已经早早地进入深度阅读,有充足的阅读经验。因此图书的主题和种类应该是包罗万象的,满足不同幼儿的兴趣。

第四,使用科技手段阅读图书。近年来随着电子产品的兴盛,幼儿接触电子产品是每一个教育者必须面对的事实,没有必要视之如洪水猛兽,怎样利用这个新时代的便利条件,才是最应该关心和关注的。网络资源良莠不齐,我们需要思考让幼儿学会去筛选好的网络资源,抵制不好的无意义的资源。当前市面上还是有许多有价值的图书资源共享平台,大容量低成本也是不容被忽视的客观存在,是可以被纳入幼儿园的图书资料管理的,为幼儿图书阅读增加了选择的余地。当然电子书籍的质量除了需要具备与纸质传统书籍一样的价值标准,同时也有特殊的要求,比如电子书籍可以有附属功能,比如点击生成知识点资源链接,或者能够提供3D成像,能够发出声响等;或者有记录或共享自己故事的功能;或者有可以边听边录音的功能等,但是科技类电子图书都需要有明确的功能说明书,说明书要言简意赅,图文并茂,对幼儿阅读进行指导或说明。

3)明确的区域功能。比如倾听区域、书写制作区域、表演区域等。

第一,图书馆的倾听区域。倾听是指通过听觉获取信息,并赋予所听到的信息以意义的过程。它涉及三个基本功能:接受、注意、赋予意义。接收是倾听者接受言语信息,注意是倾听者把注意力集中在这些言语信息上,赋予意义是倾听者解释这些言语信息。

在图书馆内设置倾听区域可以帮助幼儿锻炼倾听能力、口语表达能力,并与阅读能力相互促进。倾听区应该配备一些录音机和播放器,其他的听说设备(光盘、配套图书、耳机、复读机等),以及一些恰当的高科技设备。其中,在这个区域中不允许使用电视,因为儿童需要使用交互式设备来进行互动交流,并做出反应,而不是被动地受到电视吸引,坐在电视机前看电视。交互式设备是倾听区支持幼儿自主学习的正确材料。

几个幼儿可以共享一张光盘,可以将这些光盘带进其他区域进行有意义的探索;也可以请家长、老师用方言录制儿童喜爱的故事或大家较为熟悉的绘本增加探索趣味性,能很好地将本土文化资源渗透其中;区域里还需要提供活动音频文件、手指游戏、音乐游戏素材、倾听游戏素材,为幼儿录制分享自己的故事或改编故事等活动提供有效的支持;鼓励幼儿大胆提出问题或设想,通过面对面或在线问询的方式与人交流。

图书馆内的倾听区能够帮助幼儿成为一个好的倾听者,适宜性的实践探索可以让幼儿的语音意识得到发展,进而成为演讲者和阅读者。

第二,书写制作区域。书写制作区域用于幼儿书写的需要,以及阅读体验后的探索支持,有条件的图书馆可以将两区分隔相邻,也可以整合成一个区域,置于馆中安静、光线充足、不易被打扰的位置。

在书写区域中，需要投放的基础材料包括各种书写工具（铅笔、钢笔、水笔、蜡笔、荧光笔），不同规格的书写材料（彩纸、不同肌理纸张、大小不同纸张、质感不同的纸张）、印泥印章、电脑、打印机；在制作区域需要投放的基本材料包括各类纸张、不同质地花纹的布织物品、颜料、画笔、自然材料（树叶、石头、种子等）、废旧材料（蛋壳、纸盒、螺丝、瓶盖等）、黏合与装订材料（剪刀、胶水、订书机、打孔机、回形针等）、修补材料（橡皮、黏土、修补工具箱、修补记录本等）。

在该区域中幼儿可以根据自己阅读的兴趣，进行即时反馈，制作自己喜爱的原创图书或改编图书，教师也可以在该区域中投放空白书（如图4.21、图4.22、图4.23所示，"T"形书、八格城堡书、十页相册书等），或提供简单的图书制作技巧（对边折、对角折、扇形翻折技巧等），也可以让幼儿发现创意小绘本的制作方法，共享与交流，帮助幼儿进行阅读后的探索和体验，通过构思，动手写、剪、拼、粘贴、绘画的方式进行艺术的大胆表达。

图4.21 "T"形书

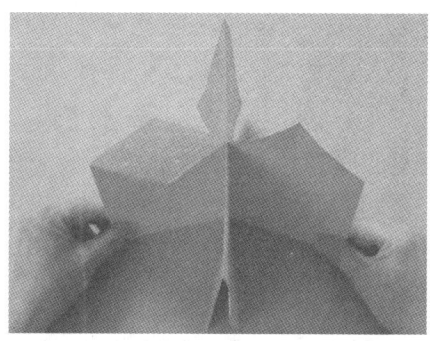
图4.22 八格城堡书

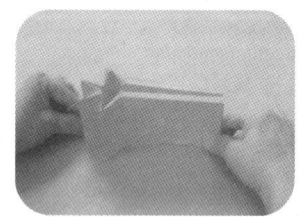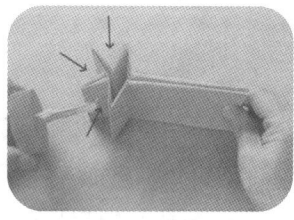
图4.23 十页相册书

此外，图书修补也可以设置在该区域中，或者设置在另外独立的区域，对于图书馆的共建与管理培养幼儿良好的责任意识，也让幼儿养成爱护和珍爱书籍的良好习惯。破损的书籍在潜意识中告诉阅读者一个十分沮丧的信息：你没有爱护好它。这些书必须得到妥善的管理或修复。幼儿可以利用前文提到的工具箱材料对图书进行修复,同时记录下修补数目、修补时间等相关信息,增强幼儿爱护图书的同时,享受修补图书的快乐。

第三,表演区域。表演区在图书馆内部设置时应该处于相对独立分离的区间,如果馆内有条件可以设置专门的隔离空间,在空间内部墙壁上安装隔音板,或其他消音装修,以免干扰到图书馆内整体安静阅读的氛围。馆内空间较小时,也可以通过投放的材料控制参与表演的人数和种类,避免较多人次参与或较吵闹的表演形式。在表演区中可以参照班级内部表演区域的材料,结合具体的主题活动,投放表演服装、道具、话筒、舞台、手偶等材料,表演区的材料可以通过征集的形式获得,也可以通过制作区域幼儿的手工作品获得。

除此之外,图书馆运行还必须具备电脑查阅处、借阅登记处等工作区域。设置于馆内入口以及醒目的位置,方便幼儿的图书借阅,借阅台的设计应考虑幼儿的身高,让幼儿能够在此处流畅作业。

4)有效的教师指导。具体包括为幼儿朗读、互动阅读、倾听、做好观察记录等。

第一,为幼儿朗读。为幼儿朗读图书,是发展他们的阅读理解能力,进行其他阅读活动的最重要的活动之一,教师在图书馆内进行个别或小组朗读,是增加师幼之间相互亲近,培养幼儿实现自主阅读兴趣的最佳时机。当幼儿反复听了好几遍这本书之后,他们往往就会被图书所吸引,有时还会假装阅读。这些看似幼稚的行为因自然发生,代表着幼儿其实已经在开始进行有意义的尝试,每一位幼儿在进行自主阅读之前都会经历试图理解破解文字或图画的象征意义。

教师在进行朗读之前,首先,应该熟悉你将要朗读的图书,做一个有准备的朗读者。当你充分熟悉一本书的时候,才能思考如何进行声情并茂地演绎,如何在书中插入问题,如何适宜性的停顿,留出时间让幼儿思考,而不影响整本书阅读的流畅性。其次,你所选择的图书应该是特别需要推荐的,对幼儿的认知、能力的发展都有意义的图书,那么需要你在朗读之前对这本书进行有目的的介绍。不同于在图书馆内设置的被动推荐书架,教师需要做一个积极的主动的推荐书目的老师,有条理的介绍,或者通过技巧性的推荐让幼儿的注意力集中在接下来的读书活动中,使朗读在最开始就能得到孩子们的回应,让幼儿从被动的聆听者,变为主动的参与者。再次,教师需要声情并茂地演绎图书,抑扬顿挫的表达,充满神秘感的诱惑,都是吸引幼儿投入的有效朗读技巧和手段,这需要幼儿教师不断地通过练习、模仿、感受图书传达的情感,获得该教学经验,当一本书的朗读结束时,孩子们的小眼睛依旧紧紧追随着你,期盼下一本书的分享,这样的读书活动将会十分有趣。最后,一本书的朗读对于幼儿来说是远远不够的,如果希望幼儿能够从中得到读、写、听的能力,就需要教师选择恰当的时机反复推荐或朗读这本书,好的图书都是值得被反复推敲和阅读的,在潜移默化中,幼儿就能从中获得有效的图片或文字信息,经过自身经验,对信息进行重组,发展成新的有用的知识,这就是阅读理解的过程。

第二,互动阅读模式。互动阅读可以使幼儿最大限度地获得学习经验,这是因为互动式阅读中的对话或讨论,能够帮助儿童将故事内容与他们的生活经验相联系。

阅读开始之前的互动体现在建立阅读兴趣,根据封皮、封底、扉页等进行大胆推测、组织讨论介绍与该图书相关的议题,以及据此进行相关经验的联系。

在阅读中的互动主要体现在提出有价值、有意义的思考,鼓励幼儿进行开放性的问题假设,请幼儿分享与书中人物或情节有关联的经验,以及根据阅读产生的想法、观点。

阅读后也要持续互动,主要体现在鼓励幼儿反思图书中的人物情节的合理性,如果同样的事情发生在自己身上应该怎样解决,以及鼓励幼儿对图书进行发散思维,续编或改编故事,将自己的想法付诸行动,投入写作、绘画、编故事、制绘本、合作表演等活动中。

互动式的阅读模式也可以被称作"对话式阅读"[①],教师在具体实施对话式阅读时可以使用不同类型的提示,这些提示的缩写是CROWD。即完成(completion),要求孩子填写一个与故事相关的句子来完成故事;回忆(recall),询问与故事中关键要素相关的问题。开放性问题(open-ended questions),提出故事或图片相关的问题;问题(wh questions),提问故事是关于谁、什么事、在哪里、为什么;延伸(distancing),将故事与儿童的生活联系起来。通过互动阅读的模式,逐步提高幼儿自主阅读能力。

第三,积极的倾听。很多时候教师应该做一个积极的倾听者,而不是一

---

① [美]朱莉·布拉德:《0~8岁儿童学习环境创设》,陈妃燕,彭楚芸,译,南京师范大学出版社,2014,第259页。

味地将自己的观点和经验不间断的输出。幼儿阅读本身就是一个词汇量积累,以及理解、表达不断加强的过程,幼儿需要输出和表达,尽管开始时表征现象往往是不尽如人意的,比如词不达意的情况时常发生,这就需要教师蹲下来,放低姿态,以与幼儿平视的角度,专注幼儿眼睛,认真地倾听幼儿的表达。不能随意打断或改变主题,妄自揣测幼儿意图,试图帮助幼儿把表达不清楚或想要说的话替代说出,更不能表现出焦躁与不耐烦,对幼儿阅读心理造成消极障碍。关注幼儿主动表达的行为,尽可能尝试了解现象背后的原因,感同身受幼儿此时的情感,及时给予积极的回应,也许什么都不说,仅仅是一个温暖的怀抱就能表达对幼儿的理解。鼓励幼儿阅读和表达,做一个积极的倾听者,让幼儿有机会把话说完。

第四,做好观察记录。在图书馆内幼儿拥有更大的自主权,可以自主选择喜欢的图书,开展理解图书的小活动,意味着教师需要在这些活动中有目的有重点的观察和记录。比如,否所有幼儿都能够正确使用图书;是否能够掌握借阅规则;是否喜爱主动阅读;幼儿喜爱哪种类型的图书;是否能够根据阅读展现出对于图书的理解,比如复述故事、表演故事、创编故事、制作图书等;幼儿什么时候开始掌握了一定的书写技能,有无良好的书写习惯;幼儿能否进行投入对话与表达等,这些都需要通过教师实时、认真的观察记录,进行归纳、分析、反思和总结来获得,以录音、电子文档,或档案袋的形式,为幼儿阅读、倾听、写作和表达等相关能力的发展做出更加科学的反馈。

(2)创造性的艺术画室。我们谈创造性的艺术画室的创建,首先必须清楚幼儿的创造力从哪里来,是不是幼儿天生就可以天马行空,肆意想象,画心中之所画?在实践教学中,无数的案例证明,大部分成年人是没有办法进行充分想象的,也不能把心里想的场景画在画面中。而这部分成年人都或多或少受到过审美教育的影响。随着年龄的增长,人们对于画作会有相对客观的心理预估,当认为自己没有能力绘画出心中的绘画效果时就会退缩,干脆选择不画,长久下来就认为自己不会画画了。而年龄越小的幼儿则不会有这样的担忧,他们对画作没有特别预估,不停地被建构的特点是幼儿画作与成人绘画本质的区别之一。因此,我们可以看到很多很有意思的儿童画,如一位大师曾说:"我希望自己能够像孩子那样画画。"孩子的艺术潜力是无穷和与生俱来的,关键在于后期艺术教养氛围的影响,看是发展幼儿的艺术创造力,还是大大阻碍了幼儿的艺术创造力。

现象导入：某幼儿园老师提议让幼儿绘画大树。有的幼儿画了松树；有的幼儿画了苹果树；有的幼儿画了柳树；只有极少数的孩子能够画出不一样的树木。老师问幼儿这是你心中最喜爱的大树模样吗？孩子们纷纷表示，其实画的时候没有怎么去想，只是会画这种树，见过画成这样的树很多。

参观某幼儿园的幼儿绘画作品时，总是以线条为主，上色也是用线性彩笔上色。经了解得知幼儿园主要考虑美术活动进行的同时，也得确保场地的卫生，因此在美术活动区多投放蜡笔、水彩笔、铅笔、刮画纸之类的线性美术材料。

美术活动是幼儿认识世界的一种本能方式，幼儿起初欠缺语言能力时，不能够用语言表达自己的感受和思想时，就已经开始尝试使用涂鸦的方式进行自我表达。很多对颜色的认知研究也已经表明，婴幼儿对于彩色的敏感程度。美术活动是幼儿以一种自我延伸的方式积累社会经验，感受客观世界，表达情绪感受的直接载体。涂鸦开始，就能够在画纸上写写画画，从无目的到有目的，从图形与图形之间毫无关联，到图形与形象被有意安排起来，从没有构图和着色意识到空间纵深变化以及用色彩表现情绪。在美术领域儿童不仅在一点点积累着技能技巧，也在这个过程中享受着，快乐地表达着。

支持幼儿美术探索的路径需要营造一个具有艺术氛围的空间，也需要让孩子得到充分选择材料的机会，同时赋予幼儿探索的时间，辅以科学的引导，幼儿的行为得以尊重与鼓励，那么美术就能够成为儿童自主表达的媒介。这里需要特别强调的是，在幼儿阶段的美术活动中，从来没有任何的教育意愿，希望将幼儿培养成为伟大的艺术家、画家，在儿童立场上，教会幼儿欣赏美、懂得美、能够进行美的创作，才更为重要，也是美术教育活动的宗旨。在实践过程中，美术活动首先是一个学习的过程，而不是美术作品创作的过程。

1）艺术氛围的营造。将画室设置为专用活动室时，应该保证室内的光线充足，即创设的屋子需要朝阳，能够享受到自然阳光。有条件的画室应该在室内中央天顶处设计天窗，在天气条件不好的情况下，室内能够享受到较为平均的室内光源，以白光为主，也可以特别准备投影灯等偏黄光源。

在画室中，需要有若干张大桌子，以及对应的小板凳或小椅子，方便幼儿不受桌面作业的局限进行创作，也适合小组合作创作的形式。除此之外，需要提供立式画架或小画板,可以立在地面上,也可以撑在桌面上,让幼儿体验专业的绘画感觉,激发幼儿独立进行美术创作的动力。

在画室中也需要准备若干的储物柜,将美术材料分区分类进行标记并存放,将常用的、幼儿喜爱的放置低层柜子,将储备材料或收藏材料放置高层柜子。

在画室中需要提供展示的公共平台,可以是基于墙面的作品展示墙,也需要能够展示立体作品的作品展示柜。作品展示不以成人观赏的舒适度为依据,主要鼓励幼儿之间的欣赏与交流,因此,展示平台需要考虑幼儿实际身高。

美术创作容易产生脏污,或边角料废弃物等,因此,活动室应设计较为宽敞的水池,以供数名幼儿同时清洗使用,也要有敞口状态,方便清理的垃圾桶能够及时更换。

在上述环境创设基本妥当之后,应该营造艺术的氛围。多见于基础装饰的墙面,类似于艺术观赏墙面,更提倡师幼共同参与创建具有艺术感的环境,比如教师可以带领幼儿进行创意泼洒画,将幼儿参与泼洒的墙面进行简单处理就是一幅十分具有现代艺术感的墙面观赏图。也可以支持幼儿提供规制合适的自制小物件,悬挂在画室一隅。也可以让幼儿涂鸦画室功能室的门牌,让幼儿把绿色植物带进画室中,并且提议幼儿给自己的绿植穿个新衣,为花盆涂鸦。前提是教师需要进行统筹和规划,在画室的大环境下进行肆意的美术创意活动。

2)强调色彩感知为基础的材料。幼儿阶段是美术的启蒙阶段,实验表明婴儿天生对于色彩有较为明晰的感受。幼儿偏好颜色纯度、明度高的颜色,不喜爱黑白灰的无彩色。根据婴儿的表现和需要,在婴儿成长到幼儿时,对于色彩的需求和感知会变得越来越复杂,因此,为幼儿提供可变化的丰富的与色彩相关的材料是十分重要的,在幼儿园中也是较为缺失的一部分。

在前文现象描述中,许多幼儿的创作与幼儿园提供的美术材料有十分紧密的联系,即幼儿园提供什么样的材料,幼儿才有可能创作出什么样的作品。如果材料中只投入了水彩笔、彩铅、勾线笔、蜡笔这样的线性材料工具,那么幼儿也只能创作出与线性材料相关的美术作品,用线去勾勒外形,用线涂面。尽管这些材料中也包含了彩色(彩铅、水彩笔、蜡笔颜色丰富),但是关于色彩的自然融合与变化是这些线性材料无法提供的。

幼儿园应该把颜料纳入常规材料的配备中，适合幼儿使用，且常见的颜料包括水彩颜料、水粉颜料、丙烯颜料、国画颜料、广告色等。水彩颜料具有透明性质，水粉颜料半覆盖，丙烯颜料具有较强覆盖力，且干透后不易褪色。这些颜料都具有水溶性，加水调色，颜料属性各有不同，适合的绘画门类也有所不同，幼儿应该通过自己的探索与实践，获得关于不同颜料的属性，感知与感受色彩的融合、流动与变化，体验用非线性的手段进行艺术创作。

幼儿园应该考虑的不是由于颜料可能带来的脏乱差问题，将颜料刨除出材料范畴，而是应该思考如何规范颜料使用的正确方法，怎样让幼儿爱护卫生的责任意识，以及怎样既能让幼儿充分玩转色彩也能保持画室的整洁卫生。其实，干净整洁的问题在美术领域不是首要在意的，被颜料铺满的桌面和墙面，有时也是一道靓丽的风景线，是幼儿经验积累、感受美丽的最好产出方式。

在画室的材料选择中，基本可以分为常规材料与创意材料两大类。常规材料包括工具类（各类胶水、剪刀、尺子、橡皮、夹子等）、媒材类（各种笔、各类画纸、画布、手工纸、颜料、各类黏土）；创意材料门类较为丰富，例如自然材料、废旧材料、生活材料、工业材料、可回收材料，等等。还有一些比较特殊且十分适合投放画室的工具材料，比如放大镜、显微镜，鼓励幼儿充分观察，通过放大细节，强调创作时细节刻画的重要性；取景器，由类似于相框的卡纸纸片制作而成，教师需要教会幼儿使用取景器的方法，那么取景器就能够代替幼儿进行景致的选择，相当于照相机的取景框的作用。

在画室尽可能提供实物对象或象征实物对象材料。培养幼儿的想象力和创造力是需要有实物基础的，幼儿需要观察体验，亲身经历，获得真情实感，进而创作才是值得被鼓励的。有案例表明在幼儿绘画进入象征期时，许多幼儿都会画蝌蚪人（见图4.24），人物缺少了躯干部分，因而头被放大了，手脚都似乎插在头上。这不是幼儿对人体概念的曲解，而是没有能力或者说缺乏统筹人体全部形象的能力，进而进行的利用蝌蚪人的外形来解决绘画人物。为什么幼儿明明还没有能力绘画正常人体五官四肢的时候，却频频挑战人物画这个高难度的绘画主题呢？其中一个很重要的原因就是儿童从出生以来，接触的人最多，妈妈、爸爸、爷爷、奶奶、小伙伴，他们对人最熟悉，不管自己有没有能力驾驭人物画，人物始终是幼儿选择的核心内容，这与幼儿的经验和体验息息相关。因此，在画室提供能够让幼儿熟悉和观察的事物,代替凭空想象、代替教师的口述、代替图片,对幼儿的经验获得十分重要,也是鼓励幼儿持续美术活动进行多样化选择的途径之一。

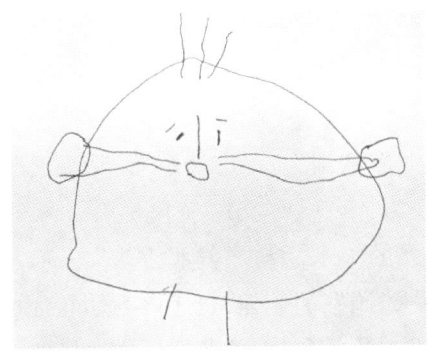

图 4.24　蝌蚪人

3)鼓励多样化的美术活动。在画室的建设中根据活动内容的不同,建议分成绘画区域、手工区域、欣赏区域。根据三个区域提供不同的材料,创设不同的基础环境,鼓励开展多样的美术教育活动。

第一,以促进幼儿肌肉锻炼为主的美术活动。针对低幼的美术活动开展,组织和材料的提供有一部分是方便幼儿锻炼肌肉动作的。比如我们可以为其提供单色且不尖锐的笔,以及大纸张作业,让幼儿不会被其他颜色干扰,充分在大画纸上涂画,上臂带动下臂,下臂带动手腕,手腕作用五指,五指把控画笔,这都需要幼儿充分作业来锻炼。这样的美术活动还有泼洒画、折纸、撕纸、团压揉黏土、拼贴画等。

第二,以促进幼儿语言发展的美术活动。通常这类活动需要结合图画书或者艺术作品来辅助探索。在语言领域中往往选择使用图画书作为发展幼儿语言能力的有效途径,忽略了图画书也是在美术活动中发展语言能力的手段,只是在组织和引导的方向上略有不同,图画书中"图画"的能量巨大,理解和讲述细节、象征意义、符号、色彩等要素都是可以让幼儿从图画书这一媒介中获取的。与幼儿谈论美术作品,幼儿自身的美术作品可以被当作谈论的对象,艺术家的作品也可以被当作欣赏的对象,往往幼儿十分喜爱将欣赏的美术作品主题或细节加以联想,与自己的经验联系起来,通过描述作品、表达感受、讲述故事,我们十分鼓励幼儿积极参与讨论,进行有深度有价值的思考,并进行创造性的表达。

第三,以促进幼儿情感发展的美术活动。美术活动是促进幼儿情感发育的工具,幼儿通过各种轻松自在的美术活动交流情感、萌发情感、表达情感,在美术活动中幼儿的情绪情感流露更加清晰、自然。能够帮助幼儿真情实感流露一般选择基础的美术活动更为贴切,比如玩水、玩泥巴、捏面团、肆意涂鸦等,幼儿在使用水状流动颜料的时候,揉搓面团的时候,摔打泥巴的时候,无目的涂鸦的时候,情感得以输出,疏解坏情绪,分享好心情。持续的探索往往会生成更有深度和创意的美术活动形式,从玩水到泼洒画、湿水彩,从揉面团到制作面点、捏面人,从和泥巴到塑形、浮雕和雕塑,从涂鸦到命名主题画等。

第四,以促进幼儿想象力创造力发展的美术活动。美术活动本身应该以培养幼儿的想象力和创造力为基本诉求,画室的创建,也应该为幼儿提供能够依靠自己探索、尝试和追随自己艺术想法的条件,幼儿在可供选择的材料中自由地探寻着美术创作的动机。开放式的自由自主环境是画室为幼儿的适宜性实践课程开展的基本要素,也是培养幼儿想象力和创造力的基础。当幼儿从被动地接收信息、完成命题作业、等待发放材料,到能够自主选择材料,独立地完成作品,有意识地构思构图,并且寻找恰当的材料工具支持自己的美术活动时,幼儿的创造能力已经大大增强了。

4)教师的艺术教育支持。

第一,为幼儿提供生活经验。在幼儿的美术探索活动中,强调想象力和创造力,想象和创造是由生活经验积累而来的,前文提到的"蝌蚪人"正是由于幼儿与人产生的经验联系最多,因此在画作中频繁出现人物创作的现象。成年人看待儿童作品,不能以普通评判标准解读儿童画,而是应该站在儿童立场上思考幼儿画什么,怎么画,想要表达什么。帮助幼儿积极绘画的支持策略,不是教师在教学时手把手地示范,也不是教师反复讲解什么是对称、用色、用线,而是尽可能地为幼儿提供丰富的生活经验,引导幼儿从生活经验中提炼绘画要素,寻找适合入画、能够切实表达自己心情的经历。

在画室中能够为幼儿提供生活经验的客观事物按照推荐等级,建议依次为实物、仿真实物、视频、图片。而促进幼儿积累生活经验的事件,需要教师和家长配合,默契地为幼儿提供素材,刺激幼儿的感受和体验。比如教师可以这样加强幼儿的认知经验:我们期望幼儿绘画出人物的牙齿(通常如果不加引导,幼儿绘画人物不会将牙齿画出来),但是不主张教师以说的方式直接告知幼儿要画牙齿(在绘画引导上,教师通常会选择直接告知的做法,这样不利用幼儿主动思考,也不是幼儿亲身经历的获得,显示出幼儿状态是被动的,教师是主动的,师幼在探索的过程中应该进行角色的转换),所以可以选择刺激幼儿使用牙齿的经验,在绘画之前引导幼儿吃黄瓜、胡萝卜,引导幼儿仔细听听咀嚼的声音,发现牙齿强大的咀嚼功能,那么在绘画的时候,许多幼儿便会将刚才获得的经验表现在画作中,怎么把吃萝卜"咔哧咔哧"的声音画出来呢?得把牙齿先画好。类似这样的教学方法,也可以由教师总结经验,再传达给家长,让家长也能够敏感起来。生活中处处都是可以绘画的点子,艺术创作也需要生活经验积累素材。

目前很多社会层面的美术赛事,得奖的儿童作品成人痕迹过重,十分强调色彩搭配、构图、用线的技巧,充斥着不切实际的臆想或模式化的想象画,把本该幼儿充分表达的艺术纯净空间变得浑浊不堪,抑制幼儿的想象力和创造力,把儿童天生的艺术才能扼杀在早期艺术教育中。

第二,适当的教授专业技能。我们(幼儿教师)应该鼓励幼儿用简单的线条表现事物,还是鼓励幼儿用复杂的线条表现事物呢?相信很多成年人看到这个问题都认为我们应该让幼儿用简单的线条描绘事物。现在市面上有那么多的儿童简笔画教程、涂色书,都强调用极简的线条将客观对象勾勒得栩栩如生,而且认为幼儿应该也掌握不了复杂的用线技巧。持这种观点的教育者不在少数,但是往往当孩子有能力展现更加复杂的绘画技巧和能力时,需要特别表扬和特殊支持。在理念上,艺术教育重在创作过程,对于技能技巧的掌握是其次,但是教师需要明白的是,艺术教育除了是育人的工具之外,也是具有专业性质的教育门类,即有美术性质。在美术领域,色彩、点、线、面等就是绘画的基本要素,是深入绘画必须要掌握的技能。我们不能把幼儿培养成为只会想、不会做的孩子,这样的艺术教育就是空谈。

实践中,教师如何慢慢引导幼儿专业技能的深入?有许多方法可以参考。比如教师提供条件让幼儿绘画一位身穿廓形连衣裙的小女孩。有的幼儿绘画了一个小女孩,头部下方是一个类似等腰三角形的连衣裙,又分别添上五官和四肢,很明显他完成了老师的命题;还有的小朋友,进一步绘画出了衣服上的花纹,给小女孩扎上了小辫子,手中拿起了跳绳,描绘了她在草地上跳绳子的场景。该幼儿不仅完成了教师的命题,同时利用线条赋予了画面细节和场景。这时,作为教师就需要对这种现象进行捕捉,要特别说明这张能够使用复杂线条的画作,让所有的幼儿都知道,线条还可以这么使用,使用在这样的地方,做到引导有的放矢。另外教师引导的方法下文中也会举例进行说明。

第三,使用儿童词汇代替专业术语。

案例呈现

某公开课上,一位幼儿教师开展了一节有关拓印画的美术活动,即先将画纸对折,在其中的一页内侧画纸上,用较湿的颜料绘制图案,再合并画纸,就能得到对称的图案。教师一直强调创作讲究对称性,殊不知幼儿一头雾水,无论如何也不能理解老师所说的"对称"到底是怎么做。

 案例分析

案例分析:上述案例中该美术活动本身就技术难度来讲还是比较适合幼儿操作的,关键在于教师的引导没有做到位。当然其中也包括公开课上的幼儿与教师不熟悉的因素影响,但更重要的是教师不该过分强调"对称"这个美术专业术语。专业术语对于词汇量掌握本就不多的幼儿来说是极具挑战性的,说得不得当,就会造成活动探索的中断,使幼儿失去信心。

教师在美术活动中提供给幼儿的教育支持,包括在与幼儿进行美术作品引导和讨论的时候,建议使用儿童耳熟能详的词汇,代替专业的美术术语。这不仅有助于教师专业技能的传授,也能使幼儿更好地消化和吸收,使用好美术技能。

比如,"画家将这个盒子涂成蓝色,那个涂成黄色"这是谈论色相;"他从这个角开始画出了一条蓝线,清楚地到达了另一边"这是指线条的起始;"马蒂斯剪下了一个黄色的形状,把它放在了红色中间"这是讲关系;"修拉画中的点给人一种颠簸不平的感觉"这是谈肌理;"用银色的笔画出的圆闪闪发光像镜子一样"这是让幼儿感受反光;"你画的两只猫,它们离得很近"这是跟孩子聊画面里的距离问题。

这些词汇通常有一个特点,就是"描绘性",描绘性的语言能迅速拉近教师与幼儿之间的距离感,让幼儿感觉老师与他一样,都在认真地倾听和跟他探讨这个美术问题,他们之间的地位是平等的。反之在美术引导中教师严禁使用判断性的词汇和句式,任何"你画得好""你这里画得不对"之类的语言,都是主观和武断的,是不够尊重幼儿的行为。

第四,充分尊重和认可幼儿作品。

案例呈现

某幼儿教师在幼儿绘画完毕之后,对该幼儿的作品进行公开展示,以自己的理解替幼儿进行了解读。之后,该小朋友情绪十分低落,经过询问,小朋友表示,老师把她的画拿反了。

案例分析

教师本来是想采取积极鼓励的方式,共情幼儿,表扬幼儿。但是她的失误在于没有提前询问幼儿:"我是否可以讲讲你的这张画?""你这张画应该怎么看?我这么拿对吗?"其实认同不在于流于表面的称赞,而是发自内心的尊重。把孩子的画拿反了,之后任你评说得多好,也无法获得孩子的认同了。

充分尊重和认可幼儿的作品不是纸上谈兵,是需要落实在具体的活动中的。除了讲究在语言上的充分尊重和认可,也可以通过实际的画室布置来让幼儿感受到自己被重视,被关怀。用强有力的方式展示幼儿的作品,不仅是艺术活动的延伸,而且向观者提供了敞开心扉的窗口,也为家长、幼儿、教师、管理者之间提供更多有价值的丰富的信息。展示幼儿的作品不需要太多的成本,需要讲究方式方法。

图4.25、图4.26,以成人的眼光单看其中任何一件作品,都会不明所以,但这一件件却是幼儿利用废旧材料,费尽心思创作的作品,是值得被尊重和展示的。因此,教师采取了积极的展示方法,将每一幅作品粘贴在明亮的黄色卡纸上,特别巧妙地将原本规规矩

图4.25 幼儿绘画作品(1)

矩的正方形背景纸,裁剪掉一个角或一条边,在充分尊重和认可幼儿作品的同时,教师的巧思设计立刻使整个展示墙面显得既活泼又美观。

图4.27、图4.28的作品展示方法,可以是结合主题阅读的"大卫不可以"

图 4.26 幼儿绘画作品(2)

中,以半立体的方式呈现作品;也可以是用废旧纸箱为展示柜作为幼儿作品立体展示平台;在较小的画室空间,考虑使用隔断物的背面展示作品;也可以用衣架、夹子、纸质相框、木棍相框等制作成有艺术感的悬挂物,并将幼儿作品挂在、装裱在悬挂物上;或者将幼儿作品分类,以个人或作品收藏的形式制作成相册,赠送个人或保留在幼儿园里。展示的时候建议教师不仅要展示幼儿的作品,有可能的话,教师还可以在作品的旁边加上一些自己的看法、幼儿自己的想法,或者其他幼儿的观感。尊重与认可,在于教师用心地看待幼儿作品,不用拘泥于常规地、固定地展示墙面,增加幼儿参与的新鲜感和仪式感。

图 4.27 幼儿作品展示方法(1)

图 4.28 幼儿作品展示方法(2)

(四)可以走出去的专用活动室

专用活动室通常认为只有选择创建在幼儿园合适的室内教室中,其实创设时完全可以把思路打开,把专用活动室带到户外去,建立专用户外活动室。试想孩子们多半的日常幼儿园活动多数规划在室内空间,遇到极端天气,或天气过热过冷的时候,许多幼儿园都选择室内活动代替室外活动,如果孩子们有一个共享的户外专用活动室,在其中的探索将会妙趣横生,别有一番天地,增加了孩子们在户外活动的机会,为孩子的深度转向探索提供了更多的可能性。许多类型的专用活动室有时也需要在适宜的户外条件下进行。比如科学探索中的动植物观察类型的科学发现室,就十分有必要选择在户外阳光充足,有风有水的地方创建,才能发挥在幼儿园养殖动植物的价值。类似的需要在户外建立专项活动探索的主题类型还有许多,以下将以户外美术活动室与建构材料馆为例进行创设缘由分析与说明。

1. 采风式美术活动室

幼儿园的专用美术活动室除了可以选择在室内创建,也可以选择在户外创建。幼儿在户外条件下进行的美术活动探索有着与室内条件下的探索完全不一样的感受和体验。

在培养幼儿感受美、发现美、创造美的能力的时候,强调用眼睛看,用手去摸,然后才能形成具象的有感受的经验,才有可能把这些经验转化为创作的素材。我们一味强调不许临摹现成作品,不许出示范画,却忽略了我们应该教给孩子怎样感受真实的事物。因此当老师希望幼儿能够自由想象和创作,画一幅"你心中美好的春天"这样看似开放无约束的命题时,许多孩子便会畏首畏尾,不知如何下笔。春天有很多种样子,可以通过全景表达,也可以通过细节描摹,但是,这个春天的样子一定是孩子真正感受和经历过的事情,绝不能凭空捏造。

在绘画的基本表达中,采风是感受的第一步,培养幼儿会看、能看、爱看的精神。写生是采风的绘画行动之一,通过对于采风过后的感受,选择适合自己、有意愿表达的事物进行相对客观的展示。想象是写生活动的进一步升华,想象是基于逻辑基础上的美术活动,是有真情实感的夸张、变形、拟人等方面的表达,是更有张力的艺术创作。所以前文提到表达春天,应该是通过引导幼儿感受春天、观察春天、记录春天。孩子的观察、兴趣、喜好各有不同,才有可能描绘出每一个幼儿心中不一样的春天,否则在美术活动中谈创作和想象能力的培养都是空谈。

基于这样的理念,我们需要为幼儿创造可以观察和写生的条件,与室内美术馆相比,户外美术专用活动室中,幼儿所看、所思、所想都会产生很大的变化,在室内看不到的天、地、云、树皮的肌理、叶脉的生长、小虫的鸣叫、小鸟的立上枝头,都会具体、客观。自然而然幼儿的表达也会变得有许多不同,基于观察基础上的绘画作品才是更加生动和值得赞扬的。

开放式的户外美术馆(见图4.29),孩子们的创作更加自由。在采风式的户外美术馆中只需要设置朴素的涂鸦作品,进行适当的区间处理,辅以展示平台,基础材料的配备甚至可以比室内美术馆内的材料种类简单一些,用大画笔、大纸张、大画架、颜料等,鼓励幼儿即时性的捕捉景致,不用苛求细节,被颜色浸染的桌面,有说不出的艺术美感,与自然浑然一体。

图4.29 户外美术馆

2. 大型建构材料馆

建构材料对于幼儿并不陌生,大部分幼儿进入幼儿园之前,在家庭环境中都有一定的经验,常见的家庭建构材料有积木、乐高。通常,幼儿园中共享的建构类的素材相对丰富一些,除了积木、积塑之外,还包括一些废旧材料和自然材料。幼儿通过不同肌理、质地、密度的材料探索,获得关于高低、左右、平衡等一些抽象概念的认知。受室内空间的约束,室内建构类的素材规制一般不大,即使是同样外形的建构材料,如果在数量上、体积上大幅增大,幼儿对于建构游戏的探索也将会产生不一样的思路和体验。

在户外场地建立大型建构材料馆(见图 4.30),在视觉上能够充分吸引幼儿。等比例放大的正方体、长方体、圆筒在搭建时,采用的方式方法都与小规制的材料是完全不同的思路,幼儿会自然而然地产生身处其中的沉浸感,同时也能感受到大物件带来的压力,明白造就一件东西,并非想象中的那么简单,需要不断地打破既有经验,进行试错实验。

图 4.30　户外大型建构材料

在户外大型建构材料馆里,除了投放大规制几何形体之外,也可以根据幼儿园的主题内容增加投放材料的难度。比如增加结合科学探索的建构素材,增加益智类的拼图游戏,增加音乐表演的打击器物等。其间可以让幼儿参与进来设计有趣的玩教具投放在该区域中,丰富游戏类型,打破传统建构模式。

第三节　支持儿童自主探索的班级活动室环境创设

"儿童本位"理念下的幼儿园教育环境,能够实现激发儿童自主活动意识,并且提供相关设施满足儿童实际操作过程中的硬件需求,让儿童在身体力行中感悟情绪与经验。在班级活动区环境创设中,不仅在空间打造、活动区规划、墙面设计、材料投放上要满足幼儿实际活动的需求,而且在主题选择、区角内容、规则制定等方面,也要遵从幼儿的意愿,给予幼儿足够的"选择权"。

一、打造充满灵气的活动区环境

安妮塔鲁伊奥尔兹在《儿童保育中心设计指南》一书中提到:"作为设计者,我们的目标是创造自由和快乐的地方,在那里,童年的魅力和神秘可以得到充分地展现。有灵气的地方可以令儿童的灵魂得到满足。"儿童的身体和心灵是统一的整体。幼儿园环境应该是一个能够容得下儿童的天性,并滋养儿童的一个天性的教育资源。充满灵气的空间本质是什么?它鼓励和激发儿童想要发现周围世界的内在动力。这样的空间充满了为促进感官探索而设计的有趣物品,指引着幼儿去探索、操作以及与他人合作。儿童对周围的环境有着探索的愿望,儿童在环境创设中获得主动权,通过儿童的双手和大脑创造出来的环境,更富有灵性,符合他们生活世界和精神世界的特点,是能够使儿童"诗意地栖居"的环境。儿童与环境的相互作用,不仅仅是身体与环境的接触,同时也是心灵与环境的接触。儿童在环境中通过身体的舒适体验感受到愉悦,促进心灵的净化与成长。儿童在幼儿园这个大环境中,自己创造自己的生活,创造的过程也是经验增长的过程,儿童不仅能够改造自己的生活,也能改造自身的经验,促进自身的成长。

幼儿园活动区是幼儿自主游戏和学习的主要场所。2016年颁布的《幼儿园工作规程》第三十条明确提出:"幼儿园应当将环境作为重要的教育资源,合理利用室内外环境,创设开放的、多样的区域活动空间,提供适合幼儿年龄特点的丰富的玩具、操作材料和幼儿读物,支持幼儿自主选择和主动学习,激发幼儿学习的兴趣与探究的愿望。"文件内容包含了三层含义:①区域活动应是对幼儿开放的且形式多样,幼儿可以根据自己的兴趣和需求自由选择;②在区域空间中应提前准备和投放符合幼儿年龄特点和区域特点的丰富的玩具、操作材料和幼儿读物,做到"有准备的环境";③幼儿在区域中自主选择可以产生互动的环境,从区角的数量和种类、空间布局,到区域中玩具、操作材料、幼儿读物的选择与投放，都要有益于幼儿的探索活动、操作活动、游戏活动以及交往活动。

作为幼儿自主游戏和学习的重要场所，活动区的开放性和灵活性也让区角成为更能融入奇思妙想的、充满灵气的空间。基于儿童立场的幼儿园区域空间规划，要以幼儿的兴趣和实际需要为出发点，确定区域种类和数量，根据空间的实际情况，如面积大小、空间布局、采光用水、动区与静区分布等，因地制宜地规划班级区域空间，以促进幼儿区域活动更好地开展。除此以外，还有很多的奇思妙想可以融入班级区域空间中，如开发奇妙的空间环境，给区角起一个有意思的名字，或者打造一个充满趣味性的主题等。在下文中，我们将基于《儿童保育中心设计指南》和《纲要》，探讨如何打造充满灵气的区域空间环境。

1. 走出去：开创活动区空间的新天地

（1）打破游戏空间界限。儿童拥有快乐、好奇、爱嬉闹、天真和愉悦的本真特质，我们在开发空间环境时，也要立足于保护幼儿的这种特质。传统的幼儿园活动区，普遍设置在教室空间内，沿墙面分布。活动区的特点是开放且自由，然而教室内有限的空间面积会带来一定程度的局限感和紧促感，所以我们可以设法打破空间的限制，因地制宜地开创更有趣的活动区空间。

如当前很多园所，介于教室内的空间面积有限，无法同时容纳四个以上的活动区，教师就将活动区拓展到教室以外，如走廊，阳光充足且视野开放，可以设置角色区或植物角。在公共区域设置活动区，不仅可以实现空间面积的高效利用，而且可以促进班级之间的协同交流和资源共享。

活动区空间还可以继续外延拓展，甚至可以延伸到教室以外，广阔的户外空间环境为活动区的创新打开了思路。如安吉幼儿园，就将建构区、涂鸦区、表演区等活动区安排在户外。建构区可以让幼儿进行大型积木、轮胎、木板等材料的组合与拼搭，在搬运和叠高材料的过程中，幼儿的大肌肉群得到了锻炼，在户外他们可以创作更高、体积更大的作品，甚至在作品完成后，可以继续进行攀爬、从高处跳下等体育活动，增强幼儿腿部的肌肉力量，发展弹跳力、爆发力以及身体的灵敏性、协调性和平衡能力，这是在室内狭小的空间内无法实现的能力发展。涂鸦区选择在户外的墙面上，靠近水源，户外墙面容易清理，不用过于担心颜料会弄脏地面，幼儿可以边涂鸦边交流感受。在安吉的一些幼儿园，汽车屋也常常是孩子们的涂鸦对象。汽车屋是报废的真实的汽车，管理者将汽车的门锁拆卸掉，轮胎半埋进地表，排除了一切安全隐患，后备箱的门卸掉形成半封闭场所。由孩子们涂鸦后的汽车屋作品也是园所中的一道靓丽风景，同时汽车屋形成的半封闭空间，也为幼儿提供了安静、独立的活动场所，可以进行捉迷藏、角色扮演等游戏活动（见图 4.31、图 4.32、图 4.33）。

图 4.31　安吉幼儿园户外建构

图 4.32　安吉幼儿园大型滚筒游戏

图 4.33　安吉幼儿园"汽车屋"

（2）开辟趣味性游戏空间。早期教育家安·爱泼斯坦认为，儿童在某个空间中的安全感和信心会影响其游戏的复杂程度和时长。安·爱泼斯坦指出，儿童在一个巨大的空间中会感到自己比较渺小；而在较小的空间中，比如舒适的墙角、玩具屋或仅容两人的兴趣区域，则会感觉自己很大。空间的大小也会影响幼儿游戏的质量，决定是否能够生成潜在的学习机会。很多时候，幼儿会期待一个相对安静、封闭能让自己独处的空间，不受教室里其他活动的干扰，幼儿可以在这个完全属于自己的区域进行安静的活动，满足他们独处和自我调适的需要。在活动区内也可以打造这样的环境，除了前文提到的户外汽车屋，在室内可以打造如帐篷，用废旧纸板制作的房屋，在教室内挑高层的隔间，或在阅读区放置大型收纳箱，收纳箱里放坐垫和抱枕，幼儿可以置身于箱子内进行阅读活动。也可以通过悬挂透明的帘子作为隔断，围出一个安静区，既能保持私密感，又能保证教师在幼儿活动区及时观察和引导幼儿的活动。这种积极的、有趣的教室氛围，往往更加受孩子们的喜爱，能让孩子更专注于学习或游戏，进行更持久的活动（见图4.34、图4.35）。

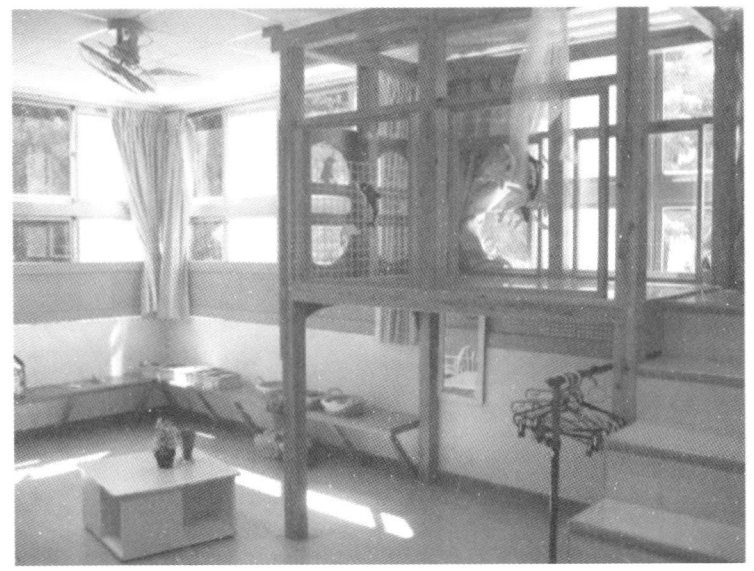

图 4.34 室内空间挑高层的隔间

图 4.35 国外幼儿园阅读区的趣味空间

2. 奇思妙想：幼儿对班级区域标识的参与性

（1）给活动区起个有趣的名字。儿童喜爱的活动区，除了内容的设计还要有足够的吸引力，在命名上，也要体现出一定的童真和童趣。所以教师在做活动区的区角牌时，若简单地以阅读区、美工区、科学区来命名，就显得索然无味，无法引起幼儿的兴趣。所以在区角的命名上，也要为儿童提供充分的机会，让他们参与进来，增强幼儿对活动区的归属感，也满足了他们自我实现的需求，共同打造属于幼儿自己的专属活动区。

为活动区起个有趣的名字，方式有很多。

方法一，可以让幼儿回忆自己身边熟悉的场所。如在角色区的设计中，教师针对角色区餐馆的类别和名字，征求了孩子们的建议。

幼儿A："我们开个麦当劳汉堡店吧，里面有各种汉堡和炸鸡，还有美味的冰激凌。"

幼儿B:"火锅店也不错,妈妈经常带我去海底捞,就叫海底捞火锅店。"
幼儿C:"我爱吃炒菜,四小姐炒菜很不错。"

经过孩子们的讨论而得名的角色区,带有浓郁的生活气息,而且幼儿有一定的生活经验,对角色区中的内容、流程等更加熟悉,在角色扮演时也就更加融入环境,投入角色。

方法二,利用绘本、故事、动画中的角色形象来命名。绘本、故事、动画的共性是都包含着有趣的情节和丰富的角色人物,可以全面帮助孩子建构精神世界。而其中的形象,如童话故事中的丑小鸭、小红帽,绘本中的大卫、鼠小弟,动画片中的喜羊羊、黑猫警长等,都深受儿童喜爱。所以我们可选择其中的经典角色名字来为活动区命名,对幼儿来说既熟悉,又能帮助他们营造精彩的故事氛围。在为区角命名时,要择取与区角有共性特点的角色形象。如建构区,我们可以选择与构建、拼搭相关联的角色形象,如绘本《大熊先生盖房子》中的大熊先生,建构区就可以命名为"大熊先生建构区";如美工区,我们就要选择与创作、艺术贴合的形象,如"神笔马良美工坊""花婆婆艺术馆";如表演区,要择选擅长表现、表达的形象,如"奥莉薇的表演馆"。

方法三,用谐音营造有趣的氛围。如角色区中"包打天下"包子铺,"鲜来鲜得"生活超市,"布见布散"裁缝店,"尝来常往"面馆等。既体现角色区经营范围的特色,内容生动鲜活,又展示了中国文字的创意和智慧。

(2)师幼共同制定区角规则和制作区角标识牌。班级区域标识牌和进区规则,是指引幼儿快速顺利定位活动区域,规范幼儿区域活动行为的重要环境内容。班级区域标识语除了要求内容全面、通俗易懂之外,也应该让幼儿参与制定活动区的规则,以体现幼儿在活动区中的主人翁地位,自己制定的规则自己要遵守,并且帮助幼儿加深对规则的理解(见图4.36)。

在师幼讨论制定好区角规则后,进入制作区角牌和进区规则标识牌的阶段。这个阶段也应体现出幼儿的参与性。如美工区角牌的制作,教师进行艺术字体的设计和手绘,幼儿可以适当装饰,如画一些与美工区相关的画笔、调色盘、颜料等的简笔画,将其剪下来,或折一些简单的折纸,粘贴在区角牌上作为装饰。在制作进区规则标识牌时,因为要让幼儿容易识别,通常采用图文并茂的方式。这时,针对规则中的一些禁止或鼓励的行为,可以让幼儿以儿童的视角手绘出图示简笔画,教师配以文字。这样一来,区角的标识就处处体现出了儿童参与的痕迹。

图 4.36 区域标识牌

3. 接地气:创设贴近幼儿生活的主题区域环境

幼儿园的区域环境、活动材料、设施设备等应有利于引发、支持幼儿的游戏和各种探索活动,有利于引发和支持幼儿与周围环境之间积极的互动。要实现这一目标,教师一定要投幼儿之所好,挖掘贴近其生活、激发其兴趣的主题环境素材。如角色扮演区,要根据幼儿的兴趣,设置烧烤店、冰激凌车、火锅店等幼儿感兴趣的、趣味性强的区域。

区域环境的主题要紧随时事,保证主题的时效性,根据幼儿的实际需求和时事的变化随时进行调整。例如新冠肺炎疫情暴发期间,全民核酸是2022年全体中国公民经常性的行为。全民核酸的主题便可挪用到区角主题活动中,教师在区角中投放桌子、防护服、口罩、手套、棉签、密封试管等材料,让幼儿扮演和体验医务人员的角色,帮助他们熟悉和了解全民核酸的流程,体会医务人员的辛苦和不易,从而自觉提升防护的意识,达成教育目标(见图4.37、图4.38)。

图4.37 《核酸监测站》主题区域环境

图4.38 《水果糖葫芦》主题区域环境

二、创设"会说话"的主题墙面

苏霍姆林斯基曾说:"无论是种植花草树木,还是悬挂图片标语,或是利用墙报,我们都将从审美的高度深入规划,以便挖掘其潜移默化的育人功能,并最终连学校的墙壁也在说话"。

幼儿园的支持性环境是一个动态的过程。一个仅有装饰价值的墙面,在创设完成之初,或许能够凭借墙面上有趣的造型、丰富的色彩、繁复的技法吸引幼儿的注意,但在幼儿熟悉了墙面内容后,由于墙面不能催生新的教育内容,引发幼儿的思考,装饰性墙面最初对幼儿的吸引力便会转瞬即逝,成为幼儿园的一道景观,环境的隐性教育价值便没有得到最大化的发挥。所以,教师要积极思考,探索墙饰与幼儿、课程、教学的多元互动,创设一个"会说话"的墙面。

1. 操作性墙面

在幼儿园空间环境中,班级墙面可反复、多次作用于幼儿,其教育价值不容忽视。与幼儿产生互动的墙面形式是通过气味、声音、材料、教玩具等形式直接作用于幼儿嗅觉、听觉、触觉。如《种子展览会》主题墙面,墙面上可以呈现不同种类的真实种子的收纳包,幼儿通过眼睛看、鼻子闻、用手触摸等途径,探究种子的特性,加深对秋天里种子的了解(见图4.39)。

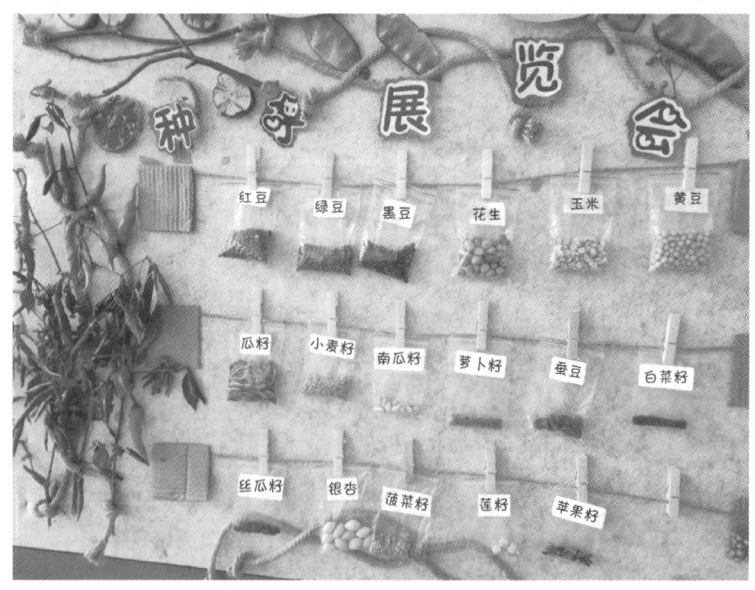

图4.39 《种子展览会》主题墙面

操作性墙面也可以将区域活动中的一些桌面游戏和地面游戏转移到墙面上,让操作更立体化,也节省了活动区有限的空间,实现了空间的立体化合理应用。如建构区乐高、蘑菇钉等拼插游戏,益智区的迷宫、分类、排序等益智游戏,阅读区的立体绘本或互动性绘本,美工区的拼贴墙面等,都可以通过墙面呈现出来。相对于在桌面游戏和地面游戏,幼儿也更乐忠于在墙面摆弄材料,立体的环境也实现了多个幼儿同时操作材料,作品呈现效果也更加直观,能让幼儿产生极大的满足感和成就感。除此之外,教师可以将自制的教玩具作品创新性地呈现在墙面上,并结合墙面教玩具开展创新性的教育活动。操作性墙面也给教师自制教玩具设计提供了开放的空间,提升了教师的教学技能水平,促进了幼儿教育的改革创新(见图4.40)。

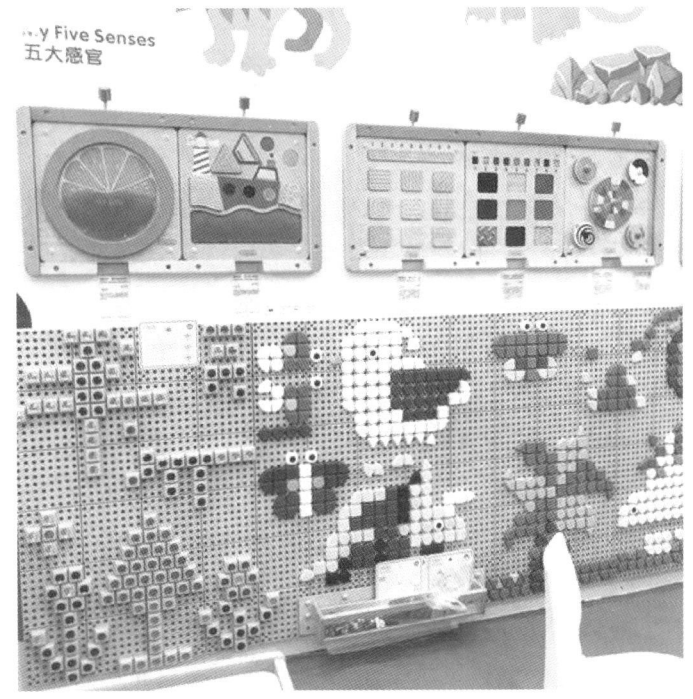

图 4.40 幼儿园益智类游戏墙面

2. 幼儿参与式墙面

幼儿园墙面环境创设中,"以儿童为本位"理念的落实度取决于幼儿参与墙面创设的次数和频率。幼儿园墙饰要注重幼儿的参与性,形成教师、幼儿与墙面三者的相互作用,让幼儿在参与墙面环境创设过程中,通过确立主题、材料收集、参与制作、作品展示等途径,在感受和欣赏墙饰创设的过程中,逐步提高审美能力,达成教育目标。

判断幼儿是否真正参与了墙面环境创设的标准有两个:一个是儿童在创设过程中是否给出自己的意见;另一个则是儿童是否具体参与动手实践程序,并且观察儿童在这两个过程中有无与教师增进沟通,与同伴交流频率是否有所提高,判断幼儿综合素质提高程度。

(1)确立主题。"儿童本位"理念的核心是儿童,儿童对幼儿园环境创设的态度或看法将极大程度左右最终创设效果。若教师仅为达成教育教学目标,"一言堂"式选择容易执行但幼儿兴趣不大的主题,容易造成主题墙内容与幼儿相脱节,难以形成幼儿与墙面的良性互动。所以促进儿童参与环境构建的首要任务是激活幼儿表达欲望。秉承"我的墙饰我做主"的原则,在主题墙创设之初,教师需要唤醒儿童的参与意识,激活表达欲望。教师可以从确定主题着手,通过与幼儿交流、集体讨论的方式确定主题内容,通过引导、倾听等方式发掘幼儿内心对环境创设的想法与意见。幼儿思想未受外界社会过多的影响,其很多想法仍保持着本真,带有灵性,有时能给主题讨论带来意想不到的收获。所以在讨论中,教师给定讨论意向,在教师拟定的教学目标内给幼儿更多的自主选择权,挖掘其真实感受,选择他们感兴趣的、贴近幼儿生活且能激发幼儿创作欲望的墙饰主题。

(2)材料收集。为保证墙面的互动性,墙面的材料选取要有一定的科学考究。有过环创经验的教师都有这样的体会,材料上墙与下墙都需要耗费一定的财力和人力,因此秉承经济性与实用性的原则,教师在设计墙饰时应该有意识地设计低结构的整体版面,以备材料替换和灵活调整;环境创设中材料的收集往往是让教师头疼和苦恼的问题,园所经费有限,教师不可能仅凭园所有限的环创经费完成全部材料的准备和收集,因此要发挥好家园共育的作用。生活材料、废旧材料、自然材料等综合材料,可以让幼儿与家长共同收集。收集材料的过程也是一个帮助幼儿加深对材料特性的了解、拓展材料应用思路、增强幼儿对材料的情感基础的过程,这样有效激发了幼儿的创作欲,充分体现幼儿的参与性和自主性。

(3)参与制作。在幼儿园墙面环境创设中,儿童如何参与以及参与方式将会对墙面最终成果产生影响。教师是墙面环境创设的统筹者,在创设之前,教师就应对整个墙面作品的布局、色调、技法等成竹在胸。墙面中如何体现幼儿参与的痕迹,需要教师做出合理的分工,提前确定幼儿如何参与以及参与的方式。教师可以根据幼儿的能力水平和墙面内容的需要做好如下工作:

第一,教师在进行班级区域环境创设的过程中要注意"留白",即不要将所有的地方都填充起来,而是要留出一部分交给幼儿完成,从而激发幼儿的创造力与学习兴趣。① 所以在需要手绘的墙面,适当留白,让幼儿自主选择他们喜欢的颜色和技法,亲手参与墙面涂鸦和彩绘。

第二,在需要手工技法制作的墙面,可以给幼儿布置一些他们力所能及的创设任务,如花朵主题的墙面,让小班幼儿撕纸撕出固定的形状花瓣,粘贴在墙面上,或让幼儿用一定的工具,帮助教师将已剪裁好的花瓣形状做卷曲处理等。大班幼儿可以做一些难度较大的工作,如剪纸、拼贴画、基础的纸浮雕制作等。在参与墙面制作中,幼儿手部小肌肉群得到进一步锻炼,动手操作能力得到提高。幼儿在创作中也积累了一定的色彩对比、构图的对称和均衡、颜色的调和与搭配等艺术创作经验。同时,在分工与交流中,幼儿的协作能力、语言表达能力得到进一步发展,幼儿通过同伴协作,增强了团队意识。"我的墙饰我做主",幼儿亲身参与到墙面的制作中,大胆表达自己对美的感受,敢于说出所想,做出创意。幼儿在感受到师幼间的平等和亲自动手美化环境成就感的同时,也因为墙面作品出自幼儿本人之手而更加爱惜并保护自己的劳动成果,有助于保持墙面的持久性和完整性。

3. 展览式墙面

环境是"潜课程",环境创设最直接、最根本的目的就是要让儿童的学习过程看得见。在瑞吉欧的教育理念中,环境能够呈现幼儿付出的努力和取得的成果,所以在瑞吉欧的教育环境中随处可见幼儿工作的痕迹和成果。幼儿园的墙壁承载着记录儿童学习痕迹,展现出教师的教育理念,让一个原本只是简单好看的幼儿园环境变成一个能够为儿童提供探索、发现、交流的幼儿园环境。所以墙面的环境,承载着记录和展示的重要功能。在主题墙创设中,展览式墙面是一个很重要的模块,其作用是展示幼儿学习的过程与成果,能够直观体现主题墙中幼儿的参与性,有助于记录儿童发展历程与后续回溯学习,从侧面展示了教师的相关教学理念。如针对一个主题幼儿的问卷调查结果、幼儿的观察记录表、主题活动中幼儿的过程性照片、幼儿针对主题收集的素材、幼儿的作品等,儿童在学习的过程中,可以通过文字、照片、语言等各种不同的方式呈现。例如《神奇的东方叶子》主题墙案例(见图

---

① 刘卉:《幼儿园大班区域环境创设的"留白"艺术》,《教育观察》2019年第22期,第33-34页。

4.41),这个以茶叶为主题的展览式墙面中,分了几个板块:①"我们的讨论"板块是幼儿对身边人喝茶习惯的调查结果展示,内容有身边人爱喝什么种类的茶,喝茶的益处等;②"我们的收获"板块是幼儿在"茶道礼仪"主题活动中的照片展示;③"中国四大名茶"板块,教师用小型密封袋收集的各种不同种类的茶叶,悬挂于墙面上,幼儿可以通过用眼观察、用鼻子闻、用手触摸等,感受茶叶的质地和气味,区分不同类别的茶叶,加深其对茶叶的认知;④"我的发现"板块,幼儿通过收集生活中含有茶成分的食品包装,如绿茶饮料瓶、抹茶口味食品的包装袋或包装盒等,帮助幼儿建构茶叶知识与生活之间的联结。

图4.41 《神奇的东方叶子》主题墙面

在与幼儿教师的访谈中了解到,教师们常常因为幼儿作品的艺术效果一般,担心作品展示会对墙面的美观度产生负面效果。结果:一是教师会在幼儿作品中精心挑选个别幼儿的优秀作品进行展示,作品展示没有面向全体幼儿,导致一些幼儿没有参与墙面创设中,缺乏主体感和归属感;二是在进行美术活动时,教师会有意识地引导幼儿进行适合墙面展示的、美观的艺术作品,这与美术活动的教育目标本末倒置,没有体现出幼儿美术能力发展的真实水平。所以根据幼儿美术能力发展水平来审视,幼儿作品体现出的审美性不足、艺术效果一般的问题也是正常的阶段性能力发展的表现,教师无须过于在意其在墙面中的艺术性,更多是体现出幼儿真实能力水平的教育性价值。在幼儿作品之外,教师可以通过一些材料和技巧来增强作品展示的装饰性,如给作品装裱画框,或将幼儿的作品精华部分裁剪后重新整合,扬长避短,并有序粘贴在卡纸上,配上适宜的简短文字简介,形成更美观的墙面效果。

三、材料的科学投放

1.让幼儿真正做到"玩中学":区域材料的高效投放

教育家皮亚杰曾说:"幼儿的智慧源于材料",材料是幼儿认识世界,打开智慧大门的钥匙。皮亚杰同时提出:"儿童的智慧源于材料,儿童就是要在不断地、主动地操作材料的过程中,获取信息,积累经验,从而获得发展。"布鲁纳的教育观点指出:"教育对象是在利用教师提供的材料中进行学习,教师提供的材料必须尊重儿童在心理发展上的不同速率。"

活动区是幼儿游戏的王国,活动区中承载着能够支撑幼儿自主活动的各种丰富的材料。在区域活动中,除了要选择丰富、多样的区域活动内容,投放能够支持活动高效开展的适宜的材料是重中之重。在调查中,很多教师反映:在班级区域中教师准备了丰富的活动,也投放了大量的、丰富的材料。然而幼儿往往兴致勃勃地进入区角,玩了没一会就将材料扔得遍地都是,教师精心投放的材料似乎在幼儿眼中可有可无,没有达到精准高效投放材料的目的。高效的活动是指合作的、协商的、自主的、探究的活动,但有时教师投放的材料没有有效激发幼儿的协商、合作和自主探究。基于儿童视角的活动区材料投放,就需要教师走近儿童,倾听想法,了解兴趣,反思现场,思考如何投放贴近儿童的实际发展水平和学习特点,贴近儿童生活及兴趣需要的高效的区域材料,让幼儿真正做到"玩中学"。

所以,儿童视角下的活动区材料投放,教师需要关注以下几个问题:

第一,儿童视角下,幼儿偏爱于哪些材料的哪种投放方式。

第二,通过儿童视角与成人视角的比较,观察与探究两种视角下材料的种类和投放方式的差异。

增强区域材料的操作性与趣味性:贴近儿童学习特点和兴趣需要。儿童的学习以直接经验为基础,常常通过对材料的触摸、摆弄、移动、拼插、组合等,来感知和理解材料的特性,获取经验,达到学习的目的。教师要极大程度地满足和支持幼儿通过直接感知、实践操作和亲身体验获取经验的需要,材料的操作价值便体现出来了。教师为幼儿投放的材料,不能仅仅是活动区的摆设,要能激发幼儿的动手欲望,且能让幼儿爱不释手,反复摆弄,能激发幼儿与材料的良性互动。同时,根据儿童的年龄特点,深受幼儿喜爱的材料均带有一定的"游戏性",材料一定要好玩、有趣,才更能吸引幼儿注意力,引起好奇心,所以在材料的选择与投放上,要兼顾童心与童趣。

在活动区中,建议投放真实的可以让幼儿动手操作的材料,如电话、钟表。幼儿通过拨动电话拨盘上的号码,认识数字;通过观察钟表表盘上的数字以及指针转动的速度,根据教师提供的时间图片来拨动时针和分针的位置,来认识时间以及各指针之间的关系;也可以投放一些半成品材料,让幼儿通过拼装来加深对事物的认知,提高动手操作能力;在区域活动中,可选择投放趣味性的辅助材料。例如在班级语言区,可投放一些可操作性的材料或自制的教玩具来辅助幼儿语言能力的达成,增强活动的趣味性。如《小蝌蚪找妈妈》的语言活动,教师可与幼儿共同用磁铁、曲别针制作教具,随着故事中小蝌蚪找妈妈的进程,幼儿可手动操作小蝌蚪的路线,沉浸式体验故事情境。在《夹夹的魔法》语言活动中,教师设计了一个大型浸入式互动游戏绘本,通过原创绘本故事,图文并茂地展现和营造六个不同的游戏情境。幼儿采用角色扮演的方式浸入游戏情境,通过分析故事情境和角色任务等,采用观察、比较、操作等方法帮助主人公"夹夹"解决真实的问题,体验闯关游戏的乐趣,获得核心经验。夹子作为生活中的常见用品,大多数幼儿都对夹子的打开和闭合的方式非常感兴趣。夹子作为低结构材料,应用中具有很强的灵活性与开放性。在这个故事中,"夹子"作为主要的游戏材料和道具,幼儿需要通过探索与操作夹子来完成任务,探索不同种类夹子的多种游戏可能性,可造桥、可铺路、可固定事物,充分体现了材料的一物多用、一物多玩的特点(见图 4.42)。

图 4.42 《夹夹的魔法》教玩具

2. 开放性材料的科学投放:激发幼儿更多想象和创造

很多教师在实践中都发现了这样一个问题:教师精心设计的玩具,投放的大量材料,幼儿却常常表现出不感兴趣、不会玩,或在同一经验水平上反复摆弄,导致幼儿在个别化学习活动中未能有效进行有意义的学习与探索。原因是材料选择与投放方式、材料与活动精准匹配度存在一定的问题。

近年来学前领域的研究动态多聚焦于开放性材料的选择与投放。1971年,英国建筑设计师Simon Nicholson首次提出了"loose parts"这一概念,直译过来就是"灵活的组件"或"松散的部件",我们一般称之为开放式材料。开放性材料是指教师对材料的投放只做一个大致的规划,不需要对材料的具体玩法进行设计,不需要讲解材料的特性,不限定时间节点,幼儿在没有特定概念的情境中完全可以根据自己的需要自行决定如何玩,想怎么玩就怎么玩。对幼儿而言,开放性材料的操作自主性比较强,没有任务和目标的压力,幼儿可以轻松地、完全按照个人意愿来选择和决定材料的玩法,在与材料的多元互动中形成经验,提升能力,并能产生愉悦和满足的正面情绪,所以开放性材料往往更受幼儿青睐。

开放性材料依据材料的种类来划分,可以分为以下七类(见表4.1):

表4.1 开放性材料的种类划分

种类	内容
自然类	石头、坚果壳、树枝、花瓣、种子、沙子、贝壳、松果、羽毛、叶子、果核、树皮、苔藓、树桩、橡果、葫芦、八角
纸质或木制类	报纸、包装纸盒、手工纸、纸筒、卫生纸、纸质吸管、纸杯、纸盘、纸袋、鸡蛋托、标签、杂志页面、纸屑、木制积木、木片、木块、软木塞、木质扣子、火柴棍、冰糕棍、拼图、画框、板条箱、木环、砧板、木碗、地板块、木制夹子
塑料类	塑料瓶、PVC塑料管、吸管、气泡膜、塑料袋、卷筒卷轴、磁带、光盘、塑料杯子、塑料瓶盖、塑料包装纸、塑料扣子、塑料串珠、胶带、玻璃纸、封口夹、海洋球、衣架、夹子
金属类	金属瓶盖、钉子、螺丝、螺帽、铁丝、易拉罐、钥匙、磁铁、金属管、金属球、窗帘环、饼干桶、锡纸、吸铁石、钥匙环、发夹、纱窗网、铃铛
陶瓷或玻璃类	瓷砖、玻璃珠、宝石、三棱镜、小镜子、海玻璃、小玻璃瓶、玻璃杯、瓷器、盘子、花盆、食品罐
纺织布料类	绸带、丝绸、毛织物、蕾丝、毛线、毛毡制品、麻绳、棉线、旧衣物、棉布、毛巾、丝绸、粗麻布、蕾丝、拉链、毛毡

（1）开放性材料带来高创造性。从教育意图来看，开放性材料不预设材料的目标结果，让幼儿在自由的情境中随心所欲地探索与操作材料，生成材料多种用法、玩法的可能性。自由的选择带来高创造性，开放性材料的投放能让我们看到更多儿童的想象力和创造力的发展，并与同伴一起建构和创作。例如石头这个开放性材料，在活动区中，充分体现出了一物多用、一物多玩的特点。幼儿可以用石头创作石头画、拼摆图形、拓印图案，也可以用石头叠叠乐、拼拼乐，或进行抓石子、踢石子的游戏。同时石头也可以作为辅助材料，在数学活动中用于计数，在棋类游戏中作为棋子等。儿童在开放式的环境中自由选择工具，想象与设计石头的各种用法和玩法，尝试用各种材料替代组合，用各种方法对材料进行再加工。儿童自己设计、自创玩法、相互合作、迁移经验，让材料跟随自己的意愿走，使材料成了自己梦想的载体，其想象能力、创造能力获得有效发展。

（2）开放性材料的投放能促进发散性思维的萌芽。如儿童在用石头进行叠叠乐的游戏时，由于石头比较光滑，所以幼儿要反复操作和尝试才会叠出比较高的叠叠乐，幼儿经过实践会发现大的石头放在下面，小的石头叠在上面才会比较稳定，他们便会联想到一些建筑如金字塔、烟囱等都是下面粗、上面细的设计，这其中的原理会不会有一定关联呢？所以个别化学习活动中，材料的开放式投放让儿童有机会对给出的材料和信息从不同角度、向不同方向、用不同方法或途径进行分析和解决问题，从而培养幼儿思维的广阔性和灵活性。

（3）开放性材料投放与活动精准匹配度。开放性材料基于自由的游戏情境和能带来多种不同玩法的可能性，往往让幼儿爱不释手，愿意反复摆弄与探索。这时就要注意投放开放性材料时，要与活动内容精准匹配，教师不能完全根据幼儿喜好随心所欲地投放材料。例如在科学区探索事物浮沉的主题活动中，应通过材料投放来创设问题情境。如探讨导致事物浮沉的因素时，幼儿根据已有经验，可能会错误地认知大型物体比较沉，而小号的物体比较轻，这时教师可以投放大型的上浮物和小型的下沉物，与幼儿的原有认知产生冲突，营造问题情境，让幼儿通过实验、探索获取新的经验，所以石块、泡沫球、木块等开放材料即为与活动内容精准匹配的材料，可以让幼儿在探索材料中获得新知。然而一些教师为了增强活动趣味性和游戏性，在探索事物浮沉的科学主题活动中投放了一些戏水材料，如会喷水的针筒、塑料瓶、水车等，这样会导致幼儿将注意力全部倾注在玩水材料上,无法将材料探索与解决问题、获取经验串联在一起,没有实现有意义学习的目的。

四、关注材料的目标性和层次性:贴近幼儿的年龄特点与个体需要

基于儿童的材料投放要贴近幼儿的年龄特点和个体需要。材料的目标性是指材料要根据儿童在各个领域所要达到的目标和活动需求来投放,即各个活动区的材料投放不仅要考虑儿童的年龄特点、发展水平,又要与所达到的教育目标紧密联系,为实现教育目标服务。材料的选择与投放不是为达到丰富目的的材料堆叠、堆砌,也不是仅为满足幼儿游戏、玩乐的心理需求而随心所欲地投放,而是要根据幼儿的实际年龄特点和儿童实际发展水平有针对性的精准、高效、科学地投放。

1.关注材料的目标性,贴近幼儿的年龄特点

大、中、小班幼儿都有其独特的年龄特点。根据儿童年龄特点与发展需要,小班幼儿处于平行游戏阶段,需要提供数量充足的同类型材料。在小班中,娃娃家是重要的活动区域。在娃娃家中需要投放数量充足、种类多样的材料。角色扮演材料,如"妈妈"的裙子、项链、化妆包、化妆品、项链、首饰、高跟鞋,"爸爸"的剃须刀、领带、衬衫、皮带、公文包;特殊行业的服装和道具,如消防员的衣服、头盔、灭火器,医生的白大褂、帽子、听诊器、针管、诊断单,警察的警服、帽子、电棍、手铐等;婴儿用品材料,如洋娃娃、婴儿服饰、奶瓶、奶嘴、奶粉罐、尿不湿、婴儿推车、婴儿床、宝宝餐具等真实物品;生活用品材料,如手机、衣架、电吹风、电视、洗衣机、梳妆台等真实或自制材料;厨房用品材料,如餐具、炊具、调味瓶、烤箱、微波炉、各类事物、橱柜、冰箱、饮水机等。研究表明,3~5岁是象征性游戏出现的高峰,在材料投放时也要关注材料的情境性,如通过材料的"以物代物"创设情境模仿真实的生活。在小班角色区中,根据教育目标和情境性的需要,可以投放一些辅助性材料,如在厨房用品材料中,可适当投放一些开放性材料如轻黏土,当教师已投放的材料中未满足幼儿角色扮演需要,幼儿可以通过自己动手操作,用轻黏土制作自己所需要的材料,既丰富了活动区材料内容,提高了动手操作能力,又促进了幼儿想象力和创造力的发展。丰富多元的材料,既吸引幼儿多感官参与,创造出更多游戏的可能,也促进同伴之间配合与协作,培养幼儿乐

于助人、敢于分享、善于合作的品质。大班阶段是儿童逻辑思维能力培养与发展期,在这个阶段的幼儿不再满足于玩法单一、低操作性、缺乏难度的游戏材料,而是更偏爱玩法多样、具有一定挑战性、可操作的游戏形式。教师在选择和投放材料时,可倾向于一物多玩、一物多用的开放性材料,加强区域之间材料的融通,丰富游戏的内容,让材料间生成更多玩法的可能,将区域间的"边界"弱化为"边缘"。幼儿通过多种手段、多种途径探究材料本身特性以及材料之间的关系,实现自主学习、自由探索、自我发展。让游戏材料成为幼儿能力培养和经验建构的支架和链条,材料生成的玩法越多,越能丰满幼儿知识的建构和经验的累积。这样既能满足幼儿对游戏多样性和操作性的需求,享受游戏的快乐,又能体现游戏的教育性价值,达成教育目标。

2. 关注材料投放的层次性,满足个体需求

《指南》提出:"尊重幼儿发展的个体差异,要充分理解和尊重幼儿发展进程中的个别差异,支持和引导他们从原有水平向更高水平发展。"教师要尊重个体差异,综合考虑材料的投放方式。除了不同年龄阶段幼儿对材料的需求有一定的差异,同龄幼儿偏好的材料与投放方式也不尽相同。总体上看,大多数幼儿喜欢低结构的投放方式,少数人喜欢高结构的投放方式;大部分幼儿倾向于融合式的材料投放,少部分幼儿偏好分离式材料投放;有的幼儿喜欢灵活多变、玩法多样的游戏材料,也有的幼儿喜欢有一定操作难度、有挑战的游戏材料。教师应在满足大多数幼儿需求的基础上,关注少部分幼儿的个体需要,不能以"一刀切"的形式在同龄段幼儿中进行横向比较,而是要站在幼儿成长的纵轴上审视儿童的发展,投放适宜的材料。

五、投放真实材料,作为早期教育环境的有益补充

1. 真实材料为儿童发展提供必要且丰富的感官信息

在幼儿园的活动区中,特别是角色区,营造了一个社会真实生活环境的微缩景观。教师往往通过材料的"以物代物",创设情境模仿真实的生活。教师会物尽其用,借用各种丰富的材料如超轻黏土、纸板纸箱、丙烯颜料等来尽可能逼真地制作出生活中常见物的替代品,或购买一些塑料玩具制品作为活动区的道具材料。从儿童发展角度来看,幼儿多运用感官认识和理解周围的世界,如触觉,学习者幼儿倾向于通过触摸体验进行学习,这是儿童积极探索环境的方式。教师在为儿童选择玩具、设备和材料时,要充分考

虑到其能为儿童提供丰富的感官输入。反观教师自制的"以物代物"材料,在质地、颜色、重量、功能上均与现实世界中的真实物体存在一定的差距。缺乏真实材料投放的环境会导致幼儿的学习和发展丧失一些必不可少的感官信息。例如,角色区中的茶具,塑料的道具杯具普遍表面光滑、重量较轻且几乎每个杯子重量是一样的,缺乏视觉质感和视觉吸引力,触觉的学习价值不大。陶瓷和玻璃制品的真实杯具具有光滑清凉的表面和沉甸甸的重量感,银制和不锈钢的杯具通常具有高亮度、能反光的表面,而且碰杯时能发出独特的金属撞击声,这为幼儿提供了丰富的视觉、触觉、听觉的感官信息。在活动区中,真实的蔬菜、水果能够引发幼儿更多的视觉或触觉兴趣,如苹果、香蕉、玉米、西兰花等材料,其独特的色泽、怡人的气味、不同的质地给幼儿以丰富的感官刺激。这些材料可以作为艺术区域的活动道具,如用在美术拓印活动或美工的拼插手工活动,也可以作为角色区如超市、火锅店的道具,让幼儿近距离接触材料,亲手加工材料,促进全领域、多感官的整体发展。在活动结束后,师幼还可以共同品尝新鲜的蔬菜、水果,在补充丰富营养之余,丰富幼儿对材料的多种体验。

2. 真实材料为儿童带来更多的操作体验

真实的生活物品基于各自不同的功能给人们的日常生活带来很多的便利。将真实材料投放于活动区中,材料必然附带着功能性,为幼儿的学习和发展提供具有教育价值的信息和资源。如电烤箱,其功能性在于利用电热元件发出的辐射热烤制食物。将其投放在活动区中,幼儿可以近距离观察认识烤箱的构造,烤盘、烤架、加热金属管、旋钮、显示屏等。用于设置温度和时间的旋钮和按键,可开启和闭合的箱门,促使幼儿参与操作活动,进行电烤箱功能的探索,增强了幼儿与材料的互动性。幼儿也可在教师的指导下,用烤箱制作简单食物,帮助幼儿进一步了解和认识烤箱的功能,增强动手操作能力,提高生活自理能力。在与幼儿分享食物的过程中,幼儿获得了深度的满足感,也培养了其乐于分享的品质。如心理学家皮亚杰的结论,儿童运用真实物品建构心理模型,学习效果最好。真实的带有不同物理特征的日常用品,帮助幼儿建构更为完整的关于世界的心理模型。

3. 真实材料作为触觉教具帮助幼儿理解相关概念

当儿童抓握日常物品时,他们就在体验粗细、轻重、光滑或粗糙这些概念,帮助建构和完善个人的认知体系。在视觉上也认识和学习了一些关键的数学概念,如长短、多少、高低、大小等,帮助幼儿对不同事物进行更为科学的分类、排列和区分。在探索材料的同时,幼儿也要学习用更为精准的词语来描述材料的特性,如针对冬瓜这个材料,用光滑来描述质地,用青绿描述颜色,用500克左右来描述重量等。配备真实物品的环境为拓展幼儿的口语和词汇提供了大量的机会。可以说,真实材料作为触觉教具帮助幼儿理解相关概念,让幼儿获得多领域整合的核心经验。

第五章 | 拥有充分选择权的环境材料

在幼儿园教育环境创设中,除了营造适宜的室内外物理、心理环境等来支持幼儿探索,获得主动学习能力之外,游戏材料的投放也是十分重要的支持手段。对教师而言,材料是教育目标与内容的直接显现;对幼儿而言,材料是他们获得知识经验和认识世界的中介。游戏材料在某种程度上决定了环境教育的有效性,以及游戏活动开展的持续性。幼儿通过与材料发生互动,解决探索过程中的问题,成就学习的乐趣。投放材料并非一味数量大、品类多就是好的。科学的材料投放实际上是一个复杂且灵活的问题,为保障教育活动的推行与实施,需要在安全性、卫生性、环保性、便宜性等诸多问题基础上,考虑材料的丰富与多样,投放的时机与层次,结合恰当的管理与收纳,使幼儿充分享有自主选择材料的权利,才能满足每一位幼儿的发展。

第一节 材料投放的误区与导向

环境创设中常见的材料投放主要有两个领域,公共区域环境中的材料投放,以及班级区域环境中的材料投放。比如户外环境中的自制玩教具,玩沙戏水游戏区域的游戏玩具,班级内部依据主题确定的区域游戏材料等,都具有一定代表性,也是支持儿童自主探索游戏的主要来源。目前我国许多幼儿园在具体实施材料投放时也产生了很多问题,包括材料投放方法的不恰当,材料选择的不合适,教师支持手段不科学等较为突出的问题。

一、科学的认识材料的性质

所谓材料,广义上是指人们用于制造物品、器件、构件、机器或其他产品的物质,材料的范围包罗万象十分繁杂,但是不是所有的物质反之都能成为材料。在学前教育专业中,环境创设的材料在区域游戏活动时可以具象为主体材料、辅助材料、工具等。

比如在阅读区域支撑该区域的主要材料就是书籍,建构区为积木、积塑,那么书籍绘本材料、积木积塑就称之为主体材料。对游戏起到辅助作用的,能够启发幼儿的发散思维,帮助幼儿更好实现目的的游戏材料就称之为辅助材料,任何单一性质的区域活动的搭建都是不理想的,没有站在儿童立场的环境创设。有一些游戏活动、好的想法离不开相应的工具,使用合适的工具有助于学习目标的达成,比如铲子、画笔、剪刀、喷水壶等。

主体材料、辅助材料、工具成为幼儿园材料投放的基本配置,在进行环境材料投放时是否具备以上种类,是幼儿游戏活动开展的前提。

区分好材料的基本维度有助于教师分析与分辨材料性质,将更合适的材料投放在区域游戏中。而许多教师在提供材料的同时往往忽略或弱化材料分类,材料架上看上去满满当当,却缺乏基本的规划,在游戏过程中幼儿往往出现连最基本的诉求都没有办法在材料架上获取,教师忙于应付为幼儿个体提供游戏进行中所必需的基本材料,使自身工作量凭空加大,也由于频频出现的各种情况打击了幼儿探索的积极性,致使自主游戏被扼杀在初始环节,教育目的目标都不能够得到实现,十分可惜。

二、使用材料开展游戏的原则

教书育人有原则可依,环境创设有原则可循,利用材料支持游戏开展同样也有需要原则。依循原则进行材料选择与投放是为了让幼儿在与环境的相互作用中获得经验,考虑其内在的动机,关心幼儿兴趣,深度地参与,主动地学习,这有赖于活动的开展和进行。因此,教育目标的提出、达成等首先在于材料能够为活动提供支持。

除了材料能够为幼儿提供支持活动开展的"活动性"基本原则之外,材料的选择与投放也需要考虑教育性,教师需要清楚地知道材料是为所有幼儿服务的,站在儿童的立场,就需要了解幼儿的原有知识经验水平、幼儿能够达到的认知水平、大部分幼儿的兴趣爱好、个别幼儿的探索需求、本地域本园所的便利条件、本班级本年级的主题探索方向等。依据如上要素选择材料,即我们需要通盘考虑发展性原则、个别性原则、全面性原则、适宜性原则、主题性原则。当然,根据不同地域文化、不同园所文化、不同年龄,原则的制定与导向略有不同,选择适合本园、本班级幼儿的原则选择材料,就如同给孩子在不同季节穿合适的衣服,让孩子舒服自在,优质的环境为孩子带来的是各方面探索的可能性。而不是单纯在某个区域想当然认为这个区域就必须提供该种材料,没有变化、没有设计、没有原则,成人视角下的"合适"往往不是最适合幼儿发展需要的。

三、材料的发展性操作

材料在环境创设中的使用,仍然是幼儿能否充分操作的问题,在充分分析材料基本性质,保证对受众幼儿的深入了解之后,材料的选择和投放是需要被具体落实的。材料的发展性导向就十分重要。

发展性可以被理解为材料提供能够伴随幼儿的操作和探索的变化而变化。材料不仅能够被幼儿选择与使用,同时也能不断适应幼儿接受新的要求和挑战,随着幼儿探索的持续性深入,材料的广度和难度也有所提升,不断增强幼儿参与的兴趣,实现幼儿可持续性、系统性、全面性发展的需要。

游戏材料的选择包括在不同的游戏探索领域提供不同属性的材料,在门类众多的材料中选择什么材料更加适合该领域、该年龄、该主题的幼儿探索,材料探索的价值和意义有没有得以实现。

游戏材料的投放包括投放的比例、层次、渐进性与变化性,教师的观察与介入手段,材料的整理归类,使用材料的规则方法制定等。

严格地区分游戏材料的选择与投放是不负责任的。在材料的选择与投放中,不是简单地按照游戏进行的前后顺序决定的,在材料选择中有随时被投放的案例,在投放的过程中也会时常伴随着被选择适宜的材料。这些都取决于材料的提供能不能支持幼儿的可持续且有效的互动操作。在接下来的章节中,也会根据材料的发展性导向具体描述材料的过程性操作等相关问题。

第二节　支持幼儿自主学习的材料投放数量

在进行自主游戏活动时,是不是可供幼儿操作的材料越多越好呢?反之如何?如问题所问,通常意义上我们理解的让孩子进行充分游戏意味着让孩子在该游戏探索中,想玩什么就玩什么,基于此,我们应当提供更多的游戏材料,以供孩子们来选择才对。事实上,关于材料投放数量的问题还是有许多地方值得探讨。

比较能够接受的观点是,游戏材料太少,少到不足以提供每一位幼儿人手一件的时候,弊端是十分凸显的,暂且不论得到材料的幼儿是否能够充分进行探索的可能性,只看没有获得游戏材料的幼儿,起码他的探索力是十分微弱的,只能停留在观察与空想层面,有悖于时下真实操作获得经验的教育理念,不能够有效支持所有小朋友探索的机会。因此,结论是为幼儿提供过少的材料是不合理的。

面对这种问题,解决的策略通常是增加数量,立时立刻解决问题,效率之高,也是幼儿园中常用的办法。在某种程度上,增加游戏材料的数量,其有效性是毋庸置疑的。但是这里也产生一个问题,数量少到什么程度是很好被观察和统计的,而数量大,增加材料数量到什么程度,却是需要被理性对待的,没有上限的"多",对于幼儿来讲有时不是什么好事情。如同人的欲望无法控制一样,再多的材料在幼儿眼中一旦没有认同感,立刻便会被其抛诸脑后,数量的优势就不再是优势,而会变成无休止的教师工作负担。

数量的多寡问题,首先需要明确的是在材料投放中,"数量"到底是不是一个指标?如果没有办法定性定量,那么,用什么来代替它的作用呢?

一、不同的活动有不同的材料

如前文所述,幼儿园材料的选择与投放主要涉及公共区域环境以及班级区域环境中的材料投放。在公共区域环境中,有许多公共游戏区域的设置,比如戏水区、玩沙区、科学探索区、种植区、养殖区等,在不同的公共游戏区域提供的材料需要依据该区域的特点和性质展开,同时要特别关照公共和"共享"的性质。而班级区域环境中,较为常见的主要依托于班级常规区域设置来提供材料。不同的区域活动对应着不同的材料选择。

1. 多样的玩沙区材料

以玩沙区为例,公共区域与班级区域中都存在设置玩沙区的案例。有别于班级区域互动,在公共空间多设置于户外,形态规制较大,可供较多幼儿共同参与游戏探索,白沙、黄沙砾等作为主体材料,水成为支持主体材料探索的辅助材料。而在班级内部的玩沙,多选择小型沙盘或可移动沙堡作为区域创设平台成为辅助材料,选择的余地也更加丰富,除了流沙之外,太空沙、黄泥、胶泥、高岭土等都是不错的主体材料。除此之外支持活动开展的必要工具也是十分重要的。常见的支持户外沙地游戏的工具有水桶、铲子、沙车、沙球等;常见的支持班级可移动沙盘的工具有各种模具、模型材料,还有依据具体的创设环境的适宜操作工具。

2. 养殖区的材料大区别

在养殖区中,饲养动植物是主要的内容选择,在户外或者有生态区域的园所,可以根据自己的园所条件,选择温和的小动物饲养,甚至可以选择牛、羊、马匹作为饲养对象;而班级内部的种植养殖区域,受到物理环境限制,多选择小鱼、乌龟、蚕丛、荷兰猪等体型较小,对生存环境标准不高,适合在班级饲养的宠物。与饲养动物相关的工具与辅助材料也需要通过科学探究获得相应的支持。

通过玩沙区、养殖区的简单材料说明,可以发现都是同样的区域设置,材料却在不同的物理环境下千差万别,材料在相似的领域内发挥着不同的作用。据此,可以想象如果是不同的区域设置,那么材料可以发挥的功能更加强大,材料与材料之间发生碰撞也会更加有趣,前提是保证材料的"丰富"性。

二、活动内容需要不同的材料

游戏材料的选择与投放很大程度上取决于材料被投放的区域环境到底是什么,什么样的游戏内容,就需要什么样的材料来支持。在目的明确的主题区域或游戏区域中,单一的材料不能够解决幼儿探索过程中遇到相对复杂的问题,关于材料与材料之间联系的探索,广度、深度的探索都不能很好地得到满足。

1. 清晰简单的区域材料投放

对于教育目的明确,结构简单清晰的区域,材料的选择与投放要有的放矢,进行有针对性的设置。比如班级内部的语言区域,常见的内容设置有阅读角、听说区、书写区等,顾名思义一般阅读角根据幼儿自己的阅读习惯和兴趣,自主选择或被推荐喜欢的绘本、故事书等进行阅读的区域,那么主体材料投放时可以参考正规图书馆的图书分类办法,分门别类进行书籍投放,图书类别的划分不必拘泥于成人馆藏图书的形式,在书籍的选择上多考虑幼儿的兴趣,教育的需要,参考本班本阶段的主题单元设置,从而进行书目推荐。书籍类别无须全面,只需要清晰有条理,幼儿在图书区域的探索可以在不同的时期有不同的引导侧重,保证幼儿在不同的探索阶段均有充分选择的余地即可。辅以便于幼儿阅读准备的桌椅,或放置地垫、地毯、沙发,营造温馨舒适的阅读环境。

听说区主要的投放材料包括两大类。用来"听"的材料常见的有电脑、电视、收音机、收录机、耳机、音箱等;用来"说"的材料常见的有录音笔、扩音器、小话筒。同时为了提高幼儿探索的兴趣,提高阅读的效果,开发幼儿的想象力,也可以投放手偶、头饰、图卡、故事道具等增加听说游戏的难度与趣味性。

书写区是幼儿记录阅读心得、创编故事、交流分享的另一个平台区域,与小学语文的识字认读有很大区别。主要材料应该包括能够带给孩子灵感的各式纸张、各种书写笔,甚至各种废旧材料、创意美工材料等,最大程度提供幼儿分享阅读的兴趣。

2. 复杂多元的区域材料投放

在图书区中常见的类型也有让幼儿结合自己的经验、兴趣仿照绘本、连环画、故事书的形式绘画与制作图书的区域,称之为图书制作区。那么支持该区域的材料就要复杂一些,需要联合美工区域的材料统筹安排。

实际上,在幼儿园根据幼儿年龄的不同,在游戏区域的设置上也会变得有所侧重。比如对年龄较小的幼儿,建议设置较为单一性质的区域,只有一项主要游戏目的,玩法唯一,适合一名幼儿游戏。对应游戏材料保证充足的数量以供每一位幼儿选择,比如单一性质的玩具电话、弹力小赛车等。随着幼儿年龄的增长,就越来越需要较为复杂的游戏单元的设置(见表5.1)。

表5.1 游戏单元设置

游戏单元	游戏数量	游戏内容	材料举例
基本单元	1种	只有一项主要游戏目的,玩法唯一,适合一名幼儿游戏	串珠、拼图、手鼓等
复合单元	2种以上	具有附属功能或由不同游戏材料组合的游戏单元	娃娃家——配有家具和家庭操作工具 科学区——配有各种仪器仪表
高级单元	8种及以上(理想状态)	具有三个或三个以上并列游戏材料,便于幼儿生成多种游戏方法的游戏单元	超市——从小舞台转移架子;从美工区选择售卖商品;从听说区选择小喇叭做促销活动等构成高级单元

年龄越小越需要较多的游戏空间,年龄越大则需要高级单元式的游戏空间。与之对应的材料也会发生变化。高级单元一经设置,材料的选择与投放就不再属性单一了,来源多有不同,与上文所述图书区中的图书制作的性质有很多相似之处,在材料投放时,并不建议设置专门的针对该主题的特殊材料(架/区),而是以更开放的态度,选择相信幼儿解决问题的能力,把权力交还幼儿,由幼儿自己寻找适合的支持探索活动的材料。比如表5.1中提到,幼儿根据创建超市的需要,随时从其他空间领域找寻适合超市游戏的材料,为己所用。需要注意的是,这种复杂游戏单元中材料的属性应该是多元化的,是能够在不同主题和游戏领域都有所作为的材料,支持游戏探索的同时,也避免不必要的空间与材料浪费。

三、探索材料的数量要合适

在材料投放时到底投放多少较为合适,没有严格的定义,环境在变化,材料也要变化。其实,不同的区域环境无须特别关注材料数量的问题,也不是数量"多寡"可以简单诠释的,往往内容设定决定且需要有不同的主体材料、辅助材料、工具等来支持孩子的探索活动。这些主题区域有明确的教育目的,材料的需求也各有不同,取向鲜明,为幼儿的活动提供丰富的素材。

材料投放用"丰富"一词来解释相对科学合适。首先,丰富性在于材料投放的领域各有不同,对应的材料选择与之不同。领域设置多,则材料就多;领域设置复杂多元,则材料就更多样化。其次,丰富性在于同一活动区域根据教育目标也要提供不同的材料,伴随活动的深入和发展,材料要与之发生变化,这些都不是单一性质的材料能够完成的。最后,丰富性体现在幼儿的探索过程中需要的材料数量相对合适,才能发挥材料的最大价值,不是越多越好。

探索材料的数量从来不是游戏活动的核心问题,支持幼儿自主学习的材料的投放,应该根据学情需要,尽可能为幼儿提供丰富的材料,最大程度上提高幼儿探索的积极性,满足幼儿自主游戏活动的需要,获得一定的成就感。在区域活动中,幼儿积极的反应能够顺利地使游戏活动得以发展,有赖于这些林林总总的材料选择。

第三节 提供不同内容的领域性游戏材料

问题导入：在领域中投放什么材料比较合适？需要从哪些方面考虑材料投放的合理性？

不同的区域有相对应的材料，但不是所有的属于材料范畴的物件都是适合该区域的，选择有度是值得探讨的问题。关于"合适"的材料应该是在对材料充分理解和分析的基础上的，再将不同属性、质地的材料投放在各个区域之前，应该思考这些材料是否适合该年龄阶段的幼儿，思考如果幼儿反复探索这些材料，是否能够获得质或量的升华。

关于学习的问题，著名的黑猩猩实验（苛勒的学习顿悟说）可以解释。其中，实验材料的选择显得尤为重要，某种程度上决定了实验的成败（见图5.1）。

图 5.1 黑猩猩实验

被困其中的黑猩猩饥饿难耐，渴望吃到香蕉，但是无论如何伸展手臂都够不到悬挂在上方的香蕉，而后经过反复尝试，黑猩猩发现可以利用散落在地上的箱子提高自己的站位，如此第一次成功获得了香蕉。但是接下来的实验增加了难度，香蕉的高度被提升，踩在一个箱子上仍然够不到，于是黑猩猩想到了将箱子叠加的方式，顺利解决问题。实验的目的是以黑猩猩为实验对象探讨学习可以分为记忆和成就的问题。如果人们已适应一种情境、环境或解决过一个问题,那么第二次遇到相似的情景、环境下的新问题就能相对容易解决,这就是学习中记忆的问题。如果我们第一次遇到一个新的情景、环境,产生了新的问题,则需要首创性地去解决它,这就是学习中的成就问题,建立新的格式塔,这就需要顿悟。在这个实验中黑猩猩解决问题有一个非常重要的要素,就是材料的选择。

箱子对于黑猩猩解决问题起到了至关重要的作用,箱子本身可以承重,箱子方正的外形为搭建提供基础条件,箱子叠加可以获得有关高度的经验认知等。如果实验材料不具备这些基本特性,无论黑猩猩如何聪明和努力都不能获得成功。因此,提供合适的材料是幼儿持续探索的基本保障。

一、材料的结构化适宜

一般来讲,游戏材料有结构化程度的高低之分。高结构材料是指相对有固定游戏玩法或规则的一类材料,玩法相对单一;低结构材料是指没有固定游戏规则,玩法依据游戏需要生成,操作灵活多样,创造性强。

材料的结构化程度可以帮助幼儿养成动脑思考的习惯,将思考解决问题转化为能力,幼儿园目前较为支持尽可能为幼儿提供低结构化的材料。比如,低结构化的游戏材料可以帮助年龄相对大一些的孩子,在游戏探索时制造某种"困难",孩子需要去想办法形成新的思路,通过与材料产生新的互动解决问题。如果为年龄大的孩子仍然停留在高结构玩具投放的思路上,那么很快凭着新鲜感摆弄玩具的劲头就会消失,游戏持续的可能性大为降低,缺乏挑战的材料投放对于经验丰富、年龄较大的孩子显然是不适宜的。

但是,在提供材料时还需要清楚什么样的幼儿选择哪种结构化材料比较合适。对于年龄较小的孩子,一个新鲜的玩具足以引起它们强烈的兴趣,并利用高结构化的玩具生成许多看似幼稚拙笨的小游戏。如果在孩子还比较缺乏探索低结构化材料经验的时候,不顾学情投放低结构化的材料,对于幼儿来说会不明所以,不知道如何操作。无趣无聊的材料,不仅不能让幼儿学会主动学习,获得专注思考的能力,反而会导致强烈的挫败感,产生反作用。

另外,有些材料就属性来说本就属于低结构(如图5.2所示),投放时可以不用特别考虑幼儿年龄大小,比如沙、石、水等自然材料。这些材料无论投放给有经验的孩子还是没经验的孩子,无论是大孩子还是小孩子都是合适的。这些典型的低结构化材料,符合孩子的游戏天性,这也是对材料属性充分认识的一部分。即使如此,自然材料的投放也不能一股脑地堆放在材料架上,如果我们把这些材料作为主体材料,那么针对不同的幼儿、不同的课程、不同的主题,就应该配置与之匹配的辅助材料和工具,使游戏活动的目的明确化。

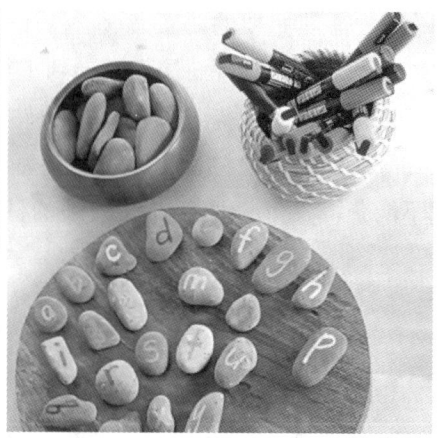

图 5.2　低结构化的自然材料

在瑞吉欧的教育中这些具有自然属性的低结构材料被称为"灵活的小部件",在瑞吉欧的区域环境创设中,如果没有现场观察或教师的介绍,我们一般很难分辨这些区域的所属领域到底是科学区还是语言区,在区域环境中会看到很多"不知道有什么用"的小材料。瑞吉欧认为,这些低结构化的游戏材料可以带给幼儿无限的可能性,十分看重这些小部件产生的大作用,对孩子的创造性思维的养成有十分重要的影响。

二、材料的持续化探索

材料的探索性是指在材料投放时将问题隐藏在材料中,以情境或游戏的方式,让幼儿获得启发,提供思路,通过与材料的互动操作感受和学习知识经验,了解事物间的联系。材料的可探索,为游戏活动的持续化进行提供了必要的条件。

例如,在建构类的游戏区域中,材料投放除了常见的积木积塑之外,废旧材料也是很好的选择,大大小小的瓶子,高低不等的箱子,质感不同形状各异的容器等都可以为幼儿探索提供思路。利用材料进行搭建活动,幼儿通过材料探索可以知道大箱子在下,小箱子在上;重的材料要在底部,轻的东西放在上面;方正的材料相互搭建更容易获得稳定结构。材料的背后是生成无数问题的可能。上文提到的黑猩猩实验案例,同样也是关于箱子搭建获得学习经验,在成功搭建的背后,是黑猩猩无数次的试错,因为有的材料箱子并不是实心箱子,确切说是少了一个面的箱子篓,黑猩猩在搭建时如果将下面箱子口朝上,那么想往上叠摞箱子的难度就会加倍,如此反复,黑猩猩终于知道要想踩上稳定不倒,那么箱子必须口朝下或者放置在侧方,经过多次经验积累,黑猩猩摔了无数的跤,最终成功。实验者的做法就是将问题融入了材料,带着问题的材料才能成为黑猩猩持续探索的动力。真正学习经验的获得,不是依靠父母、老师的直接告知,世界上有太多的知识,总有成人不能够解答的,只有通过带着问题的材料探索,让儿童获得学习的方法,才能真正拥有把握和认识事物本质的能力。

三、合理有趣的区域材料——富有艺术审美的美术美工区域材料

1. 美术美工区域的材料类型与投放

美术美工区域就课程内容而言,可以分为绘画、手工、美术欣赏,区域活动也应该围绕三大类进行设计,材料因此被分为绘画类、手工类和欣赏类。

绘画类主要材料包括各类纸张、画笔、颜料。如水粉纸、水彩纸、宣纸、画布、素描纸、卡纸;水粉笔、水彩毛笔、勾线笔、狼毫毛笔、彩铅、水彩笔、油画棒、炫彩棒;水粉颜料、水彩颜料、国画颜料、丙烯颜料;对应水粉画、水彩画、中国画、丙烯画、蜡笔画、彩铅画的创作等。目前市场上还有许多其他形式多样、色彩鲜艳、质感不同的特殊纸张、画笔。比如瓦楞纸、吹塑纸、荧光纸、皱纹纸、包装纸;丙烯笔、马克笔、色粉等,都能够成为幼儿美术美工区域的美术材料,增加幼儿选择的可能性。

手工类主要材料内容更加繁杂,就属性可以分为纸质材料、泥工材料、自然材料、废旧材料;就外形可以分为点状材料、线状材料、面状材料。

欣赏类主要材料主要包括两类:①平面欣赏类,比如大师名作、工艺美术作品、动漫作品、幼儿绘画作品等;②立体欣赏类,比如各种工艺品、日常生活用品、幼儿立体手工作品等。

辅助材料与工具上述主要材料相对应,常见的包括裁剪类工具、加固黏合类工具材料、清洁类防护类工具及以支持美术活动的常用材料。

美术美工区的材料主要有两个特点。一是种类丰富多样,除了基础常

规美术门类的材料之外,也包括许多有趣的生活材料、新奇的特殊美术材料,这些需要幼儿教师不断关注幼儿需求、市场变化还要留心生活,以便不断获取新鲜的美术素材。在进行材料投放时教师需要特别注意幼儿对于材料的探索不是一蹴而就的,不能够一下把所知美术材料全部投放其中,造成探索不完全、对材料属性了解不深入、有些材料被忽略等资源浪费现象。二是虽然品类繁多但是门类清晰,比如主要材料可以被清楚地划分为绘画、手工、美术欣赏;绘画材料中也可以分为颜料类、画笔类、纸张类、装饰类;工具材料可以分为黏合类、裁剪类等。美术美工区域的创设应该按照区中有区的方案进行设置,将不同的材料分门别类放置在固定位置,方便幼儿尽快熟悉,能够自如所取所需。对于新材料的加入和更新,教师需要寻找合适的机会为幼儿做简单说明或讲解,让幼儿能够快速领会材料特点来进行活动。

2. 美术美工区关于材料的小问题

我想自由画画

现象描述:区域活动开始后,由于美工区域的幼儿作品能够被展示,很多小朋友都愿意去美工区活动。可是班上一位年龄较小的孩子从不去美工区动手画画,有几次他也想画画,看到美工区还有空位,便进去了,可是没有多久就出来了。老师询问原因,他说:"我不喜欢画画。美工区都是水彩笔,我拿不好,我想用我的手画画。"

问题反思:反观老师在美工区投放了许多水彩笔、蜡笔等绘画工具,却忽略了有些幼儿并不喜欢用工具作画,局限于美工区并没有支持幼儿用手作画的工具材料,因此阻碍了幼儿的探索活动。

很多幼儿园在进行美术区域活动时提供的材料局限于蜡笔、水彩笔这类单笔单色的材料,最主要的原因在于好管理、好收纳。相较于各种彩色颜料,幼儿使用过程中不容易弄得遍地都是颜料,也不容易把自己衣物弄脏。这些单只彩色笔的颜色不具备调和性,没有叠加、覆盖、流动、变色的功能。站在儿童立场,游戏颜色是幼儿天性,色彩的融合对幼儿对色彩的感受和对美的认识有很大的帮助。在让幼儿自由使用色彩的探索中,除了帮助幼儿提前做好防护之外,在条件充分的情况下,尽可能给予幼儿对于色彩的探知,能更好地发挥学前儿童美术领域的教育价值,也能更全面地考虑每一个幼儿对事物探索的需求。如何平衡美术创作的"脏"和提供全面、有价值、更符合幼儿趣味的美术素材两者关系这一问题,需要每一位幼儿教师根据园所实际情况、班级课程、幼儿经验进行有针对性的区域材料选择与投放。

(1)专业实用的画架。为了帮助幼儿能够真正地自由自主绘画,就应该在区域中设置一个能够提供方便和专业的辅助工具。在辅助材料中画架是能够激发儿童独立进行美术探索的最具吸引力和最有用的工具,在美术区保证有1~2个画架以供幼儿随时使用。画架的类型有木制画架、布面桌上画架、可调节双面画架等,基本都是立式画架,画架下方有卡槽或专门摆放颜料的区域,旁边配备笔筒、水桶、近水设置。幼儿需要学会用夹子固定画纸或从画架上取下画纸。作品完成后还要自己动手将作品挂在立式晾干架上晾干备用。这样的美术区域不仅利于幼儿自主意识的养成,赋予幼儿更多的自由选择,而且画架的引入为幼儿充分了解绘画,探索色彩和线条提供了机会。

(2)生动有趣的湿水彩。华德福理念的幼儿园主张尊重与崇尚自然;重视教师与家长的榜样作用;提出教育艺术化,即教学实施过程,以艺术的形式导入课程,通过艺术化的课程与手段让儿童内心产生学习的兴趣。艺术化课程中最有名的课程资源就是湿水彩(见图5.3)。这种艺术让孩子们体验色彩本身的流动与融合,而非模仿形状。液体颜料在浸湿的画纸上自然渗透,形成意想不到的画面。孩子们不仅仅在创作,而且让情感随着颜料一同流动,探索色彩的未知(见图5.4)。

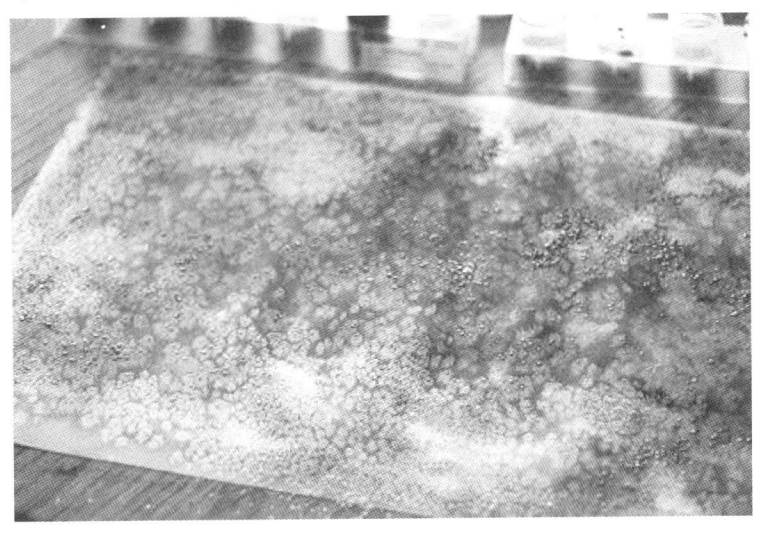

图5.3 湿水彩

在材料投放时,从单色颜料开始,慢慢增加颜料投放数量,观察和感受色彩的流动与变化,然后根据幼儿探索的兴趣,适当加入生活材料,比如盐、牛奶、洗洁精、油滴等来发现色彩的有趣和生动,了解不同材料的特性,最后可以结合四季变化设计主题课程,利用湿水彩的创作方式,表达自己的所思所想所感。

图 5.4 作画中的幼儿

对于美的感受不能局限于"干净"的水彩笔和蜡笔材料,回归绘画、手工、欣赏的本质,选择最适宜幼儿创作的材料,引导幼儿发现美、捕捉美,善于利用恰当的美术工具,将技术技能的展现转变为情感、力量的自由输出,才是好的美术美工区域材料投放最应该考虑的。

第四节 展现教育机智的材料投放方法

问题导入:材料的选择与投放与老师之间存在怎样的关系?怎样通过材料保证游戏的随时发生,以及它的变化与发展?

材料投放不是一成不变的,幼儿在探索时,有太多的可能性生成,不当的材料给予会造成游戏探索的提前终止。面对不断变化的活动,教师应该秉持怎样的态度,采取怎样的行动,如何进行材料投放,需要充分观察幼儿,分析适合幼儿的最近发展区,考虑材料的增减,在满足一般幼儿的能力发展需要的同时,投放难易程度不一的材料,让幼儿都能找到适合自己的材料,及时变换适应或及时终止活动,做一个材料投放的有心人。

一、材料的难易梯度

每个班级中幼儿的能力都有差异,教师提供的材料应该满足于每一位幼儿的需要,比如在阅读区教师可以提前对幼儿进行了解,投放图书时可以选择幼儿熟悉的、不太熟悉的和幼儿不熟悉的内容,分三个层次保证不同阅读水平的幼儿需要。

"淘气"的小朋友

现象描述:小朋友在进行区域游戏时,浩浩在玩具区里把筐里的玩具全部倒在地上,踢得到处都是;3分钟后来到图书区,看到一本新书《奥特曼》爱不释手,四下瞧瞧没有人,就偷偷藏起来;接着来到美工区,将所有彩泥的盖子全部打开,晾着……这时发现我在观察他,就很快把彩泥推到小华手上,并推脱,"不是我弄的,是小华……"原本精心布置的区角乱成一团。后来经过跟孩子的交流,教师发现,区域提前预设的内容和方法对于浩浩来说过于简单了,他玩了一会儿,也没有新的玩法了,就开始捣乱。在后期连续7天的观察中,教师发现好几个孩子也是对区域的材料摆弄几下就出来了,时间最短的才5分钟。

为幼儿准备的材料,随着幼儿的认知和操作探索的过程不断发生着变化,教师需要不断观察、反思与验证,调整这些变化发展,来适应幼儿提出的新要求和新挑战。渐进性是材料投放的特性之一,它能够帮助幼儿经过不断探索实践、积累经验、提高能力。案例中,首先开始"淘气"的小朋友最容易引起老师的恼怒,在教师预备发脾气的时候,往往也是聪明的孩子提醒教师要先冷静想想孩子淘气的原因,对幼儿与材料之间的互动特别关注与观察,连续的观察与反思之后,才能获得正确的解决办法,即需要更新区域环境中的材料。

夹不起珠子的筷子

现象描述:某幼儿园中班的李老师,在活动区投放了"给动物喂食"的材料:竹制筷子和幼儿平时穿珠时使用的中间镂空的珠子。该幼儿园中班幼儿开始使用筷子吃饭,因此,李老师的目的是让幼儿利用这些材料,尽快地学会正确使用筷子的方法。可在一次区域活动时,李老师发现虽然有一小部分幼儿能够正确夹起珠子,但是仍然有不少幼儿夹珠子的方法不对。有的幼儿直接将筷子插进镂空的洞洞里,戳住珠子,有的幼儿试着夹珠子,但珠子表面太光滑,根本夹不起来,于是它们干脆用手直接抓起珠子。李老师很困惑,每次活动都进行了正确的示范,为什么幼儿就是学不会呢?

目的性过强也应考虑材料投放时的不合理。在材料投放时,对于同一学习内容的探索,需要投放不同层次维度的活动材料;针对活动前后的探索也需要有系统性,材料投放由浅入深、由易到难、逐步递进。案例中,教师的目的十分明确,让幼儿学会使用筷子,因此提供了单一的筷子和珠子,有一些在家里使用过筷子的孩子可以通过不断尝试最终将珠子夹起来,但是对于初次学习使用筷子的幼儿来说还是有一定难度的。其实,在材料投放时,可以适当丰富一些难度较低的材料,比如表面粗糙的纸团、柔软的彩泥制品、形状各异的生活小物件等,增加游戏探索的乐趣,也满足了不同幼儿的需求,使幼儿可以根据自己的能力,选择合适的材料,循序渐进地提高使用筷子的能力。

二、材料的分批投放规则

"不受欢迎"的美发店

现象描述:某大班创设了"美发店"区角,理发店里投放了很多的发卡、头饰、手链、口红、项链等各种用品,供小朋友游戏。游戏开始后,美发店热闹了一阵,之后无人光顾,小周老板一直愁眉苦脸。看见我便询问:"老师要不要来美发啊?"我发现小周老板的服务很周到,也很有礼貌,为什么没生意呢?我问他:"是不是价格太高?"他赶紧摇头,说:"不高,我打了7折呢!""那有人知道吗?"他摇了摇头。我提示他:"那你想想有什么方法可以让大家知道你的优惠政策?""发传单!"后来小周老板去美工区制作了7折优惠卡,并分发给了班里同学,果然生意一下子好了起来。可是几次之后,孩子们对优惠卡的新鲜度过去了,来美发店的顾客又变得寥寥无几了。

问题反思:为什么"经营"不下去?一是材料投放影响兴趣。比如理发店投放了很多的材料,但是新鲜感会很快过去。二是材料与活动形式没有切实对应和及时更新,玩法单一,缺乏挑战。

我们强调材料投放需要丰富,不仅不同区域有不同的种类,同时还要考虑同一区域的材料也要分门别类地投放不同梯度的多种材料,在投放时,孩子怎样选择这些多而杂的材料,是需要有技巧或者靠教师的教育机智来把握的。如活动案例中谈到理发店投放了很多的材料,有美发用品,甚至包括了美容化妆用品,可见材料在种类上还是比较丰富的,是可以满足幼儿探索需要的,那么主要问题就出现在材料投放层次性上。越是多的材料越不能没有章法地一下全部投放进去,需要考虑幼儿的兴趣分批次逐步投放,保持幼儿探索的热情。同时,分批次投放时还要结合一定的游戏规则制定,增加游戏玩法,使游戏趣味化,赋予一定的新鲜感和挑战度。就案例而言,在第一次生意黯淡时,老师就引导幼儿想出了宣传打折的办法,方案一经实施,立刻产生了积极效果,但是显然,这种配合材料制定游戏的方式还没有形成经验,还需要进一步的实践并且有教师从旁引导。材料分阶段、分批投放,配合游戏规则是教师在游戏中需要掌握的教学经验。

三、材料的更替投放比例

进行材料投放时,教师通过观察幼儿活动状态,采取分阶段分批次投放的方法,这就需要教师把握应该如何分批,在什么时间投放多少材料,是不是在材料更新时要把旧材料全部更替?

关于新旧游戏材料的更替比例有研究表明:在两个同年龄班级的角色游戏中投放不同比例的新旧材料,幼儿的表现结果如表5.2所示。即当新旧材料比例达到1:2或1:3时,幼儿会兼顾新旧材料的使用,还会创造性地使用材料;当新旧材料比例达到1:10至1:20时,幼儿使用新材料的范围有限,甚至会出现争抢现象,不利于游戏活动的开展。

表5.2 新旧材料比例对幼儿的影响[①]

新旧材料比例	2:1	1:1	1:2至1:3	1:7至1:10	1:15至1:20
对新材料的关注度	非常关注	很关注	较关注	关注	一般关注
幼儿游戏的表现	重视新材料,使用新材料的频率较高	能交替使用新旧材料	在摆弄新材料的同时,会创造性地运用旧材料	较关注新材料的玩法,但与旧材料的配合使用较少	忽视新材料,只有能力强的幼儿会发现并使用

---

① 秦元东,王春燕:《幼儿园区域活动新论:一种生态学的视角》,北京师范大学出版社,2008,第166页。

新旧材料的投放比例可以通过表5.2获得一些启示。①适宜的材料投放要看幼儿与游戏材料的互动所产生的积极和消极作用;②游戏材料投放保持渐进性和流动性,分批次投放;③材料更替时,教师需要把握新旧材料是否能够产生关联性。

每一个幼儿园都有自己的实际情况,材料的属性、幼儿的经验与状态、环境的影响等都能对新旧材料投放比例产生影响,因此新旧材料投放比例不一定严格按照表5.2所示执行。但是在投放新材料时,教师能够及时发现幼儿不仅能够迅速进入与新材料的互动中,且不忽略旧材料,将新材料与旧材料结合起来,产生新的灵感和新的游戏关系,这样的新旧材料投放比例应该是较为科学合理的。

第五节 科学的材料管理与规则意识建立

问题导入:材料使用过程前后,规则的建立是否阻碍了幼儿发展?

材料的标记应该贴在哪里?

某幼儿园在开展区域活动研讨时,有教师提出问题:区域活动中材料的标记应该贴在哪里?有的老师认为只要贴在托盘或小归类筐上就可以,这样能保证幼儿依据标记选取自己喜欢的材料;有的教师认为标记既要贴在托盘和归类筐上,也要贴在玩具架上,让每一种材料放在固定的位置上,这样便于幼儿游戏做完之后将玩具放回原处,也便于幼儿在接下来的游戏中快速取放材料。

根据上述材料可以发现,如果标记只贴在托盘和材料筐上,的确可以保证托盘内容与标记内容一致,幼儿可以根据自己的需要选择材料,但是这个过程的有序性可能只能保持一次性,当幼儿游戏之后,由于没有固定的材料柜位置,那么幼儿很难保证放回原处。可以想象,下一次如果幼儿还想玩这种材料时,就是一次材料架上的大搜索,显然不利于幼儿快速找到自己想要探索的材料,使游戏活动效率大打折扣。

给材料分类贴标签的方式就是一种典型的幼儿园关于材料管理的办法,幼儿能够按照管理办法,有序快速地找到合适的材料,这个过程也需要遵循一定的规则。材料的管理与规则意识树立两者之间如果能相辅相成,相互搭配,会极大提高幼儿游戏探索的效率,为游戏的推进产生积极的影响。同时,在这个过程中如果发现有幼儿参与的身影,对幼儿责任意识的培养也会产生深刻的作用。

反之,过分的讲究规则树立,把材料环境营造成为教师主导的"禁令式"环境,则会适得其反,使幼儿行为活动处处受到制约,没有自主自由的游戏状态,不想也不愿参与游戏探索中,对幼儿身心发展也会产生无法估量的负面影响。

一、小标记大学问

标记的使用对幼儿园教师来说十分熟悉,也是进行材料分类的很好选择,标记可以使幼儿园中的材料管理变得整齐有序,方便幼儿的选择与游戏的开展,同时教师也可以拓展标记的作用,对应相关的课程游戏,使标记不仅应用于材料管理,也能发挥更多的教育价值。根据幼儿的年龄、心理发展特点,建议可以在区域材料归纳与整理时使用一些常用标记形式。

托班、小班幼儿生活经验较少,逻辑思维能力不够,对事物的认识还停留在具体事物的支持。因此使用直观的形象或色彩鲜明的标记,使用实物与实物之间对应,颜色与实物对应的方法,使幼儿迅速了解标识的目的以及使用方法,配合诸如"给玩具找家""给水果穿同色衣服"的情景游戏,让小朋友养成为材料分类抽取并归还在恰当位置的习惯,尽可能实现材料归纳的游戏化、日常化、生活化。

中班的幼儿对材料整理归纳有较为丰富的经验,形象思维能力更加强大,逻辑思维能力也有了较大发展,但是仍然有一定的局限性,标志设计可以较之前相对复杂、抽象一些,采用适当联想的方式。但是需要注意,适当抽象符号化的标识应该建立在孩子经验基础之上选择幼儿熟悉的、维度较为单一的图片符号,或者将以前较为具象的标识,逐步替换成相对抽象的标识,材料内容不进行大的变动,让幼儿逐步适应。

对于大班的幼儿,生活经验与在园经验都比较丰富,如果幼儿园的材料归纳整理工作到位,到了大班时期,幼儿也会养成很好的材料管理意识。结合幼儿该阶段抽象思维的发展,喜欢推理和做一些富有挑战难度的事情等特性,可以采取不同维度的标识设置,让幼儿主动发现规律,满足大班幼儿身心发展的需要。

二、建立户外材料超市

通常在户外区域游戏中,大型材料一般被固定在场地上不可移动,但是也有许多可移动的中小型游戏材料,种类十分丰富,有锻炼幼儿跑跳能力的,有锻炼幼儿攀爬能力的,有锻炼幼儿逻辑思维能力的,也有锻炼幼儿人际交往能力的。材料的选择与管理如果一成不变,势必会形成幼儿探索形式的局限,如何让场地流动起来,把材料选择的主动权交给幼儿,户外材料超市的介入就显得十分重要。

超市是指商品开放陈列、顾客自我选购、排队收银结算,以经营生鲜食品水果、日杂用品为主的商店;是一种消费者自助选购、统一收银结算的零售企业。户外材料超市就是指关于户外游戏材料的超级市场。材料超市的建立没有具体规制要求,可以根据幼儿园的实际需要进行设计规划,可大可小,可专一可普遍。但是户外材料超市强调由幼儿自助选择材料,自我管理,这也符合超市的核心营业模式。

1. 不同年龄阶段的参与建设

对于不同年龄阶段的幼儿参与建设一个户外材料超市的内容和侧重点会有所不同。小班幼儿参与的重点在于观察与"出谋划策",是想法的征集,鼓励和支持低幼在建设中各种点子的集结;对于中班、大班幼儿,就有更多实质性的参与,比如从选址、环境设计、外部装饰、内部构造、材料架设置、分类标识、监督管理等,都可以通过会议,专题讨论等形式进行分工、协作、记录、观察,并最终落实实践。超市具有一定的公共性,在幼儿参与创建的过程中一定会经历共同商议、问题与矛盾,幼儿通过在具体的创建事务中,感受参与和尊重的重要性,对公共事情产生责任感、担当意识,萌发分享、关怀他人的公共情怀。

2. 材料超市的分类命名管理

幼儿在参与材料超市建设时,能够实现实践化、具体化、操作化的内容主要包括材料的收集、分类和标识。幼儿的深度参与也要看这些方面的具体落实。在该环节,教师需要有序引导幼儿关于归纳整理的基本常识,比如材料分为大中小的形态;大型材料与大型材料放在一起;小型材料要统一收纳在不同类别的收纳箱里,做好标识,方便寻找和抽取;材料也有不同的用途,根据不同属性或用途可以将类似性质的材料整理在一起。然后根据这些统筹分类,按照统一标识整理,在落实标识工作中,可以进行风格化、多元化的自由处理。

3. 帮助材料流动的自选工具

户外游戏本来就有许多不可移动的器材,在某种程度上对游戏的内容进行一定限制或暗示,幼儿自由自主的探索空间就会受到压缩。为了提高材料超市的便利性、流动性,就必须借助一定的工具材料,也就是采用真正自选超市中选购商品的购物车思路。在户外材料超市中不必拘泥于购物车的外观形象,主要考虑实用性即可。比如可以和幼儿一起商讨幼儿园可以收纳坚固性能好的箱子、盆子、罐子等,作为购物车,实现在不同区域的流动,需要为这些材料加上轮子、把手、支架等,让"选购材料"变得不再费力,增加游戏探索的可能性。

三、做预备区材料的小主人

在班级内部区域中除了常规区域、主题区域、特色区域之外,还可以考虑设置预备区。所谓预备区,通俗来讲即教室中的一块闲置场地,在这块区域中可放置各种游戏材料。材料来源可以由幼儿自发自主凭个人兴趣在园所通过活动塑造出来,也可以通过讨论商议小组协作完成,或者跟爸爸妈妈确定后直接从家里带来。

预备区可大可小,区域门类主题不做规定,材料内容可能性大。但是预备区带来的核心信息是幼儿可以随意走动,尽情活动,独自游戏等。即预备区幼儿当家做主。预备区材料五花八门,可能产生的弊端是区域的功能属性不明确,教育目的不清晰,活动内容不科学等。但是优点也是非常突出的,认知上的留白、时间上的留白、评价上的留白,带来的是幼儿充分的自由,是能够让幼儿孕育各种意想不到的点子的地方,是能够让我们观察到各种幼儿不同的需求和差异的地方。

预备区所有创建都赋权幼儿意味着幼儿权利意识的培养,在该区域幼儿可以完全按照自己的想法意愿游戏,不用过多考虑游戏之外的事情。在一个班级中,需要什么样的区域,投放什么样的材料,有太多是由幼儿园管理者、教师设计执行之后的决定,留给幼儿的空间和余地有限,因此在班级内设置一个不那么"有用"的预备区,投放不那么"科学"的材料就显得弥足珍贵。即使幼儿在区域里什么都不做,或者做些成人认为没有意义的事情,就如同中国画中讲究留白的理念一样,在看似"规范"的班级内部,避免环境的信息过量,环境超载,留出一块可以让孩子自由呼吸和主导的区域是十分必要的。

四、一起制定材料管理规则

游戏活动的良性推进除了投放科学适宜的材料之外,让幼儿参与管理,与幼儿一起进行规则制定是十分必要的。回归儿童立场看待这个问题,将"教师本位"转向"儿童本位",将规则中处处的"不可以"转向"可以"。在具体的实施中也是有方法和思路的,并不是简单粗暴地交给儿童,教师全然不管不顾就能够实现真正意义的儿童权利的。

1. 积极正面的引导

当前关于游戏材料的管理与制定多是从教师角度出发,也有一些幼儿园有意识让幼儿参与其中,但是缺乏深度管理参与意识,从规则的制定、材料的归类等可见一斑,幼儿被动接受,不理解、不清楚为什么要遵守这些规定。与幼儿一起制定材料管理与规则,首先需要理念上的深刻转变,在具体实施过程中,全然没有章法的放开对幼儿也是不负责任的,这就需要成人积极正面的引导。比如,这些材料怎么整理,如果这样整理会怎么样,我们可以做什么,代替我们不能这样做,这些材料不是这样归类,这个事情是不允许发生的。

2. 在问题中制定规则

关于材料管理与规则的制定不是一定要在活动开展前就需要成熟的,即使是由成年人去掌控的材料,也不能保证完全合理、有序、科学,何况是幼儿。放慢脚步,不要给幼儿太多压力,让他们慢慢来,在游戏的过程中自己发现不合理的地方,自主讨论解决问题的方法,自觉制定,自我约束。允许孩子们试错,教师从旁关心并给予适当的帮助,以积极的心态,看待这些事情自然地发生发展。

3. 支持幼儿的创想

儿童有权利参与自身利益相关事物的讨论或决策,发表自己的看法,表达自己的不同意见或声音,而且这种权利还应当受到保护,儿童意见不仅要被幼儿自己保护,还要按照他的年龄和成熟程度得到适当地看待。

活动伊始成年人可以和幼儿一起调查材料环境的基本情况,材料现有的内容、归类、性质,以及当下材料选择与投放的规则。接着可以结合调查情况进行汇总,比如,师生各自参与比例、师生共同参与比例、家长参与比例、规则制定的现有特点等,以图表或绘画的形式描述出来。然后,根据图片、图表、绘画记录等客观"数据"展开谈话活动,请幼儿想一想、说一说,材料管理中哪些需要被保留,哪些需要被改进,被改进的部分应该如何进行。最后,将改进方案细则补充,并开始以新的方案实施与落实。

在这个过程中教师始终是一个有心的观察者、支持者。尊重幼儿的意愿,允许不同意见的发生,支持幼儿根据调查情况提出材料管理办法,支持幼儿在实际的游戏需求中发现问题,不断丰富和完善自己的管理办法。在游戏探索时,也可以根据本园、本班幼儿的实际情况和经验,有针对性地组织幼儿实施一些有效可行的特别行为管理和对材料管理的方法。只要能够秉持幼儿本位的理念,给予幼儿充分的耐心和时间,不仅能够对游戏探索起到真正积极的作用,相信孩子的责任意识也能够通过环境的影响逐步得到增强。

第六章 基于"儿童本位"环境创设中的资源利用

我国著名儿童教育家陈鹤琴先生在其"课程论"中指出,传统教育存在严重弊端,唯有提倡"活教育",到大自然、大社会中寻找"活教材",即让儿童在与自然和社会的直接接触中,在亲身观察中获取经验和知识。[①]《幼儿园教育指导纲要(试行)》指出,"充分利用自然环境和社区中的教育资源,扩展幼儿的生活和学习空间",并提倡"要开展多种形式的教育"。幼儿的教育环境,要注重真实环境和现实生活环境的营造,让幼儿置于多元环境中,通过自己的感官、身体去探索环境,获得个人的具体经验。在自然环境中探索自然知识,在生活环境中掌握生存本领,在社会环境中学习社会。以"儿童本位"的幼儿园环境创设,核心是儿童,要基于儿童的特点、需要、诉求,统一整合自然、文化及社会中的多方资源,形成教育合力,在儿童对自然环境、生活环境以及社会环境的感受、体验与探索中将他们的兴趣需要与教育发展的目标联系起来,支持儿童主导的问题解决、同伴合作和游戏活动,将儿童各个领域的发展都激活为一种综合学习,共同促进幼儿的综合发展和全面成长。

幼儿园应充分挖掘和利用周边的自然资源、社会资源,进行自然教育和乡土教育,从而形成具有本园特色的教育环境。在幼儿园环境创设过程中,融入本地区的乡土资源可以更好地让幼儿体会家乡的美好,培养幼儿爱祖国、爱家乡的情感,因此创设具有本土特色的环境也是幼儿园课程建设的重要内容。

[①] 苏刚,庄云旭:《陈鹤琴活教育理论及其现代价值》,《现代教育科学》2008年第6期,第98-99页。

第一节　打开门：大自然是最好的老师

自然资源是自然界中广泛存在的一种可以为人类所用，并将其用于生产和生活的自然要素，而且也是自然环境与人类活动之间联系的纽带，是人类生活的重要基础，是进行生产规划的必要条件和场所。一般可分为气候、土壤、水、生物、矿产资源等。卢梭的自由教育论认为，"让教育回归自然"。有效开发自然资源可以更好地促进幼儿成长，因为自然资源中有很多与幼儿年龄特征相契合的部分，利用这些资源可以更好地激发幼儿热爱大自然的情感。[①] 幼儿通过感官获得对事物的直接认知是其主要的学习方式，且幼儿具有亲自然的天性，因此在幼儿园中为幼儿创设富含自然因素的环境具有重要意义，通过自然环境潜移默化的作用，培养幼儿的想象力和尊重自然、热爱自然的品质。

当今的幼儿园环境创设重视室内环境设计，而户外设计则侧重墙壁、走廊、大型玩教具的设计，布置美观，且大多以教师的创设为主，幼儿很少参与其中。幼儿所接触的是从成人立场出发创设的环境，精美的人工设计，昂贵的玩教具，但缺乏了自然中的阳光、空气、泥沙、草地、昆虫等可以引发幼儿探索欲望的原生态的自然环境。然而幼儿园中的自然环境不仅仅是供幼儿观赏的，更重要的是满足幼儿学习与游戏的需要，通过自然环境因素幼儿不仅能感受到环境的变化，增强身体的适应能力，而且从中可以挖掘大量的课程资源，进行自然教育和美育，使幼儿在幼儿园中感受生命的气息，增强环保意识，与自然和谐相处。

一、自然因素在幼儿园环境创设中的价值

1. 和谐的自然色彩美学

白居易在《忆江南》中的诗句："日出江花红胜火，春来江水绿如蓝。"杜牧在《山行》中描写枫叶"霜叶红于二月花"。诗句中的美景令人神往，这也是大自然色彩的真实写照。春天的花，夏天的树，秋天的落叶，冬天的雪，大自然中，存在着丰富多彩、千变万化的色彩。

---

① 龚治勇：《以乡土资源为载体，创幸福成长乐园》，《家教世界》2014年第4期，第30-32页。

（1）自然色彩的色调变化。随着光的变化、季节的演变，色彩也会产生变化。幼儿在观察中，可以了解光与色的关系，感知色调，同时光与色的细微变化也帮助幼儿提高视觉的敏锐度。除了光与色和时令的关系，大自然的色彩变化也体现在丰富的层次上，如天空、海面，由远及近呈现色彩的明度渐变或深浅变化，这有助于培养儿童对大自然美丽色彩的观察力和感悟力。

（2）自然色彩的环保性。大自然的色彩相较于人工色彩，没有绝对高的饱和度，在视觉上不会产生过强的刺激感和疲劳感，一定程度上有助于儿童视力的保护。而且自然中的蓝天、白云、绿地等颜色，代表着大自然优良的生态，从视觉心理的维度看更具环保性。

（3）自然色彩的构成关系。大自然中存在着丰富的色彩对比关系：例如互补色对比，红花与绿叶，热带鱼身上的紫色与橙色色块，色彩对比效果强烈、醒目、有力、活泼、丰富；例如零度对比，黑与灰、中灰与浅灰，或黑与白与灰、黑与深灰与浅灰等，如熊猫的颜色，雪天的白雪与其他景物的色彩对比，对比效果感觉大方、庄重、高雅；例如色彩的调和对比，如自然中不同种类的绿植并置在一起产生的同类色对比变化，花丛中红色、紫红色、紫色花朵竞相绽放的邻近色对比变化，效果感觉柔和、和谐、雅致、文静；例如自然中的明度对比，如阳光透过树叶缝隙洒在地面上的明暗色块；例如自然中的纯度对比，纯度较低的土壤或石块中的一朵鲜艳的花、一棵嫩绿的青草，对比效果明显而强烈。大自然中的色彩构成和色彩对比，丰富了儿童的视觉体验，提高了辨色的能力，幼儿通过观察和感受，汲取到了大量颜色调和和配色的经验，这将有助于他们进行艺术表现。

（4）自然色彩的共同感受色觉心理。①自然色彩的心理反应。自然中真实的事物及其色彩，能够帮助幼儿建立正确的色彩心理反应联结，例如色彩的冷暖感、色彩的轻重感、色彩的大小感等。色彩的冷暖感是指儿童见到红、红橙、橙、黄橙、红紫等色后，会自动联想到太阳、火焰、血液等物像，产生温暖、热烈、危险等感觉；相反儿童见到蓝、蓝紫、紫色、白色等色后，则很易联想到冰雪、海洋、宇宙等物像，产生寒冷、理智、平静等感觉。色彩的轻、重感主要与色彩的明度有关。当幼儿看到明度较高的白云、棉花、羽毛等，会产生轻柔、飘浮、上升、敏捷、灵活的感觉。当看到石头、砖块、树桩等，会产生沉重、稳定、降落等感觉。色彩通过视觉神经传入大脑，经过大脑，能够触发儿童的记忆以及经验联想，让儿童多接触大自然，就是帮助他们积累更多的记忆和经验，丰富视觉知觉体验。②自然色彩的心理联想。根据儿童的心理发展特点,儿童多以具象联想为主。如看到某种颜色,会联想到自然中、生活中的具象的事物。所以要帮助幼儿积累足够多的自然事物的物象经验,当他们拿起笔来进行艺术表现时,就不会仅局限于用红色画太阳,用绿色画草地,用黄色画小鸡,而是能呈现出更多元、更丰富的多维的世界。

2. 丰富的自然形式美

大千世界,无奇不有。大自然拥有绝对丰富的物质资源,每类事物形态各异,各具美感。其中就包括和谐、对称、均衡、节奏等形式美。

(1) 和谐美。自然之美在于和谐,和谐之美在于自然。大自然是一个整体的生态系统,在这个系统中的各子系统都是和谐共生的。和谐的广义解释是:判断两种以上的要素,或部分与部分的相互关系时,各部分所给我们的感受和意识是一种整体协调的关系。和谐的狭义解释是统一与对比两者之间不是乏味单调或杂乱无章。自然之美,在于天地万物之和谐,四季交替,黑夜白昼,生长死亡,万物都遵循着自然的运行轨迹。例如春夏秋冬自然不同景致之美,黑夜和白天万物从休憩到苏醒,植物从生根发芽、枝繁叶茂,到开花结果、枯萎凋零的自然生命周期,自然系统中动植物间和谐的食物链关系,阳光、水、土壤与生命之间和谐的生态系统,仿佛生命都在这一道道轨迹中来来往往。大自然生命气息中的原始与粗犷,便蕴含着造化神功的和谐之美,彰显着大千世界的鬼斧天成。

(2) 对称与非对称。大自然中蕴含着丰富的资源,包括形态不一的各类物象,每类事物都有自己独特的造型特点,体现出对称与非对称的形式之美。对称之美,如蝴蝶和鸟类张开的双翼,如左右对称的树叶,如每片雪花的晶体是对称的,如大多数动物,如猫、狗、鱼、虫则是呈左右两边对称的,如真实事物和水中其倒影之间的对称关系。对称的形态在视觉上有稳定、平衡、均匀、协调、整齐、典雅、完美的朴素美感,符合儿童的视觉和审美习惯。而在自然界中,也存在非对称的物象之美,例如弯曲绵延的溪流轨迹,如岩石的自然形态,如海螺和蜗牛壳纹路的不对称等,如豹、狗、猫身上的斑点与花纹并不严格对称,如比目鱼的两个眼睛长在一边等。儿童在进行艺术创作,在构图和描绘结构时,往往遵循绝对对称的原则,但有时会产生单调、呆板的感觉,所以大自然中的非对称之美给儿童的创作给予了新的灵感,在整体对称的格局中加入一些不对称的因素,反而能增加构图版面的生动性和美感,避免了单调和呆板。

(3)对比与统一。对比与统一,就是把反差很大的两个视觉要素成功地配列在一起,使人感受到鲜明强烈的感触而仍具有统一感的现象称为对比,它能使主题更加鲜明,视觉效果更加活跃。对比关系主要通过视觉形象色调的明暗、冷暖,色彩的饱和与不饱和,色相的迥异,形状的大小、粗细、长短、曲直、高矮、凹凸、宽窄、厚薄,方向的垂直、水平、倾斜,数量的多少,排列的疏密,位置的上下、左右、高低、远近,形态的虚实、黑白、轻重、动静、隐现、软硬、干湿等多方面的对立因素来达到的。自然界中的多元物象,除了上文讨论的色彩对比关系之外,也存在如高大的乔木与低矮的灌木、大动物和小动物、涓涓的溪流与宽阔的大海之间的对比与统一。大自然的对比与统一之美也帮助儿童丰富视觉效果,建立主题意识,让思维更加活跃。

(4)节奏和韵律。节奏这个具有时间感的用语在构成设计上是指以同一视觉要素连续重复时所产生的运动感。在自然界中,节奏感如下雨时的雨滴接连不断地落在水面上,形成大大小小的波纹,从小到大,从有到无;如大海的海浪一层接着一层拍打海岸。点与线的单元组合重复与变化,让下雨和海岸的画面变得活泼而灵动。韵律美是一种以具有条理性、重复性和连续性为特征的美的形式,其有规则变化的形象或色群间以数比、等比处理排列,使之产生音乐、诗歌的旋律感。自然界中,很多视觉物象都可以产生韵律感。如高低起伏、连绵不绝的山脉,如中国西南地区的梯田,如播种时犁地后起起伏伏的土壤,如天空中渐变的色彩等。儿童单纯的艺术创作有时容易显得单调,而自然中的节奏和韵律之美,可以帮助幼儿提高画面的构成意识,更加灵活地应用点、线、面之间的关系以丰富画面内容。

(5)联想与意境。联想是思维的延伸,它由一种事物延伸到另外一种事物上。联想的产生是从对客观物象的观察体悟中发现而来的,被分解、归纳、抽象的某种具有本质特征的物象基础上,通过联想、变异幻化为新的意象图形。各种视觉形象及其要素都会产生不同的联想与意境。中国古代文人常用的修辞手法即为借景抒情、借物寓意,所以自然中丰富的物象,为联想和意境提供了很多的素材。如发芽的幼苗,能联想到生命,如花丛中的小蜜蜂,能联想到劳动。儿童在进行想象画和创意画时,需要将头脑中的不同物象,通过联想、变形、重组到一起,形成新的意境。如种子飞船、魔法树屋、动物形机器人等。所以通过观察自然中丰富的物象,儿童积累更多能够产生联结的元素经验,在进行艺术创作时就能碰撞出更多创意的火花。

3. 自然因素的环保性与功能性

自然材料相较于工业成品材料,没有添加化学物质,无毒无甲醛,因而更加的生态与环保。自然环境、生态、安全、环保,是更适宜幼儿成长的、符合其身心发展规律的重要资源。

(1)净化空气,调节湿度。在幼儿园室内环境中,有意摆设一些绿色植物或花卉盆栽,不仅可以有效美化空间环境,创设美育环境,还能净化空气,调节空气湿度,更有益于幼儿身心成长。在户外活动中,自然因素更为重要。草地、树木等自然物,可以吸附空气中的灰尘,增加空气湿度,让空气更为清新,有益于幼儿健康发展。

(2)杀菌消毒,促进生长。太阳光中的紫外线具有消毒、杀菌作用,儿童在自然环境中持续活动,能有效杀灭皮肤细菌、病毒,增加皮肤的抵抗力。晒太阳可以促进维生素D的生成,维生素D能促进小肠黏膜、细胞吸收钙、磷等微量元素。对于预防因维生素D缺乏导致的骨质疏松症、佝偻病有重大意义,有助于骨骼生长。阳光照射可以抑制过度活跃的免疫系统,对自身免疫疾病有较好治疗效果,同时还可以促进血液循环、人体新陈代谢。自然界中四季变换,昼夜交替,温度和空气湿度也在不停变化,让幼儿经常在自然中活动,能让他们身体逐渐适应天气的变化,清新的空气,自由的状态,可以有效帮助幼儿提升身体抵抗力,增强免疫功能,减少感冒等疾病的产生。

(3)软化地面,调节温度。自然环境中的草皮、落叶、木屑、沙土地等可以帮助软化地面,减少幼儿摔倒磕碰产生的痛感。高大的乔木还可以起到阻挡阳光曝晒的作用,降低地表温度,遮阴纳凉,让儿童在夏日里也可以自由进行户外活动。

(4)配色自然,健康环保。自然环境中的色彩是更健康环保的色彩,如绿色的植物,帮助幼儿缓解视觉疲劳;五颜六色的花卉,帮助幼儿提高辨色能力;植物淡淡的香味,帮助幼儿提升嗅觉的敏锐度。

(5)材料多样,丰富游戏形式。自然环境也给幼儿提供新的游戏形式,传统的戏水区和玩沙区,让幼儿在无结构材料中发挥创造性。自然中的一花一叶,一草一木,是幼儿进行游戏和活动的丰富资源宝库。户外自然环境普遍较为开阔,可以给幼儿营造出轻松、欢乐的心理氛围,让幼儿在无压力环境下自由活动。同时,根据自然环境的特点,还可以在树与树之间设置秋千或栈道,修建树屋,也可以根据地形特点设计战壕等,幼儿可以在这里攀爬、奔跑、躲藏、跳跃,极大丰富了幼儿的户外游戏形式。

4. 生命和生长教育

人力资源和社会保障部中国就业培训技术指导中心于2012年5月推出的职业培训课程"生命教育导师"中指出:生命教育,即直面生命和人的生死问题的教育,其目标在于使人们学会尊重生命、理解生命的意义以及生命与"天人物我"之间的关系,学会积极地生存、健康地生活与独立地发展,并通过彼此间对生命的呵护、记录、感恩和分享,由此获得身体心灵的和谐,事业成功,生活幸福,从而实现自我生命的最大价值。作为基础教育基础的学前教育,让幼儿理解人与自然、人与社会之间的关系十分必要。

学习过程就是一种享受生命的过程。生命和生长是教育的永恒话题,教育就是对儿童的每一次生命活动进行关怀。儿童的生命教育,最佳的途径就是将幼儿置于自然环境之中。幼儿在观察动物、植物生长过程中,感悟生命的美好与神奇;在精心栽培植物、喂养动物过程中,通过对生命的呵护与记录,体悟生命的可贵,成长的不易,理解生命的意义;在与自然相处中,感受人与自然之间的和谐状态,培养对自然的情感,学会尊重生命,自觉提高爱护自然、珍惜生命的意识。自然是最好的老师,幼儿园要充分利用自然中的各种资源,为幼儿提供主动学习、发现自然和自由探索的机会,结合幼儿好奇、好问、好动、好探究等年龄特点,让一草一木、一沙一石都成为其学习的资源,让花草树木和小动物陪伴幼儿成长。

二、国外幼儿园自然教育的经验与启示

1. 日本幼儿园:崇尚原生态的自然环境

日本在进行幼儿园环境创设时注重原生态的自然环境,使孩子对自然产生真正的感动,这样就会使孩子亲近自然、热爱自然。因此在日本很少看到幼儿破坏公共场合的花草树木,虽然国土面积狭小、资源匮乏,但是他们却能充分认识到在孩子教育的过程中,自然之物的价值是任何东西难以代替的。① 在日本,幼儿园环境崇尚用原木色或原木类的材料,虽然这些材料看起来没有鲜艳的色彩和崭新的亮度,但色彩饱和度低,亮度适中,色彩纯

---

① 王欣:《日本幼儿园自然环境的创设和利用》,《早期教育》2003年第9期,第24—25页。

度较低,在原木色的环境下长时间学习和活动,儿童的视觉体验将更为舒适。所以就是这种朴素、原始的质感,能让儿童在活动和游戏的过程中,获得与大自然亲密交往的体验。

在日本,树木和绿植在幼儿园环境中占有很大的比重。最典型的案例是日本立川富士幼儿园。该园的建筑主体依树而建(示例可见图4.1),7块交错排列的楼板小心翼翼地包围着中心大树,建筑内部的柱子和楼梯隐藏在树叶和枝杈的阴影中,而蔓生的枝杈和茂密的树叶也在建筑内部穿透,打破了室内与室外,建筑与自然环境之间的界限。这所"树屋"幼儿园建筑,由于树干和树枝的自然生长,在建筑中形成了许多压缩和封闭的空间,儿童可以在其中自由地进行爬行、躲藏和攀爬等活动,在与自然亲密接触的过程中提高其身体机能。而且,建筑中狭窄的空间地面和上方均覆盖了一层柔软橡胶垫,以减少儿童意外磕碰,也体现了以儿童为本位的设计理念。除此之外,日本的幼儿园中普遍设有种植园,栽培了一些常见的植物,如果树区、蔬菜园等,让幼儿共同参与植物的栽培。不仅帮助幼儿掌握一些基本栽培的技巧,还可以让幼儿体会阳光、水、土壤等自然因素对植物的影响。同时让幼儿在与植物的亲密接触中,发现生命的神奇,感受劳动的快乐,培养爱心和责任心。

2. 瑞典幼儿园:"林中教室"

1998年瑞典颁发的《学前教育学校课程》中关于学前教育的基本价值理念和任务有这样的规定:"学前教育应强调对环境和自然的保护。幼儿园日常活动中应渗透生态的方法和对未来积极信仰的培养,应致力于培养幼儿关爱自然和环境的态度和意识,使他们理解自己是自然界循环过程的一部分,并帮助他们懂得可以通过调整、组织自己的日常行为而改善今天和未来的环境。"所以瑞典地区的幼儿园关注环境教育,从环境的塑造上就开始注重培养幼儿的环境意识和环境价值理念。

瑞典是一个景色优美的国家,那里有历史悠久但修葺完好、风格各异的欧洲建筑,大大小小收存完整的70多处博物馆,随处可见郁郁葱葱的树林和野花烂漫的草地,风光旖旎的梅拉伦湖和波罗的海,悠闲奔跑和嬉戏的野兔、松鼠、麋鹿,随意停留与休憩的鸟类,淳朴浪漫的风土人情与民族文化,所有的这些都汇聚成瑞典博大的教育资源宝库。在大环境下,幼儿园被视为整个自然系统的子系统,所以瑞典地区的幼儿园大多基于地势依山坡而修建,或坐落于森林边的草地上,或依傍湖泊或农场。室内外的场地都比较充裕和开阔,地面皆为覆盖沙土或草坪的软性地面,几乎没有塑胶地面等工业化材料的痕迹,园中的设施布置也很粗朴、自然。介于因地制宜的独特地域条件,园内一侧常有树林或灌木丛,这是幼儿进行探险游戏、捉迷藏和乘凉的绝佳空间。园所空间环境也常常借自然物而精巧设计,如将树桩围成一圈作为室外活动的座位,如借树林和木桩之便在多处设置秋千。瑞典人民也善于利用本土自然的资源进行环境改造。当地森林茂密,木材资源丰沃,幼儿园中的很多设施设备都是用木材制作而成,室外有原木搭建的森林小屋,用木材制作的简易会餐桌凳,木板和绳索制作的秋千,木制的雕塑、木梯、木马、木车等;室内的桌椅、置物架、收纳箱大多数也为木质材料。在材料的投放上,教师也选择了丰富多样的自然材料,如松果、小树枝、木片、木块、种子、岩石等,也陈列了各种各样的动植物标本。瑞典地区幼儿园注重儿童日常生活中的环保意识培养和行为训练,多数幼儿园室内走廊里都张贴着孩子们在树林里的活动照片和孩子们以环保为主题的绘画作品,就连树林里随手捡来的松果、枯枝和落叶都成为孩子们艺术创作的素材,这些艺术作品无不透着孩子们与自然环境的亲近。

瑞典幼儿园一日活动中,只要没有受到极端恶劣的天气影响,大部分时间就均为户外活动时间,且大多幼儿园设有"林中教室"。一天里,教师会带领幼儿去附近树林中的"林中教师"上课和活动,在教师的指导下,幼儿观察和认识不同植物的叶子、花朵和种子,了解各种植物、动物的生活习性。或在教师的组织下,做一些与自然相关的小实验,学习环保知识。也会让幼儿在力所能及的情况下,为植物浇水、松土,或给自然中的小动物如小松鼠投喂食物,为小鸟设计和制作鸟巢等。大自然是最好的老师,"林中教室"为幼儿提供了与自然亲密接触的机会。幼儿在这里拥抱阳光和新鲜空气,感受自然的变化和神奇。在自由、快乐和无心理压力的环境中建立了对大自然的情感,同时学习生态知识,树立环保意识。

3. 德国幼儿园:环境教育

德国是世界上环境质量最好的国家之一。这既应归功于德国完备、详尽的环境立法,更应归功于德国对环境教育的重视。德国学者普遍认为,只有人们热爱环境,才会自觉保护环境。所以在对幼儿的环境教育中,情感目标是放在首位的。通过让幼儿置身于自然环境中,发现和感受自然的美,认识自然的神奇和力量,从内心尊重自然,热爱自然,才能真正地去珍惜自然,关心环境。如著名的德国华德福幼儿园的自然环境为幼儿的学习与发展提供了有力的支持。幼儿园环境创设要适应当地的自然,国外的每一所华德福幼儿园都有一个有机农园,在城市里面的华德福学校,有的小农园只能种些花、菜、香草、少量的浆果灌木,并养些鸡、兔之类的小动物。①

在环境教育理念下,德国地区生成了700多所"森林幼儿园"。顾名思义,森林幼儿园坐落于森林中,实则是在森林里开辟一片空地修建幼儿园。空地上堆积着落叶、碎木屑以及沙土地,空地周围都是参天大树,可以为幼儿遮阳挡雨,草坪和大树均保持着原生态,没有任何人工雕饰的痕迹。空地内设置有原木制作的大型玩具,跷跷板、攀岩架等,也放置着一些大型光滑石块,供幼儿就座或攀爬。活动场地上放置了任由孩子们搬动的废旧材料和自然物,如旧轮胎、木板、梯子等。在这里,孩子们显得自由、放松且充满探究欲望。在一日的活动中,每天8:30到12:30是森林活动时间,教师带领幼儿进行户外活动,在森林中游戏、学习知识和就餐。环境教育让孩子从小就与大自然亲密接触,能让他们更好地体会大自然馈赠的宁静与和谐之美,形成保护大自然的心理意识。

4.英国幼儿园:放手让孩子回归自然

英国教育家A.S.尼尔创办的夏山学校以生活公约和自主学习取代威权教育体制著称,坐落于半山桃溪谷山庄的院子里,有森林、瀑布、小溪等自然风光。其自由的教育理念和怡人的自然环境,唤起了儿童学习的热情,激发儿童的想象力。

英国的幼儿园也一直在践行森林教育理念,森林教育的概念源自丹麦,并在德国等欧洲国家成功实践多年。研究表明,经过森林教育的孩子除了体能佳、体格强,动手能力、合作意识、环保意识和抗挫折能力也都有优势。英国是个多雨的国家,在雨季里,教师也会在户外搭起一个遮雨棚,让孩子在雨棚下继续进行户外活动。有时,教师也会放手让孩子去雨地里自由踩泥坑、玩泥巴、接雨水。在平时的户外活动里,教师会在草坪或森林里铺一个大型地垫,上面放一些绘本图书供幼儿自由阅读,幼儿可以在户外做他们想做的事情,爬树、挖沙、捡石头等。教师也会带领幼儿集中进行阅读活动,

---

①徐慧艳:《浅析华德福幼儿园的自然教育》,《文学教育(上)》2013年第3期,第153-154页。

走向儿童立场的幼儿园教育环境创设

或者让幼儿就地取材,用孩子们收集来的叶子、花瓣、树枝等一起做手工作品。除了狂风、极寒等极端天气,年龄在2到5岁的儿童每天要在森林里玩耍和学习至少6个小时。教师放手让幼儿回归自然的同时,也会关注孩子们的安全问题。森林幼儿园往往没有围墙或栅栏,这时教师就会在森林中的树干上绑上彩带,以此作为游戏边界的标志,告知幼儿在玩耍时不能越过绑有彩带树。同时教师也会提前告知幼儿在野外会遇到的一些危险,如有毒的蘑菇、彩色的毛毛虫等,防止幼儿误食或触碰,提前做好风险评估与规避。

5. 丹麦幼儿园:生态环境创设理念

丹麦是位于北欧的一个国家,受到地理位置的影响,该地区的冬季和黑夜较长,因此幼儿园对室内的光照有着较高的追求。由于光照条件有限,所以丹麦的幼儿园环境设计,均力求最大化地利用自然光资源。例如莱恩斯太阳堡幼儿园,就是一个可以产生能源、绿色低碳、集高科技一身的幼儿园,也是世界首个产生能源的幼儿园。莱恩斯太阳堡幼儿园之所以能产生能源,是因为其朝南屋顶上安装了250平方米的太阳能电池板。250平方米的太阳能电池板,不仅满足了日常的照明、风扇、控制系统等各类电器的使用,还有电能的剩余。由于丹麦处于高纬度的地区,冬天会比较冷,但是莱恩斯太阳堡幼儿园室内除了上述太阳能电池板给取暖设备提供电能取暖之外,还有太阳光透过屋顶、立窗贡献了不少的热量,所以幼儿在冬天的室内也不会感到寒冷。而且,该幼儿园设计有大面积的窗户和天窗,室内设置有光感传感器,当室内光照条件不足或低于某设定值时,立窗窗帘和天窗会自动开启,保证大量自然光的照入,提升室内光照条件。当室内光照条件高于某界定值,照明设备会自动关闭,节约能源,系统自动把天窗和部分立窗的窗帘拉开遮阳。除此之外,这套智能控制系统还能控制和调节室内温度和二氧化碳浓度,让室内的各条件均处在一个平衡、健康的状态,保持空气清新,温度适宜,照明舒适。

对幼儿而言,低碳、节能、生态这些词的语义理解起来会有一定的难度,但幼儿园从设计本身就贯彻了生态环境的理念,幼儿园建筑通过太阳能达成能源自给、低碳环保。空间内的传感器合理控制与调整室内光线,大面积的窗户设计有效利用自然光,实现了节能。在基于生态环境理念下创设的环境,幼儿潜移默化地理解了环保的知识与道理,更有利于生态教育的推行。

三、创设幼儿园"亲自然"环境的措施

"自然"即绿色的、生命的、本色的,"亲自然"是指亲近自然,与自然亲和之意。亲自然教育是老师通过多种教育方式,培养幼儿亲近自然、热爱自然的情感,从而建立起人与自然亲和的关系,产生良好的行为教育活动。

1. 构建有意义的物理自然环境

《指南》中指出:"要充分尊重和保护幼儿的好奇心和学习兴趣,帮助幼儿逐步养成积极主动、认真专注、不怕困难、敢于探究和尝试、乐于想象和创造等良好学习品质。"大自然的神秘和丰富,给我们创造了很多供幼儿探索和满足其好奇心的物质资源,自然为儿童的体验与学习、自发性玩耍、好奇和幻想、互动与交流提供空间。同时自然环境是开放而自由的,然而幼儿在自然环境中活动并不是无目的或散漫的,其中的教育契机需要教师提前观察、捕捉和分析。如自然环境中的一棵大树,如果忽视了教育目标,它就是无意义的、静止的物理环境,对幼儿无法产生重要的教育作用。故幼儿园中的自然环境不仅仅是供幼儿观赏的,更重要的是满足幼儿学习与游戏的需要。通过自然环境的营造,不仅幼儿能感受环境的变化,增强身体的适应能力,而且教师也可以从中挖掘大量的课程资源,对幼儿进行自然教育和美育,使幼儿在幼儿园中感受到生命的气息,增强环保意识,与自然和谐相处,有一个快乐的童年。

户外的自然环境创设,依旧要围绕科学、语言、社会、艺术和健康领域的儿童发展需求和教育要求而规划和设计。教师要整合多领域的教育目标,以户外环境中的一棵大树为例,在健康领域中,爬树活动可以帮助提升幼儿上肢和下肢的力量,增强体能。在树枝下设秋千,荡秋千可以提升幼儿的身体协调性和平衡能力。在语言活动中,《小树的四季》《爱心树》《两棵树》《我喜欢树》《亲爱的树》均是与树相关的具有教育价值的绘本故事。教师可以在自然环境中,带领幼儿围坐在大树旁讲树的故事,让幼儿沉浸式体验语言的艺术。在艺术活动中,幼儿可以通过收集树叶做拓印画和树叶拼贴画,或收集种子、树枝等自然材料做创意手工作品,多元的综合材料,为儿童创作提供了更多素材,拓展了思维,让他们更随心所欲地表达艺术创意。在科学领域中,幼儿通过观察树叶、花朵、果实等,加深对树的知识的整体认知。通过直观观察树的春夏秋冬变化,理解四季的概念。综上所知,自然环境中

简单的一棵树,便包含了五大领域中的多重教育目标,所以也提醒了教师,在自然环境中,要构建有意义的、"动"起来的物理环境。

丹麦的学龄前教育领域应用了赫夫特(Heft)关于儿童户外环境的功能分类的相关概念,无论是部分传统幼儿园,还是带着儿童前往森林、海滩、公园等自然或半自然的绿色环境中开展活动的自然幼儿园,在一定程度上都重视发掘自然环境的多重功能,既可欣赏与体验,又可探索与挑战,构建可支持幼儿进行有意义活动的环境,实现儿童、环境和行动的统一。本书结合赫夫特关于儿童户外环境的功能分类的相关概念,以及丹麦相关学者对儿童自由游戏的观察结论和研究成果,总结了如表6.1所示的九种户外自然环境的分类及其可支持的有意义的活动。在具体实践中,幼儿园的户外环境创设可将表6.1中这些户外自然资源作为参照,同时,也适用于森林、草坪等自然环境中儿童活动场地的选择与规划。

表6.1　儿童户外自然环境的分类与可支持活动

户外自然环境分类	可支持的有意义活动
开阔平地(如草坪、沙土地、砖石地等)	奔跑、散步、骑车、球类运动、团体游戏等
自然斜坡(草皮坡、山坡等)	爬坡、翻滚、向下跑或滑、滚动物体、挖沟渠、修战壕等
半封闭空间(如木屋、树屋、树洞、山洞、灌木角落、树干背后、巨石缝隙等)	私密性活动、遮阳避雨、临时休息区、躲藏、钻爬、观察体验光影、阅读等
固定装置(大型游乐设施、树木、巨型石头等)	攀爬、跳跃、平衡、远眺等
移动装置(绳索、吊床、秋千、自由组装的装置)	摇摆、摇晃、旋转、平衡、攀爬、跳跃等
低结构材料(树叶、树枝、花朵、花瓣、果实、种子、小石块、木头块、木片等)	观察、创意手工、拼搭、建构、分类、计数等
无结构材料(沙子、泥土、水、雪等)	塑型、叠高、填埋、涂抹、揉捏、粉碎、挖掘、角色游戏等
植物(花卉、果树、蔬菜、藤蔓等)	种植、浇水、施肥、除草、收获、观察等
动物(昆虫、小鸡、鸭、鹅、兔子、松鼠、鸟类、鹿、孔雀、小香猪等)	跟随、追赶、照顾、喂养、密切观察等

从表6.1可以看出,有意义的自然物理环境,不再局限于仅供幼儿欣赏与体验的静态内容,更多包含了探索与挑战的动态内容。在环境、儿童和具体活动三者中,环境是物质基础,儿童是行动主体,活动是形式。环境、儿童、行动三者统一,形成极大体现出能动性的良性的教育形式,将儿童各个领域的发展都激活为一种综合学习。在有意义的物理环境支持下,教师一般通过以下三种途径进行教育活动:

(1)建立与大自然的亲密情感。第一阶段为情感目标的实现,让孩子置身于自然中,通过视听嗅触全方位、多感官感受大自然的美。在自然环境中奔跑、跳跃、游戏,享受自然环境中的自由。与自然界中的动物、植物亲密接触,培养爱心与责任心,建立与自然环境在情感上的依恋。

(2)通过观察和表征认识自然。引导幼儿仔细观察自然事物,如叶子的脉络、花瓣的结构、年轮的特点、动物的习性等。比较事物的异同,如乔木与灌木的共性和区别,区分胎生和卵生动物等,引导幼儿在真实的环境中建构自然知识的清晰认知。引导幼儿收集自然材料如树叶、种子、花瓣、石头,将其进行拼贴、拓印等艺术创作,开发想象力,培养创造力,或在玩雪、塑沙、戏水过程中,认识与了解自然物特性,提升建构能力。

(3)行动学习。引导幼儿结合多种材料和工具,通过实验、推理、探究、制作模型等途径,探索自然现象。如种子发芽的必要条件,幼儿在自然环境中,通过设计系列实验,探索种子与水、空气、阳光之间的关系。让幼儿对自然界中的真实问题、任务进行处理,培养其分析与解决问题、团队合作的能力。

在这些过程中,教师必须注意观察幼儿发现的"奇观"、问题和他们关于自然现象最初的假设、分类等。通过对话引导幼儿大胆展示和分享自己的成果和心得,用儿童容易理解的语言和特定概念来总结幼儿发现的自然界中的知识和现象,帮助幼儿拓展知识内容。支持和引导幼儿敢于多次、反复尝试,建立对自己的想法和能力的基本信心,让幼儿成为自己学习的积极的共同创造者。

2. 充分利用各种自然元素

(1)阳光、空气的利用。阳光作为自然光,在进行环境创设时如果加以利用,可以成为很好的资源,主要表现在这几个方面:①在室内,进行教室门窗设计时尽量将自然光线引入教室,这样不仅可以节约电能,而且还可以通过光线的移动使儿童获得时间概念,进行科学领域的相关教育;②在室外,可以利用建筑物、植被等物体的影子,组织幼儿进行影子游戏教学,感受不同事物产生的光影艺术效果;③幼儿处于身体生长发育期,适当的阳光浴有利于幼儿身体钙的吸收,从而促进骨骼的发育;④幼儿园的一日活动,多以室内活动为主,教师应有意识地使幼儿到户外呼吸新鲜空气,这样有利于幼儿呼吸系统的发育,同时提高对季节和空气的适应度,从而提高适应力和免疫力。美国著名的 Broadoaks 幼儿园在利用自然光时,采取将房屋北面橄榄树的附近建造了甲板和一个经过仔细雕琢的木船的船体作为阅读区,这里以周围的石块、树叶、阳光影蔽和树木为背景,从而使自然光成为光线来源。儿童可以在其中阅读书籍,或者听故事。① 瑞吉欧的课程体系,特别注重光影教学,除了特制的光影桌外,瑞吉欧的教师还会组织幼儿用不同的透明或半透明材料制作光影教具,如各色糖纸、彩色塑料片、玻璃纸等,让幼儿感受和认知不同材料在阳光下的光影变化。

（2）绿化景观的利用。幼儿园的绿化景观是户外环境创设的重要环节。适当比例和丰富种类的植物可以帮助幼儿对植物建构更为全面的认知,幼儿通过观察春天树枝的新芽,夏天树荫下的阴凉,秋天的落叶归根,冬天的枝挂银条,感受大自然四季的美,加深对季节的理解。同时,幼儿通过观察花朵、树叶、果实的颜色、形状、香味,增强对自然物的认知。草坪是幼儿游戏的理想场所,幼儿可以在草坪上游戏、奔跑、玩耍,草坪适宜的硬度可以减少儿童跌倒时对身体的伤害。例如洛阳是一个四季分明、水域广阔、地形较复杂的地区,自然环境资源丰富,幼儿园也应该充分利用周围的自然环境,使其小环境与洛阳市区的大环境相得益彰。

（3）户外游戏场所的创设。近几年,浙江安吉游戏成为学前教育领域讨论的热点话题。在浙江安吉县的 25 所幼儿园,园内的绿树成荫、四季花卉、树林城堡等为孩子们营造出了大自然的绿色世界,各类玩沙池、冒险岛、小树林……处处散发着大自然的清新和稚拙的童趣。在户外环境建设中,教师要努力为幼儿打造充满野趣、富有挑战性的场地与设施,为提高幼儿的力量、耐力、身体协调性、动作灵活性等提供保障。如结合自然环境地形,起伏的斜坡,可以修建战壕,挖掘沟渠;如坚实的树干下,可以垂吊绳索,供幼儿攀爬、摇荡。合理规划固定装饰和可移动装置,大型玩具与小型玩具相结合,为儿童走、跑、跳、钻爬、平衡、投掷等基本动作发展创设不同的游戏场所和活动设备。

---

①SHARON STINE. landscapes for learning. New York Chichester Brisbane Toronto Singapore Weinheim John Wiley &Sons. inc,1997.49-67.

在调查中发现,城市幼儿园户外游戏场地多为塑胶跑道和水泥硬性地面,且地面上的落叶、沙土等经常被清扫得一尘不染,很少重视户外游戏场中的泥沙、草坪、树林等自然环境因素。在游戏场所中,泥沙是幼儿所喜爱的游戏材料,其可塑性、流动性不仅能够吸引幼儿的兴趣,而且可以促进幼儿手部动作、小肌肉的发育,同时还能促进幼儿对泥沙性质的认知,增进社会性互动和亲社会行为。幼儿园可以适当减少塑胶地面面积,增加专门的玩泥区和玩沙区。在城市幼儿园中,树木常作为欣赏性自然环境,且被隔离带环绕,无法实现幼儿与树木的近距离接触。幼儿园应积极发掘树木、草坪这类自然资源中的教育价值,如树木可供幼儿攀爬、躲藏,可设置树屋、设计树洞等,增加幼儿与自然环境的良性互动,有效利用自然物激发幼儿敢于冒险、勇于探索的品质。

城市幼儿园的户外场地面积普遍较小,幼儿园应合理开发与利用户外的每一寸自然空间,让游戏场所不仅仅是虚假的精致和好看,而是每一个角落都能与幼儿建立关系,是可玩的、好玩的。创设能够满足幼儿好奇心、有吸引力的户外游戏场所。洛阳市涧西区贝贝卓越城幼儿园,针对城市地区户外空间环境的不足,在城郊创建了贝贝自然教育基地(见图6.1、图6.2、图6.3、图6.4)。基地占地80余亩,环境优雅,风景秀丽,包含了自然探索区、攀爬区、绳索区、沙池区、海盗船、动物观察区、果园采摘区、自然农耕区、公共课程区等九大功能区,既满足了儿童户外活动和游戏的需求,又实现了自然教育的目标。让幼儿欣赏与体验并举,探索与挑战并重,实现了儿童、环境和行动的统一。

图6.1 贝贝自然教育基地(1)

(图片来源:洛阳市涧西区贝贝卓越城幼儿园)

图 6.2 贝贝自然教育基地(2)

(图片来源:洛阳市涧西区贝贝卓越城幼儿园)

图 6.3 贝贝自然教育基地(3)

(图片来源:洛阳市涧西区贝贝卓越城幼儿园)

图6.4 贝贝自然教育基地(4)

(图片来源:洛阳市涧西区贝贝卓越城幼儿园)

(4)植物劳作区的利用。劳动是人类社会生存和发展的基础。2015年,习近平总书记提出"以劳动托起中国梦"。2018年,习近平总书记在全国教育大会上进一步提出,"要在学生中弘扬劳动精神,教育引导学生崇尚劳动、尊重劳动,懂得劳动最光荣、最崇高、最伟大、最美丽的道理,长大后能够辛勤劳动、诚实劳动、创造性劳动"。教育家陈鹤琴先生也非常重视幼儿动手能力的培养,在论述"活教育"的三大目标时,他将"做中教,做中学,做中求进步"作为其目标之一,把"凡是儿童自己能够做的,应当让他自己做"作为活教育教学的第一原则。陈鹤琴认为,对幼儿进行劳动教育,培养幼儿的劳动习惯和技能,不仅是"生活"使其然,而且与幼儿体力、智力、道德和美感的发展之间,有着不可分割的联系。《纲要》强调幼儿园应"与家庭、社区合作,引导幼儿了解自己的亲人以及与自己生活有关的各行各业人们的劳动,培养其对劳动者的热爱和对劳动成果的尊重"。所以劳动是促进幼儿身心和谐发展的重要方式,幼儿园应通过多种途径帮助幼儿培养劳动意识、劳动习惯、劳动情感、劳动技能和劳动精神。创设良好的劳育环境,就是其中的一个重要环节。

在城市幼儿园,往往由于环境的影响,难以让幼儿近距离地接触到真实的、原生态的自然环境。而幼儿园种植区是大自然的缩影,可以补充城市幼儿园中自然环境因素的不足。幼儿可以通过这个微型景观,认识自然和了解自然。

第一,种植区可以帮助幼儿构建对植物生命的理解。在种植区中,幼儿可以近距离观察植物的叶片、花朵、果实和种子,补充和完善从书本上了解的关于植物的信息,明白不同类型植物生长的周期、形态,以及种植方式的不同。通过观察、记录,丰富幼儿的植物科学经验,积累生活常识。

第二,种植区为幼儿提供了珍贵的劳育环境。在室外绿植种植活动中,幼儿要尝试使用不同的劳动工具,如铲子、耙子、浇水壶等,学会如何播种、松土、施肥、浇水,在劳动中培养动手操作能力,提高劳动技能,感受劳动的不易和收获的快乐,培养劳动精神。

第三,培养幼儿解决问题的能力,促进同伴协作。幼儿在种植区劳作的过程中,会遇到大大小小的现实问题,幼儿要在真实环境中分析、探索和解决问题,教师需要对幼儿进行积极引导,鼓励幼儿通过合作处理问题。幼儿在共同劳动中,通过互相帮助,多人合作,逐渐发展合作意识,增强团队凝聚力。在快乐的劳动氛围中,实现了集体的进步与成长。

经调查发现,城市幼儿园拥有大面积户外种植区的园所数量不多,不过仍有一些园所能够因地制宜地利用自然资源创设种植区或种植角。如向阳花幼儿园创设有较大面积的种植区"向阳花蔬菜园"(见图6.5),园内栽培有各类蔬菜和瓜果,如红薯、玉米、韭菜、生菜、萝卜等。幼儿在蔬菜园中能够亲身体验种植的乐趣,认识植物自然生长的变化,感受植物的生命力,对植物生长所需的条件如空气、阳光、水、化肥等,得出自己的认识。播种、浇水、施肥、收获、品尝与制作劳动果实等系列劳育过程,对幼儿良好生活习惯的养成具有重要的意义,也加深了幼儿对农民身份的认同和尊重,培养其勤俭节约的美好品质(见图6.6、图6.7、图6.8)。

图6.5 向阳花蔬菜园

图6.6 在蔬菜园中开展自然教育(1)

第六章 基于"儿童本位"环境创设中的资源利用

图 6.7　在蔬菜园开展自然教育(2)(图片来源:向阳花幼儿园)

图 6.8　在蔬菜园开展自然教育(3)(图片来源:向阳花幼儿园)

第二节　走进来:审美与儿童本位双赢的环创设计局面

幼儿园环境创设离不开"美"的事物的创造。部分幼儿园进行创设时过分注重装饰效果,把幼儿园环境打造成只关注视觉效果,而忽略幼儿的教育性。毋庸置疑,这样的观点是不值得被推崇的。然而脱离了"美"的环境创设同样也违背了幼儿教育的本质,期望幼儿拥有感受美、发现美、表达美的能力,不能忽略美好环境的创设,相反利用环境创设进行审美教育是最好的以人为本的教育平台。

如果幼儿每天所见皆嘈杂、混乱,一日身处在毫无美感的客观环境中,将无法深入探讨美育的问题。幼儿园不仅需要走出去,引导幼儿观察和吸收大自然中美好的东西,也需要引导幼儿走进来,让幼儿在幼儿园的一日生活中,切切实实地与最长相处的环境进行交流与互动,通过具体地参与制作美的事情,感受美的存在。在"过分关注环境的装饰技能技巧"与"过分强调不顾美丑的环境创设"中,平衡两者之间的关系,寻找恰到好处的尺度,让幼儿参与进来的同时,教师进行统筹规划,只有幼儿教师具有高级审美的素养,运用恰当科学的引导方式,才能真正落实幼儿园环境创设的"儿童本位",实现美育的价值。

一、美育与人本统一的环创设计思路

良好的幼儿园环境创设离不开育人的本质,这也是环境创设作为隐性课程资源所必须承担的责任。其中美育是环境投射给幼儿的十分重要的一部分,美育目的的达成,需要在人本基础上,清楚环境创设是建立在美的基础上,努力实现美术技能与幼教实践的有机结合。

1. 美的内涵

探讨美育与幼儿本位之间的环境创设思路,应该清楚"美"的概念。"美"字从字源上看,《说文解字》说:羊大为美,即羊儿长得肥大,就是美。这说明美与满足人的需要有直接关系。羊儿长成什么样子不重要,只要是肉厚多汁,能够更好满足人的生理需要的,就是好羊,这样的羊就是美的。还有一种解读,羊人为美。从原始艺术,图腾崇拜的资料显示,人带着羊头载歌载舞就是美,这种仪式与早期人类的祭祀礼仪活动关系紧密,是早期人类克服自然,解决自身生存的活动,具有某种社会属性。

如果把"羊大为美"和"羊人为美"两者结合起来看美的问题,都离不开一个关键的共同因素,即人的存在。朱光潜先生说过:"美是客观方面某些事物、性质和形态适合主观方面意识形态,可以交融在一起而成为一个完整形象的那种性质。"简单来说,就是只有当人的主观感受与客观对象形成情感上的吻合统一,才能为美的产生创造条件。脱离了人主观感受的任何客观事物,都不能产生美的价值。

其中,形式美使人产生情感共鸣是十分重要的,比如具有一般规律特征的对称、均衡、比例、节奏、和谐、韵律等,容易使人产生享受其中,达到大众意义上的普遍审美,本质上讲,这些要素是人类通过大量的生产劳动实践,从大自然中抽离出来的,因此,更容易让人达成美的共识。

2. 实用美学中的幼儿园环境

我们可以更为深刻地从美学的角度来看环境创设,李泽厚先生谈美学,把美学进行了系统的分类,有哲学美学、历史美学、科学美学。在科学美学中,又分为了基础美学和实用美学。实用美学包括许多分支,分别落实在不同的实业中,教育美学、社会美学、装饰美学等都属于其范畴。从某种角度解释实用美学,即将美学知识转化为具体可以依托的实体实业,使美学成为推动教育、社会、建筑、园林发展的能量。

从使用美学的角度讲,美学在幼儿园中同样可以体现为教育审美、环境审美。在幼儿园教育环境创设中讨论将美育与人本思想相统一的环创设计,不能脱离审美主体,即幼儿。环境创设如果想成为好的隐性课程资源,应该是一个类似于艺术审美接受的过程,让幼儿能够从共鸣到移情,最后转化成内模仿的过程。

让幼儿产生共鸣指的是环境的创设能够深深地打动幼儿,使具体的环境客体与幼儿产生情感上的相同或相通,形成幼儿统一于环境的心理状态。移情现象是指,幼儿能够根据环境之间的共通或共鸣,将自己的情感或经验灌注在表达手段中,比如通过艺术作品、语言表达的形式,表现出与欣赏的环境客体一致的情感或意志。而内模仿就是幼儿在审美接受的过程中,会随着情感体验的变化,产生心情、表情、行为上的变化,侧重由物到我的内心运动。

3. 幼儿园环境创设中的生活美

接续前文所说,幼儿与环境相互作用实现艺术审美接受的前提是能够产生共鸣。共鸣来源于何处?如果在幼儿园大厅墙壁中挂上后现代主义思潮的艺术作品,的确很艺术,但是也很难与幼儿形成有效的互动,大部分幼儿看过会在内心打一个大大的问号:"这画的是什么?"在幼儿世界中也有不同于成年人思维的审美偏爱和审美判断,幼儿偏爱的是再现型的,以及可以分辨出画面所绘对象的非再现型作品。幼儿的审美判断标准在于作品的非审美特征,即画得像不像;儿童对作品绘画技巧独特的判断标准;色彩的鲜艳程度、形状简单清楚等方面的特征;幼儿对作品题材的熟悉程度。

由此可知,环境的创设不能脱离幼儿的实际生活经验。艺术的表达来源于生活,且高于生活,对于幼儿来说,往往能够最贴近幼儿现实表达的创设,才能够真正走进幼儿的心里。

想要结合艺术审美,关照幼儿生活经验,以儿童本位为基准的幼儿园环境创设,需要一些专业、科学、有技巧的装饰手段。用美育与人本相统一的理念支撑环境创设,用专业的技能技巧辅助淳美的环境。

二、淳美的幼儿园装饰技法

环境创设作为隐性课程资源,其教育功能能够充分发挥作用,很大程度上也取决于环境营造的美不美,这与环境创设的装饰技法有直接的关系。恰到好处的艺术装饰,不仅能够美化环境,也能够潜移默化地培养幼儿的高级审美情趣,促进幼儿的身心健康发展。

1. 谈装饰技法

装饰,是指起到修饰美化作用的物品,是一种具有独特的艺术表达形式,通过创造性的艺术活动,调动观赏者的审美情趣、情感情绪,使审美过程更加形象化、趣味化。而装饰技法则是,利用一定的艺术加工手法,对生活中的事物、环境、艺术品等,通过多样化的技能表现,体现创设者思维和想法,用富有特色的形式表现出来。在幼儿园环境创设中,常见的装饰技法主要包括绘画装饰技法与手工装饰技法两种。

(1)绘画装饰技法。幼儿园中常见的绘画材料包括水彩笔、油画棒、彩铅、各种颜料等,其中大部分是适合幼儿平时进行美术探索活动时需要的,而进行环境创设的绘画材料则需要分情况说明。

如果进行大面积的墙面绘制,手绘材料可以使用丙烯、喷枪等,具有不易褪色、色彩鲜明的特点;也可以在装修材料市场选购专业涂料,进行平铺打底,再使用彩绘手法着色上墙,即可保证手绘的感觉,也能够更好地保持墙面的持久耐用性。

如果进行小面积装饰,或者进行环创的客体物件的制作,比如进区规则牌、入口家园合作标识的绘制,则可以选择多样灵活的绘画材料,马克笔、水彩笔、丙烯、水粉水彩都可以使用。根据不同的绘画材料属性,使用的装饰技法也略有不同。比如水彩颜料,讲究晕染、湿画的创作手法,强调色彩的自然融合肌理;马克笔也不是只有平涂的创作手法,只是进行色彩融合时,采用的技法与水彩略有不同;而使用彩铅来绘图时多采用反复涂抹上色,讲究同种颜色的深浅不同,不同颜色的过渡自然;水粉丙烯颜料,除了平涂之外,也鼓励使用叠加、调色的办法形成物体的明暗变化、体积感和层次感。

(2)手工装饰技法。在幼儿园中根据不同的需要可以灵活使用各种装饰技法,根据材料的不同属性,也分别具有不同的装饰技法。幼儿园手工素材较为丰富,基本可以分为纸艺工艺、布艺工艺、泥工工艺、综合材料工艺。

以纸工为例,纸工的基本类型包括染纸、剪纸(撕纸)、搓纸、衍纸、纸雕等。不同的纸工类型其创设手法不尽相同。比如染纸工艺是将吸水的生宣纸,经过折、卷、搓、揉等方法进行前期制作;通过浸、点、刷、捏、流淌、喷洒、泼等染色技法染出色彩美丽的纹样的一种工艺。使用到的浸色法是将折叠好的纸张一角或者某个部位放入染料中,让颜色慢慢吸入纸中。点染法是用毛笔蘸色,在生宣纸上进行点染(见图6.9)。

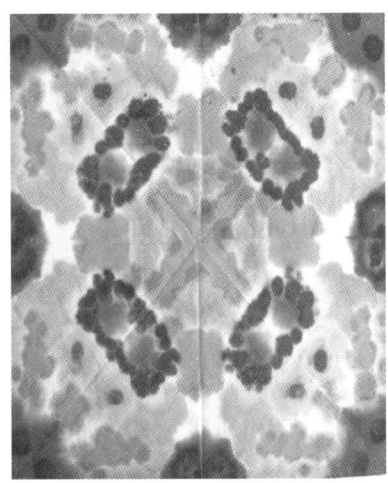 

图6.9 染纸装饰

再以半立体纸雕为例,半立体纸雕装饰画是介于立体构成和平面剪贴之间的一种艺术表现形式,是在平面材料上对某些部位进行立体加工,使之在视觉上和触觉上都具有立体感。在构思设计时,景物造型要具有纸雕的独特性,要考虑切、剪、折、卷、叠、粘的衔接和立体造型的精美,利用各种纸张自然的肌理效果进行造型。基本的手法有边角圆润的硬物垫在卡纸上,置于柔软处反复挤压、刮擦;刻刀划痕,按照痕记折纸;开缝,沿缝粘贴成荷叶状;用刻刀刻纸。依据造型,背面垫高,或直接折、卷(见图6.10)。

 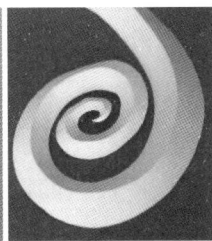  

图6.10 纸雕基本手法——刮压、刻痕、开缝、垫高

在具体的工艺装饰类型中，需要注意掌握好该种类型的核心技能技巧（折纸的"折"，衍纸的"卷"，剪纸的"剪和刻"），感受和熟悉不同材料的属性（黄胶泥、高岭土、软陶、纸浆、橡皮泥、彩泥、轻黏土、面团，都具有塑形能力，但是它们软硬、密度、色彩各有不同，捏塑手法各有侧重，成体方法不尽一致，会形成不一样的视觉感），利用不同的装饰技法，依据课程需要，儿童的兴趣，辅助造型。

2. 使用装饰技法的要则

了解装饰与装饰技法，是为了更好地帮助幼儿园的环境创设，利用这些装饰技法，服务于环境创设的设计理念、表现形式，从根本上落实环境教育育人的目的。环境创设的种类类型复杂多样，在前文中也有相关类型的描述，使用好技能技法，需要具体情况具体分析。在环境创设时能够有整体意识，从大局上进行统领，从细节上进行分析，是打造淳美幼儿园环境的重要认识。

（1）色彩搭配原则。幼儿园的色彩搭配有以下几种情况，分别是自然颜色、灯光颜色，以及人工色彩，或者说分为大环境色和局部环境色。

对大环境色进行创设时要遵循儿童的"直接生理效应"。瓦伦丁的幼儿美学实验研究证明，暖色相对于冷色更容易得到幼儿的喜爱，原因在于色彩的刺激性因素。色彩的刺激性因素是由色彩的明暗程度所决定的，因此，幼儿园的基础色调创设多选取明度非常高的色块来呈现。例如在红色块中加入比例非常高的白色，形成淡粉色，就是比较适合幼儿的色系。在纯度上淡粉色比红色降低了许多，但是在明度上却提高了许多，这样颜色的调配，是符合幼儿的审美偏爱的，能够营造一种温暖、明朗、使人开心的环境氛围。

如图6.11、图6.12所示，目前很多幼儿园也十分支持原木色系或者白色系的大环境色创设，颜色的明亮程度都保持色调高调。原因在于幼儿园希望通过明亮的环境让幼儿的眼睛放松，而无须关注过多的色彩构成，为环境创设做减法。类似于中国画的留白意识，白色系或浅原木色，在色彩视觉表征上，都具有弱化色彩的倾向，且容易形成统一的色调风格。

对于小环境色，则更需要教师展现自己的教育水平和美术素养，对色彩有敏感度，有基本的色彩学知识，能够使用恰当的色彩搭配，引导幼儿进行色彩感受。掌握以下几种色彩搭配原则，再结合自己的审美认知经验，基本可以应对幼儿园中各种类型的局部环境创设。

图 6.11 云南棒棒糖理想园

图 6.12 广州狮子国际幼儿园

同类色搭配,即单一色系搭配。比如浅蓝、深蓝、正蓝、钴蓝、灰蓝之间的搭配,即它们基本具有同一色相,却具备不同的明度、纯度。这样的颜色搭配起来,很明显能够形成较为统一的色调,比如蓝色调、绿色调、黄色调等。使画面看起来相对规整、整齐划一,形成强烈的个人风格,或情感倾向,也容易吸引幼儿关注。缺点是创设时层次不易拉开。

邻近色搭配,即色相环中相邻颜色的搭配。比如红、橙、黄色之间的搭配,或蓝、绿、紫之间的搭配。这些颜色在著名的 12 色相环中是彼此紧邻的几块颜色,互相搭配容易营造特点鲜明的冷暖色调,也容易形成一定的色彩倾向,画面相对层次性较为丰富。

对比色搭配,即在色相环中对比色和互补色的搭配。比如红绿对比,红黄蓝三原色的对比都属于该搭配范畴,也是色彩搭配中最不容易掌握的。通常对比色使用不当,会形成十分猛烈的视觉冲突,给人压迫、不适的感觉,在幼儿园环境中不当的对比色也容易引起幼儿心情躁动不安。但是如果能掌握对比色的装饰技巧,最终形成的整体视觉效果不仅不会有跳脱和冲突,反而能够增加景致的层次感,获得色彩安逸的舒适感,也能成为幼儿审美最好的素材。使用对比色时,有几个要点是对比色搭配特别需要注意的,主要目的在于中和对比冲突,使对比矛盾不再突兀。

首先,对比色的搭配十分强调颜色的强弱对比,如果在整个创设中红绿对比呈现1∶1的状态,那么对比冲突将十分明显,且不好被中和;其次,两两对比色的使用比较忌讳被孤立,讲究在使用对比色时加入其他的陪衬颜色,这些颜色最好能够介于两对比色中间的色系,或利用无彩色系(黑白灰),来调和强对比关系;最后,降低两两对比色的纯度和明度,以达到调和的目的。

案例呈现

分析:如图6.13所示,该墙面的主要问题是使用对比色不恰当。在不改变教室的基本设备(桌椅板凳)的情况下,能够进行改变的色彩空间唯有墙面的颜色。该教室的柜体是颜色饱和度较高的绿色,在墙面创设时就要慎用高纯度的暖色,而该墙面选取了橙黄和红色作为主要的色彩,与柜体颜色形成强烈对比。又由于在整个教室的有限空间中,绿色和橙黄都占据了较大的面积,因此,这对黄绿对比就显得十分不和谐。

图6.13　幼儿园墙饰设计

解决：根据上述颜色使用的规则，最现实和客观的改变就是对墙面进行改造。明黄色本身与绿色在色相上离得较近，因此可以将整体墙面的基调由原来的对比调向邻近色靠拢，把橙黄的色块改编为明黄的色块；另外，红色的太阳的画面面积适当减小，降低与绿色的视觉冲突；墙面左上方的紫色彩球与太阳在大小和形状上都有冲突，可以考虑将紫色圆球的要素撤换。总之，把该教室从色彩杂乱强色彩对比冲突误区中整理出来。

(2) 构图关系意识。具体包括均衡关系、疏密搭配、造型感等。

第一，在环境创设中求均衡关系。在美学概念中，均衡性是美的代名词之一，在幼儿园环境创设中，讲究构图均衡，是打造淳美环境的重要因素。其中，能够借鉴的方法包括九宫格构图法、"品"字形构图法、三七律构图法。如果把一面墙看作是一幅构图背景，可以将其等比例划分为九个大小一致的矩形方格，由"井"字线分开，主要被创造的对象应该被置于井字线上，保证主体物不会过大或过小，也不会偏离视域中心位置；在构图是需要有其他陪衬物的创设，与主体物一起构成"品"字结构，即三角形的结构，画面看上去是稳定和谐的；三角形一般不建议形成等边或等腰架势，最好能是不对称的不规则三角形，主体物建议在高线上，满足构图方法中三七律的规则。具体的环境创设还需要结合实际情况进行具体分析，上述的方法比较适用于整体平面或浅浮雕式半立体的大块主题墙面创设，对于立体式创设，需要看创设的大环境再进行构图布局。

第二，在环境创设中有疏密搭配。在幼儿园环境创设中也十分讲究创设者是否能够考虑创设客体之间的疏密问题。一般在观者的视域空间中有疏有密才能达到养眼的程度，客体要素之间忌讳空、忌讳满、忌讳没层次。

案例呈现

分析：如图 6.14 所示，该幼儿园的吊饰设计由一次性纸杯制作完成，就重量而言，材料属性较轻，符合标准；就高度而言，由于视图条件展示该创设没有在悬挂期内与幼儿互动的设计，导致有些悬挂物过低，可以被幼儿轻易够到是不合适的；就美观度而言，单就一个水杯的制作，其内部被着色，然后剪开，做花朵状悬挂，没有太大问题，简易的制作方法也可以让幼儿参与进来，但是就整体吊饰而言，主要的问题在于没有控制好疏密搭配。单个悬挂物体积较小，色彩度不够鲜明，就需要数量的累积，显然该吊饰在数量上不够。另外,悬挂时没有考虑组合变化、高低错落的变化,使吊饰稀稀拉拉,不成整体。

图 6.14　幼儿园吊饰设计

解决:该教室整体环境色较为清新,没有太多的色彩,因此可以选择教室一处进行色彩叠加,比如头顶的教室吊饰。可以适当丰富纸杯的颜色,以成组或成片的方式进行颜色归类,高低悬挂安排,分别做一造型悬挂起来,仰望头顶,首先是整体的造型性,细看才是一个一个由幼儿参与的小手工作品。

如图 6.15 所示,也有很多幼儿园在创设时会采取将墙面填充的满满的,想把许多东西都展示在墙面上,反而驻足的幼儿不会太多,因为信息量太大太乱,幼儿不知道从何看起,整体视觉效果也十分扎眼,造成视觉压迫。这时,就应该考虑为环境做减法,让这个墙面有呼吸的空间,这样幼儿才会放松心情,才能谈探究谈教育。

图 6.15　装饰过度的墙面

第三,在环境创设中求造型感。即使是几岁的孩子在拍照时,也会摆个姿势,因为觉得这样拍出来会好看。其实,在潜意识中孩子运用了美术的基本技能,有造型感的、有动势的画面是美的。在环境创设中,造型无论何时何地都会存在,且一直隐含在环创的大事小情中。简单来说,我们都知道艺术之所以为艺术,是因为艺术来源于生活,但是不等同于生活,美好实物的创造是需要从普遍现象中抽离出美的要素的。例如,表现自然界中的花草树木,是不可能原封不动地把所见进行照搬的,怎样才能更好看呢?可能需要用到夸张、变形、拟人的处理方法,这就是转变了一种艺术形式的美化。

比如,树木一定不是都长成苹果树、松树的模样,有尖尖的树,有小小的树,有歪脖子树,有枯树也有枝繁叶茂的树,当然也有被风吹动、树影婆娑的秋天里的树(见图6.16)。这样的创设来源于对生活的观察,树叶不一定就是绿色,树冠不一定就是云朵状,而是各有百态,甚至破除墙面的制约的大树,潜意识也告诉幼儿伸展、肆意的自由。

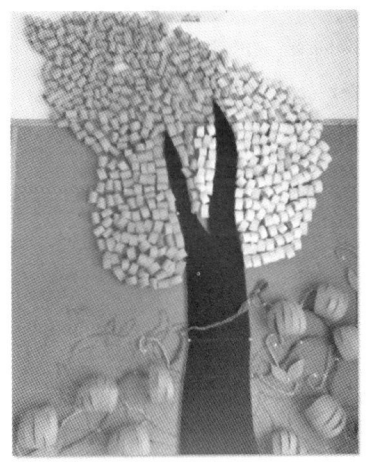

图6.16　造型树装饰墙面

案例呈现

分析: 如图6.17,该墙面创设位于幼儿园楼梯拐角处,幼儿园很用心地创设了窗格画,上方标出了"欢迎"字样,左下方有两只小蜜蜂。墙面由于位置特殊性,不适合做互动式墙面设计,为了给幼儿温暖的关怀,在此处设置了一小面欢迎墙。在功能处理和思路上,该创设基本没有问题。但是就美观度而言,欠缺了一定美感,零零碎碎地在墙面上摆放了若干要素,要素与要素之间没有逻辑联系。

走向儿童立场的幼儿园教育环境创设

图 6.17 走廊装饰墙面

解决：楼梯拐角的创设出于幼儿安全考虑，不宜让幼儿驻足，只给幼儿美好的视觉感觉即可。出于创设合理性考虑，可以将墙面大面积留白，做局部的装饰即可。出于这样的思路，可以将小蜜蜂要素去掉，将左边墙面空余出来，保持干净整洁。重点创设墙面右上角，根据一幅温馨的方格画为创作主体，由"欢迎"字样的标识以及其他小元素进行点缀，要素的选择必须合情合理与欢迎小朋友的意图保持一致，让设计聚焦在一处，赋予墙面创设的造型感，使幼儿观看时既能感受鲜明的主题，也能感受到幼儿园的用心和对幼儿的关爱。

第三节　沉下来：汲取传统文化中的灵性

"文化与教育密切相关。简而言之，教育始终是一种文化的传承。同时，它也在不断创造新的文化，为文化的发展提供新鲜血液、新的活力和新的未来。"学校教育是传承与创造文化的重要途径。潘鲁生认为："其实中国有数不胜数的优秀艺术作品，包括手工制作的工艺品，可以加入我们的教学活动当中……我们需要学习的不仅仅是一种技能知识，更是对中国传统文化的理解和认知。"[①]现代社会变化日新月异，但文化传承一直延续，学校教育是传承优秀文化的有力途径，赋予文化持久生命力。文化促进教育的发

---

①潘鲁生：《民艺回到民间去》，《中华手工》2008 年第 5 期，第 132 页。

展,教育传承文化进而促进文化再发展。

《纲要》中也明确要求利用社会资源,引导幼儿亲身感受家乡与祖国的变化发展,培养幼儿对家乡、祖国的热爱。源远流长、博大精深的中华民族优秀传统文化,塑造了中华民族特有的人文品格和道德风范。将传统文化融入区域主题活动,对幼儿的认知、情感、文化认同等能力起着至关重要的作用,同时也让幼儿在传统文化的熏陶中树立文化自信,培养文化认同感。传统文化融入区域主题活动,不能一直悬浮于空中楼阁之中,一定要在具体的活动中生根发芽。如美术活动中,A幼儿园选取了以下传统文化元素。

一、节日文化

1. 中国传统节日

中华传统节日文化具有重要的育人价值,其中蕴含的仁爱、和谐、敬老等道德内涵也是当代社会价值观建设的重要组成部分。将中国传统节日文化运用到幼儿园环境建设中,既是传承优秀中国传统文化的需要,也是加强文化自信和文化自觉建设的必然要求。

在创设环境时应依据时间、角度和需求等要素来设定,以体现中国传统节日文化的内涵,创造一个优良的传统节日文化环境,在不知不觉中强化儿童对传统节日文化的感知。在此基础上,不断提升内容丰富度。例如,根据传统节日的特征,用其元素来布置教室、墙面等,使幼儿园各处都表现出浓厚的节日氛围。同时,在满足幼儿生理和心理发展特征的前提下,还应符合幼儿的兴趣,并具有教育意义。例如,元宵节将至,可以在园里搭建一个"喜闹元宵广场",让孩子制作各样的元宵、花灯等,墙面上粘贴着丰富多彩的小灯笼、灯谜、舞狮等让孩子们自己去体验、去探索,加深幼儿对传统节日文化的理解。营造轻松的氛围,不断提升内容的丰富度,让学生的感悟、鉴赏和运用能力得到提升,获得形象思维、逻辑思维和创造思维的发展。[①]

在营造中国传统节日的氛围时,也要从孩子的兴趣、个性、审美趣味、现实需求等方面入手,为孩子营造良好的学习氛围。在教学内容上,应结合幼儿的兴趣;同时,营造符合孩子认知水平的环境,对于不同年龄的儿童,节日

---

① 夏腾,赵越:《传统节日文化融入幼儿园课程的策略研究》,《教育观察》,2020年第9期,第49—50页。

主题墙要体现出年龄阶段的差异性;幼儿园公共区域教育环境的建设要注重营造喜庆的气氛,设计和绘画要活泼,符合幼儿的审美情趣,力求身临其境的感官体验,以此不断提升幼儿参与度。举例来说,在中国北方,自新年起就有一种喜庆的氛围,而这一阶段的主要活动就是向灶神献祭、打扫房子、剪纸和贴春联。根据不同年龄儿童的特点,设计出班级主题墙,并进行相关的主题活动。老师可以根据幼儿的兴趣,和小朋友一起布置教室,制作节日物品,这样幼儿就可以完全参与进来,让幼儿认识了解到中国传统节日文化的博大精深。

另外,有关传统节日文化的教育是整个环境创设的主体和核心部分,是幼儿的教育中非常重要的一个环节,因此要加大对幼儿的教育水平,提升幼儿对中国传统节日文化的认同感,并且要在这个环节中使幼儿的自主性应该得到充分的发挥。① 这就要求幼儿教师要对传统节日进行观察,在提升自己的了解度情况下,抓取有教育价值的内容,对幼儿进行教育。② 例如,在有关中秋节的环境创设中,让幼儿进行月饼的制作,在制作的过程中,让幼儿了解圆饼形状的文化内涵,圆代表团团圆圆,人要团结起来才能克服困难等。

2. 二十四节气

二十四节气是我国传统历法中的重要组成部分,蕴含了天文、地理、农业、社科、人文等丰富内容,二十四节气是对自然规律的总结与积累,是人们生活的需要。二十四节气指导农业生产,体现出人与自然和谐相处的大自然观,继承传统二十四节气能弘扬中华民族伟大的坚韧勤劳的民族精神。

农业是立国之本,是人们生活和生产的保障。经过前人的经验总结出的二十四节气,如夏至、立春、小雪、清明等,用于指导人们的农事活动,体现了自然对人们生活的重要意义。经过千百年的发展,二十四节气与人们日常生活息息相关,对人们的生活越来越重要,逐渐形成了独特的文化意蕴和风俗习惯。在幼儿园环境创设中融入二十四节气的内容,也有助于幼儿体

---

①王俊:《昆明市Y幼儿园中班节日教育的个案研究》,云南师范大学学前教育专业硕士学位论文,2017,第1页。

②王怀亮:《优秀传统文化与幼儿园教育的融合与实践》,《科教文汇》2019年第7期,第148-149页。

验和了解传统文化,对幼儿文化自信的养成、审美感知能力的培养都具有重要的意义;同时,二十四节气是顺应自然规律应运而生的,不仅包含了四季美景的视觉图示,还包括了传统节气中民俗活动的年画、剪纸、香囊等视觉艺术形式,添加了环境中的趣味性和审美价值。

在幼儿园环境创设中,教师可以利用与节气相关的歌谣、谚语、书画、工艺品、故事的插画或挂图,灵活运用棉签画、石头画、印章画等多种绘画方式,以及编织、剪贴、魔术画框等多种手工方式,将二十四节气习俗融入环境创设中,鼓励幼儿合作呈现出具有传统节气特色的美术作品。如谷雨时节孩子们用五谷杂粮制作的有关谷雨节气"仓颉造字"主题的五谷粘画作品;走廊墙壁上展示孩子们在"芒种送花神"主题美术活动中利用绘画、摄影等方式记录的美景,将幼儿美术作品融入幼儿园环境创设中,能够丰富幼儿园环境,培养幼儿参与感与主人翁意识,提升儿童观察能力和审美能力。

二、民间艺术

民间艺术,是指掌握了既定传统风格和技艺,也指普通老百姓所制作的艺术、手工艺和装饰性装饰物。民间艺术内容丰富,种类繁多。可分为染织绣类,包括传统刺绣、民间印染、中国织锦;塑作艺术,可分为泥塑艺术、面塑艺术、木偶艺术;剪刻艺术,包括剪纸与刻纸、皮影;雕镂艺术,包括玉雕、木雕、石雕、砖雕;民间玩具,包括节令玩具、花灯玩具、棉塑玩具;绘画之类,包括彩画、农民画、年画;编织之类,包括竹编、漆器;扎糊之类,包括纸扎、彩灯、风筝;表演艺术,包括川剧变脸、民间音乐、舞蹈、戏曲;其他方面,还包括建筑装饰、门窗艺术、脸谱、面具、瓷器。丰富多彩、造型多样的民间艺术融入幼儿园环境,可以营造浓郁的民间艺术氛围,促进幼儿在环境中获得丰富的审美体验,提高对民间艺术作品蕴含的美的感受力和表现力;引发、支持幼儿与民间艺术教育环境之间积极的相互作用,使幼儿在与民间艺术教育环境的互动中建构自己的认知、能力和情感经验,实现与环境的有效互动;引导幼儿在民间艺术环境中,产生对优秀民间艺术的认同和喜爱之情,为传承祖国优秀的民间艺术及蕴含的文化打下坚实的基础。

如将剪纸艺术融入幼儿园环境创设。剪纸艺术作为一种民间艺术,在历史的发展中具有深刻的人文底蕴,其文化价值也越来越受到重视。它是中国传统文化和几千年来历史积淀的产物,丰富了中国传统文化。剪纸艺术具有其自身的文化内涵和寓意,如纳福迎祥、祈求生命和寄托人们对美好生活的向往。此外,剪纸艺术文化在中国传统文化中被看作是"天人合一"的至高境界。"天人合一"指精神和自然界的统一。剪纸艺术巧妙地将"天人合一"的思想融入生活之中,引领人们尊重、遵循自然的规律,以达到至高的境界。

剪纸所选用的图画色彩、图案都具有特定意义,剪纸最重要的内涵是传达美好寓意,其中最多的是代表吉祥如意,也有封建迷信的寓意和民俗意象。其中剪纸中最常见的植物有梅、松、竹等,动物有蝙蝠、鹿、仙鹤等。梅具有高风亮节之意,如"梅花香自苦寒来"。蝙蝠的"蝠"谐音"福",所以人们会剪出五只蝙蝠代表"五福临门"。虽然每个地区都有不同的剪纸图案,但都具有烘托气氛和吉祥如意的美好寓意。例如在西北区域贴有扣碗、蛇盘兔等的剪纸,体现了幸福吉祥和夫妻恩爱;在祝寿的剪纸上有鹿、鹤代表长寿之兆等。

以幼儿园环境创设为载体,把传统剪纸艺术合理地融入幼儿园环境创设不仅可以传承传统剪纸文化,还可以增强幼儿对剪纸文化的认同感,增强文化自信。我国著名儿童教育家陈鹤琴先生曾说过:"小孩子应该有剪纸的机会。"他认为剪纸有两个益处:"一是可以养成独自消遣的好习惯,二是可以练习手劲。"①教师在环境创设中,应关注到剪纸装饰性和教育性的双重价值,其可以以多种形式呈现,如装饰性的剪纸作品——吊饰、窗花、墙饰、装裱等;也可以呈现在具有教育价值的主题墙面,让幼儿在欣赏剪纸艺术美的同时,了解剪纸的起源、类型、内容和技法等相关知识。

三、地域文化

地域文化作为一个地区的特色文化,它是由人民在某个地区独特的人文景观和自然环境下创造出来,并且经过了历史长河的不断洗礼才形成的,它在一定程度上体现了该地区人民的行为特点和思维方式,并且与当地人民的生活息息相关,对该区域的人民来说拥有独一无二的意义。

将地域文化融入幼儿园教育环境对幼儿的身心发展具有重要的作用,幼儿自出生以来就受到地域文化的影响,幼儿的生活经历、情感体验都与地域文化紧密联系,在幼儿园环境中融入地域文化不仅能帮助幼儿熟悉家乡

---

①刘桂珍:《析剪纸艺术在幼儿园教育环境创设中的运用》,《当代教育论坛(管理研究)》2011年第12期,第50-51页。

文化,增加文化自信,更有助于本土文化的传承。将地域文化融入幼儿园环境创设,一方面可以实现地域文化的教育价值,另一方面也可以促进地域文化的传承和创新。

在促进幼儿园环境与地域文化融合的过程中,教师要积极挖掘接地气的地方文化内容。如在班级活动区创设以家乡美食为主题的角色区,让幼儿身临其境地制作与品尝当地美食,了解家乡特色小吃的材料、文化和制作工艺,拓展幼儿的知识领域,加深乡土情感;在活动区打造地方特色建筑和名胜古迹的角色区,让幼儿在微缩的景观中体验地方建筑风貌,感受家乡的变化;创设以地方民俗活动为主题的区域环境,如民俗庙会、小吃节等,让幼儿沉浸式体验家乡的风土民情;将家乡的名人传记、传说故事等图文并茂地以主题墙、展板、挂图等形式展现出来,充分发挥其中的教育性价值。让地域文化与幼儿的一日生活紧密相连,结合环境创设浓厚的地域文化氛围,全方位、多角度渗透地域文化,让幼儿在一日生活中感受地域文化的美。

四、非物质文化遗产

根据《中华人民共和国非物质文化遗产法》规定,非物质文化遗产是指各族人民世代相传并视为其文化遗产组成部分的各种传统文化表现形式,以及与传统文化表现形式相关的实物和场所等。中国的历史悠久,地大物博,是入选世界级非物质文化遗产名录最多的国家之一。"非遗"是历史的承载体,每一项"非遗"都领着我们走向历史的深处,它存续着历史的根脉,凝结着劳动人民的创造智慧,彰显着文明的魅力,是全民族的文化瑰宝。但在当代社会,"非遗"却往往被贴上了"老古董""过去式"的标签,其传承也面临着很多困境。所以新时期"非遗"的创新性传承工作迫在眉睫。

学前阶段是"非遗"教育的黄金时期,各幼儿园也在积极响应传承"非遗"文化的号召。但当前"非遗"教育还多局限在通过直观展示和欣赏等单向的输送模式去让幼儿了解"非遗"内容,学习"非遗"知识。而依照皮亚杰的"认知结构论",学龄前儿童需要依靠某种"文化工具"的导向,才能形成完整的"文化个体"。仅通过展示和欣赏的途径,文化的儒化缺乏合适的载体,学习就无法顺利展开,而物化的环境就可以作为具象的文化工具。在"非遗"环境的熏陶下,幼儿在玩乐中潜移默化地吸收地方传统,从而自发地热爱与认同地方传统文化。

在环境营造上,除了可以围绕"非遗"的活动主题创设区域环境,还可以通过自制"非遗"玩教具的形式开展"非遗"教育。利用玩教具进行"非遗"教育的优势是：在物质环境的营造上，玩教具可以为儿童的自主学习创造条件，可提供具有各种感觉、知觉刺激并可操作的具体形象。根据皮亚杰的"头脑一体理论"，幼儿的手指实际影响了其大脑对信息的认同、熟悉与接受。我们知道，儿童最初是通过触觉来认知周围事物的，而玩教具恰巧可以为幼儿提供多感官互动的可能，成为他们认识世界的辅助工具；在心理环境的创设上，基于玩教具的趣味性特点，为幼儿营造了一个轻松、无压力的学习环境。玩教具能够让孩子以一种轻松的、不易察觉的方式进入学习的状态，在玩教具充满趣味的外表下，隐藏着"学习属性"，让孩子在使用时做到"在玩中学"。

从"非遗"的形式和内容来看，其形式多样，内容丰富，种类繁多，包括民俗"非遗"、美食"非遗"、工艺"非遗"、曲艺"非遗"、节庆"非遗"等。以河南"非遗"为例，玩教具的设计可以从中挖掘有益于幼儿认知发展多样化的载体表现形式，如泥咕咕、花木兰传说、唐三彩烧制技艺等，在分别满足捏塑类、角色扮演类、模拟体验类的玩教具需求基础上，又提供了一种不同于西方的设计思维与能力培养方式，使其具备了接近日常生活的实践价值。"非遗"中的造型手法多样，如绘画、泥塑、编织等，可以为玩教具的设计提供更多制作工艺和创作手法的参照，且民间"非遗"大多是由劳动人民在生产和生活中创造出来的，作品充满了对幸福生活的热爱和向往，乐观且富有生命活力。这些"隐性"的价值若融入玩教具设计中，有助于培养幼儿乐观豁达、积极向上的性格品质。

除此以外，大多数"非遗"的制作均是由劳动人民手工加工而成，材料采用的是泥类、纸类、木类、竹类等材料，充满乡土气息，自然环保。"非遗"工匠的这种顺应自然的态度，也有利于培养幼儿亲近自然、热爱家乡的情感，提高环保意识。

第四节 "挖掘—筛选—整合"生活、社会、艺术文化资源

幼儿正处于发展的关键阶段，思维意识、情感、人际交往、生活经验都处于不成熟的状态。需要通过真实的社会情境促进幼儿的社会性发展，让幼儿从封闭走向开放，从个体的发展状态走向类群发展状态，学会与人相处，用正确的眼光看待社会，加深对社会的认知。

透过"儿童本位"视角下的环境审视幼儿园的环境创设,应注重资源的整体性。幼儿园属于社会这个大系统中的子系统,我们在考量幼儿园环境时,应将幼儿园环境置于社会大环境中去评判与诊断,以形成积极外放的幼儿园环境。学前教育课程专家虞永平教授曾指出:"生活化不是将生活本身原封不动地当作幼儿园课程,更不是将成人认为重要的知识体系原封不动地当作课程。将对幼儿发展具有重要意义的内容还原为与幼儿生活有关的、感性的、需要幼儿动用各种感官来学习的活动体系,这就是课程的生活化。"所以对儿童而言,最有效的综合活动应该是最生活化的,应积极为幼儿营造真实的社会和生活环境,关注和重建幼儿的生活世界,赋予教育以生活意义和生命价值,让幼儿成为生活的主人,有效促进其良好生活习惯的养成和综合能力的发展。

一、为幼儿创设生活实习场

让幼儿在丰富的生活实践中感知人类存在的具体形态,生发出积极向上的生活品质和理想信念。真正生活化的教育应该是最来自幼儿的需要和兴趣的,最立足于幼儿生活经验的,也是最有利于幼儿获得有益经验的,最能有效地促进幼儿的可持续发展。例如在生活中,烈日下正在执勤指挥交通的交警叔叔、风雨无阻送餐的外卖员、天未亮就勤劳工作的清洁工等,这些真实的人和事,能让幼儿切实体会在社会上做好每一份平凡的工作都需要付出辛勤的努力,这些人的努力都为我们的生活带来了便捷,且他们的付出都是有价值和有意义的,这便体现出教育的生活意义和生命价值。

二、为幼儿创设社会互动场

幼儿园环境创设不仅注重儿童个性发展,而且要关注儿童的社会存在,让儿童在完善自身的同时与其他儿童建立良好的沟通关系,不断深化儿童的社会化特性。让幼儿在与他人的互动中感知社会运行的规律和逻辑,生发出正确认识自我、友善对待他人的良好品行。例如"买菜"的主题实践活动:"阿姨,这个鱼新鲜不新鲜?""这是什么品种的鱼?""适合红烧还是清蒸?""这种是什么蔬菜?好吃不好吃?""叔叔,这个西红柿怎么卖?""我钱带得不够,能不能便宜一点?""买这个菜能送些葱给我吗?"对幼儿来说,买菜是个既新鲜又充满乐趣的体验活动。在这个真实的活动中,首先,幼儿通过频繁地与人交流和对话,提升了语言表达水平,锻炼了沟通这个重要的社会化能力,促进了交际交往能力的发展;其次,在认知水平上,幼儿不仅认识了更多的菜类品种,还通过问价、计算、还价等途径,初步学习了理财;最后,幼儿还通过努力积极克服了"买什么""怎么买""钱不够"等一系列问题,在真实的生活体验中,提高了分析问题与解决问题的能力。

三、为幼儿创设艺术文化实践场

整合社会中松散的美育资源,使其转化为具体的课程资源,作为幼儿园中艺术主题活动的补充。

第一,充分利用艺术馆、博物馆中的艺术和文化资源。例如在"绘画中的色彩"主题活动中,可先带领幼儿参观美术画展,对艺术家作品中的色彩有个直观的体验和感受;在"彩陶艺术"的美术欣赏活动中,可带领幼儿参观相关古文化博物馆,幼儿通过参观体验,了解彩陶美术的历史与脉络,体悟中华传统文化的博大与厚重,为幼儿在课程中欣赏彩陶之美建立了完整的先前经验。

第二,为幼儿提供近距离观赏和体验工艺美术的机会。例如在"我心中的门神画"美术活动中,可带领幼儿走访河南非物质文化遗产朱仙镇木版年画的传承人,通过近距离观赏工匠制版、拓印、上色的过程,以及亲手进行年画艺术实践,深入了解版画的制作工艺,体会年画的艺术特点,为课程中年画的再创造积累经验和素材。为幼儿创设艺术文化实践场,教师不仅要收集更多的生活化素材,还应组织幼儿进入大自然,开发各种游戏活动、参观活动、美工活动等,让幼儿在这些实践活动中接受艺术熏陶,在真实互动中倾听他人的思想和观点,欣赏与创造美的事物,提高自身的审美感受力,有效促进审美综合能力的发展。

附录 | 案例分享：日本幼儿园环境观的变迁、特点及启示

从生物学上来看，环境是指人类赖以生存的各种外部条件的综合。人类在环境中生存和发展，幼儿也是通过与周围环境的互动而生存和发展的。发展的本质就是个体与环境不断相互作用中的一种建构过程。从这个层面而言，幼儿教育就是通过建构儿童与环境之间的关系，促进幼儿的生存和发展。幼儿教育最有影响力的教育体验是幼儿所处的环境，儿童所展现的能力正是从他们所处的环境互动过程中获得的。成人最大的价值就是不断调整环境复杂性，以支持幼儿不断发展和进步。① Deb Curtis&Margie Carter（德布·柯蒂斯，玛吉·卡特）指出，无论哪一种幼儿园课程其根基都是环境。② 幼儿园环境质量已经被公认为任何一个国家开展幼儿教育事业首先需要面对的问题。Helen Penn（海伦·佩恩）认为，有关幼儿教育质量的问题本质上来说是如何创设优质的环境促进儿童发展的问题。③

近年来，日本幼儿园环境创设引起了世界的广泛关注。一直以来，日本在幼儿教育中赋予环境特殊的地位。1947年颁布的《学校教育法》第七十七条规定："幼儿园以保育幼儿，给予适当的环境，促进其身心发育为宗旨"。④ 1948年由国家编制颁布的日本第一部学前教育大纲《保育纲领》第四章对幼

---

① 侯莉敏：《儿童与环境：关系与建构》，《东方娃娃·保育与教育》2021年第11期，第37页。

② [美]德布·柯蒂斯，玛吉·卡特：《以儿童为中心的反思性课程设计》，郑福明，张博，译，教育科学出版社，2015，第34页。

③ [英]海伦·佩恩：《早期教育质量：国际视角》，潘月娟，杨晓丽，宋贝朵，译，教育科学出版社，2018，第3页。

④ 文部省.学校教育法(2007)[EB/OL]. https://www.mext.go.jp/en/policy/,2022-10-23.

儿园应该具备的物质环境,即运动场、建筑物、游戏场地和材料进行了详细规定。在此基础上,1956年日本颁布了国家层面的幼儿园教育指导方针《幼儿园教育纲要》,自颁布至今共经历了五次修订。修订过程中一直将"环境的提供"作为幼儿教育的基础,并将与社会环境变化联动的育儿环境作为修订基本方向。可以说,"提供什么样的环境"一直是贯穿日本《幼儿园教育纲要》修订的重要问题。日本对幼儿园教育环境的理解和认知的变迁在《幼儿园教育纲要》的五次修订中也得到了显著体现。因此,从纲要修订的视角探索幼儿园环境观念的变迁,对深化和拓展中国对幼儿园教育环境的认知,把握未来幼儿园教育环境创设的走向具有重要的借鉴、参考价值。

一、回溯日本《幼儿园教育纲要》五次修订[①]

二战以后,日本整顿了教育体系,1947年颁布的《学校教育法》确定幼儿园为正式学校教育系统的出发点,确立了幼儿园在学校教育机构中的地位。1948年引领幼儿教育方向的国家纲领性文件《保育纲要》正式颁布实施,提出了幼儿园保育内容的标准。随后,为了修正《保育纲要》存在的问题,文部省成立了"保育纲要修订委员会",对《保育纲要》进行全面修订,并决定将此次修订内容作为《幼儿园教育纲要》于1956年颁布。本次修订的宗旨是在幼儿园教育中运用课程的形式以确保幼儿园保育内容与小学保持一贯性,将幼儿园教育目标具体化,并明确了幼儿园教育中指导的要点和注意事项。本次修订的《幼儿园教育纲要》包含幼儿园教育的目标、幼儿园教育的内容、幼儿园指导计划的制定与实施。第一章幼儿园教育目标延续了《学校教育法》对幼儿园教育目标的表述。也就是说,幼儿园教育的目标是准备适合幼儿的环境,让幼儿在那里生活,指导幼儿更好地向理想的方向促进身心发展。基于这一目标的笼统性和概括性,从健康、适应集体生活、亲近自然、语言、创造性五个方面提出了具体的发展目标。第二章将幼儿园教育的内容从《保育纲要》中规定的十二项目修订为六大领域,健康、社会、自然、语言、音乐、绘画,并列出了在幼儿园教育中各领域应该获得的"理想经验"。幼儿园六大领域的名称与小学的课目名体育、社会、自然、国语、音乐、美术相似,但内容性质并不相同。第三章提出了"理想的经验"组织方式即幼儿园教育

---

① 文部省.幼稚園教育要領,[EB/OL]. http://www.nier.go.jp/guideline

活动组织与实施应该考虑的因素和注意事项。此后,随着时代的发展、社会环境和儿童生活的变化,日本《幼儿园教育纲要》经历了五次修订。

(一) 1964 年颁布第一次修订

1956 年《幼儿园教育纲要》实施以后,日本的幼儿教育片面强调以幼儿园教育内容为入小学作准备,出现了严重的"小学化"倾向。此时随着社会经济的发展,人口的急剧增长,幼儿教育普及程度不断提高,社会和家长对幼儿教育的关注度和要求也不断提升。对此,1964 年修订颁布的《幼儿园教育纲要》强调幼儿园教育具有不同于小学教育的独特性。第一章提出了幼儿园教育的基本方针,明确幼儿教育的意义和独特性。第二章在延续以往六大领域的基础上,将以前"理想的经验"修订为"理想的目标"即一百三十七条具体的领域活动目标,并强调幼儿园教育内容是通过具体的、综合的经验和活动而形成的。第三章明确了幼儿园教育活动指导上的注意事项。整体来看,这一时期日本虽然强调幼儿教育应该从幼儿的年龄特点、兴趣、经验、生活出发,发挥幼儿的自主性。但从保育方法来看,仍然采取"领域教学",主要强调发挥教师在教育活动中的主导作用,以集体主义为特色的集体教学,呈现出活动主义的倾向。①

(二) 1989 年颁布第二次修订

1964 年版《幼儿园教育纲要》实施 25 年以来,并没有扭转日本幼儿教育小学化的问题。调查显示按照"理想的目标"选择和排列理想的经验或活动的幼儿园教育,陷入了"目标主义"的误区中,实施中过分关注教育目标的实现,而忽视了幼儿自然的生活和活动。② 此外,还出现了"活动主义",将"理想的经验或活动"理解为类似小学的教师主导的一制式教学,并将其视为保育的全部。③ 与此同时,日本因产业结构变化、城市化、信息化、女性进入社会、生活方式变化等因素的影响,围绕幼儿的生活环境也发生了巨大的变化,如人际关系减弱、与自然的接触变少、过度保护和过分干涉等不平衡的养育方式普遍出现。1983 年政府主导的调查显示"只有信息缺乏生活体验

---

① 余公敏子,小田豊:《教育保育の原理——幼稚園保育所認定こども園の文化をはぐくむために》,光生館,2017,第 45 页。

② 河野重男:《新しい幼稚園教育要領とその展開 -子どもと共につくる保育実践 をめざして-》,チャイルド本社,1989,第 103 页。

③ 小田豊,榎沢良彦:《新しい時代の幼児教育》,有斐閣アルマ,2002,第 201 页。

的幼儿""没有形成基本生活习惯的幼儿""不能主动玩耍的幼儿"数量不断增加,幼儿发展失衡。中央教育审议会认为出现以上问题的原因是"没有充分形成关于幼儿园教育的共同理解"。为了应对幼儿发展及围绕幼儿的环境等的变化,有必要尽快探讨幼儿园教育的内容和方法的改善问题,日本在1989年颁布了新修订的《幼儿园教育纲要》。

1989年版的《幼儿园教育纲要》在第一章总则中指出关于幼儿园教育的基本原理,"幼儿园教育是以幼儿的特点为基础,通过环境进行的教育。为此,教师要与幼儿充分建立信任关系,努力与幼儿共同创造更好的教育环境。"总则中还提出了实践"通过环境进行教育"的三个重要事项。一是促进幼儿的主体活动,开展适合幼儿时期的生活;二是以幼儿自发游戏为中心的指导;三是根据每个幼儿的生活经验和个性特点,进行符合自身发展课题的指导。第二章将以往幼儿园教育的目标和内容从六大领域按照发展层面划分为五大领域,即健康、人际关系、环境、语言、表达。第三章幼儿园教育活动指导的注意事项。提出"幼儿园教育是通过幼儿有意愿地与环境接触而创造出的具体活动来实现其目标的。"本次修订重点强调了幼儿园教育要"通过环境来进行教育",倡导通过创设教育环境,以幼儿在与环境的互动中产生的主体性活动为核心开展教育活动,教师只是提供适宜的援助和支持。至此,以往强调的通过教师发挥主导作用进行保育活动的观念被以幼儿为主体,以游戏为中心的保育理念取代。

(三)1998年颁布第三次修订

20世纪90年代后期,日本社会因信息化带来的与自然、社会交往的缺失等导致儿童发展问题不断增多,面对这种情况父母的育儿焦虑不断增加。中央教育审议会认为这些问题与社会的教育能力下降有关,强调在幼儿教育中,不仅幼儿园起作用,家庭和地区社会也具有重要的作用。同时,这一时期为了防止少子化和失学儿童问题深化,文部省开始扩大幼儿园业务,实施育儿支援。此外,1989年版《幼儿园教育纲要》引入的"通过环境的教育"在颁布后得到了幼儿教师和幼儿教育相关人士的肯定,以幼儿为主体,以游戏为中心的保育实践取得了良好的效果。① 但在"通过环境的教育""幼儿主体""教师援助"的理念下,实践中幼儿教师进入了一种放任自流的专业混乱

---

① 磯部裕子:《教育課程の理論:保育におけるカリキュラム・デザイン》,萌文書林,2015,第200页。

中,教师的指导和支持作用弱化。① 为此,文部省基于1997年教育课程审议会公布《关于应对时代变化今后幼儿园教育的方向》的咨询报告和1998年《关于幼儿园·小学·初中·高中·盲校·聋校以及养护学校的教育课程基准改善》的咨询报告,于1998年颁布了第三次修订后的《幼儿园教育纲要》。此次修订的重要内容包括以下五个方面:①进一步充实幼儿园教育的基本理念,即通过以游戏为中心的生活,开展适应每个幼儿的综合性指导;②针对1989年版纲要引发的问题,进一步明确了一个重要观点,即为了确保幼儿主体性活动的实现,教师的基本作用是基于对幼儿的理解而创设有目的的教育环境,并对幼儿的游戏活动进行适宜的组织指导。阐明了教师对环境构成的作用和对幼儿活动所起的各种作用;③为了促进幼儿通过丰富的生活体验来充实自身,并培养生存能力的根基,改善活动目标与活动内容;④从强调与小学衔接的观点转向与小学保持生活一致性与连续性的观点;⑤为了应对少子化以及家庭与社会要求的多样化,必须加深幼儿园与家庭、社区的联系,积极开展育儿援助,并推进幼儿园运营活动的弹性化,如实施临时保育等。

(四)2008年颁布的第四次修订

20世纪90年代后期,日本少子化问题持续发展,2005年创历史新低。中央教育审议会在《关于把握儿童周围环境变化的未来幼儿教育的良好实践》报告中指出在,少子化、小家庭化、城市化、信息化、国际化的发展之前,价值观和生活方式的多样化、人际关系和社区连带感的弱化、过度重视经济性和效率性的风气、成人优先的社会风气等社会状况导致孩子的基本生活习惯、与他人建立关系的能力、忍耐力、规范意识、运动能力下降等发展上的问题。这些问题源于社区教育力和家庭教育力的下降,未来需要家庭、社区、幼儿园等三方聚合推进幼儿教育,特别是赋予了幼儿园致力于家庭和社区教育能力再生与提升的责任。② 这一方向导致相关法律的修订,2006年《教育基本法》和2007年《学校教育法》均进行修订。日本的学校教育(包括

---

①石垣 惠美子,岛田 ミチコ,玉置 哲淳,植田 明.幼児教育課程論入門,建帛社,2002,第38页。
②中央教育審議会.子どもを取り巻く環境の変化を踏まえた今後の幼児教育の在り方について」-子どもの最善の利益のために幼児教育を考える-[EB/OL].[2015-1-28]https://www.mext.go.jp/b_menu/shingi/chukyo/chukyo3/004/siryo/attach/1298452.htm

幼儿园教育)进行了60年以来大的改革与调整。在此背景下,文部科学省开始了《幼儿园教育纲要》的第四次修订工作,修订后的《幼儿园教育纲要》于2008年颁布。此次修订确立了幼儿教育处于义务教育的基础地位,修订的基本方针为:①为了应对近年来儿童成长的变化以及社会的变化,为了确保儿童学习与发展的连续性以及幼儿在园生活与家庭等的生活的连续性,幼儿园教育应通过有计划的环境创设来促进幼儿的健全发展。②进一步明确了"育儿援助"与"临时保育"等教育活动的内容及其意义,并规定幼儿园教育时间以外的教育活动(如临时保育)亦是幼儿园教育活动的有机组成部分。

(五)2017年颁布的第五次修订①

在全球化与信息化日渐加剧的背景下,未来社会的发展变得越来越难以预测。置身于知识、信息与技术加速进化的洪流之中,人工智能是否会挤占人类的就业机会,学校所教授的内容能否适应时代的发展变化,种种疑虑与担忧引发了日本政府对学校教育的重新审视。面对难以预期的未来社会,幼儿教育同样面临着全新挑战。随着日本国内少子高龄化状况的不断加剧,社区的人际关系正在逐渐疏离,日本幼儿教育正面临由生活环境稀薄化带来的幼儿生活体验不足、幼儿教育与小学教育衔接不良等亟待解决的问题。如何通过幼儿教育为个人的未来发展奠定坚实基础,如何确保幼儿能够通过教育与保育获得应对未来挑战所需要的资质与能力,是日本政府尤为关切的重点课题。② 鉴于以上种种原因,文部科学省进行了《幼儿园教育纲要》的第五次修订工作,于2017年颁布,2018年正式实施。

2018年实施的《幼儿园教育纲领》在第一章总则发生了重大变化。一是肯定了"通过环境进行教育"的幼儿基本理念,不同以往的为了实现教育目标"教师要为幼儿创设适宜的环境"理念,本次修订指出"教师与幼儿一起创设更好的教育环境"。二是在教育目标的修订上,为了与小学教育保持有效平等的衔接,培养幼儿适应未来社会的生存能力,将幼儿教育的目标划分为

---

① 王小英:《日本2018年实施的〈幼儿园教育纲要〉述评——基于日本〈幼儿园教育纲要〉五次修订的视角》,《外国教育研究》2018年第8期,第105-113页。

② 李冬梅:《日本幼儿教育新趋势——基于新一期〈幼儿园教育要领〉的分析》,《中国教师报》,2020-7-13.

"三大核心能力",即"知识和技能""思考力、判断力、表现力""学习力、社会性"。为了有效地指导幼儿教育活动,三大核心能力被具化十项基本目标。三是在教育课程的编制上,强调重视幼儿的主体性活动,在园所环境上下功夫,与家庭和地区共享,设置与小学教师交换意见和联合研究的机会。四是在教育指导部分增加了"基于幼儿理解的评价"。五是明确提出了对有特殊需求的幼儿提供教育支援,包括残障幼儿和日语困难儿童。六是在幼儿园运营中强调与家庭、社区、社会资源、其他类型学校之间的链接和互动协作,构建开放性课程,促进幼儿教育的一体化,使幼儿获得丰富的生活体验。第二三章基本延续了以往五大领域教育内容和教育指导注意事项。在保育方法方面,进一步强化通过幼儿自主游戏为中心开展综合性的指导,要求教师以理解者、共同作业者的角色促进幼儿主体性的学习与发展。

二、基于《幼儿园教育纲要》修订的日本幼儿园环境观变迁分析

日本二战后几十年间幼儿园保育的方法,经历了"从生活主义到学科主义再到教师主导的活动主义,最后到(教师援助下的)幼儿的主体性活动"的历史变迁。① 在此过程中环境作为幼儿园教育活动实施的前提和基础,也随着教育理念、教育目标、教育内容以及教育活动的组织形式的变化而不断更迭,日本《幼儿园教育纲要》的五次修订显著体现了日本幼儿园教育环境观的变迁。从幼儿园环境创设的目的、环境构成的对象、环境创设的主体、环境的性质分四个层面分析,发现日本的幼儿园教育环境观经历四个阶段的变迁。

(一)以"教育活动"为中心的环境构成期(1956年/1964年)

1956年版《幼儿园教育纲要》中几乎没有关于幼儿园环境或环境构成的专门论述,仅在第三部分"幼儿园教育活动指导计划与编制"部分第十一条提出:"幼儿园在进行教育活动时要构成适应指导计划的环境,考虑管理的组织。"按理说,首先要有一个指导计划,为实施该计划准备良好的园舍、园庭或设施设备是理想的。然而,在现实中,相反,指导计划往往受到物质环境设施的影响。因此,教师必须努力使环境设施尽可能地符合指导计划,努力将教育效果提高到最高水平。由此可见,这一时期,幼儿园环境主要是指

---

①小田豐.《幼稚園における教育内容の変遷と今日の課題》,《初等教育资料》2003年第9期,第78-84页。

园所空间的布置和园所设施、设备、教具等物理环境。幼儿园环境创设的目的是为实现幼儿园的教育目标和"理想经验"的实施提供一个适合的场所。

1964年版《幼儿园教育纲要》对环境有所提及,在第一章总则第一部分幼儿园教育基本方针第九条中提出"为了实现幼儿教育的目标,要根据当地实际情况,完善幼儿园的生活环境,进行适宜的指导。"第三章幼儿园指导上的一般注意事项第四条提出"在建立幼儿园内良好的人际关系的同时,根据地区和幼儿的实际情况,适当的调整设施、设备、教具等物质环境,使每个幼儿都能够有安全感的进行各种各样的经验和活动。此时,对于游乐设施、图画书、视听教材等教具,要适当地选择并加以利用。"由此可见,这一时期环境是幼儿园进行"适当指导"的场所,环境构成的目的是为幼儿"进行各种经验或活动"奠定基础,这与1956年版《幼儿园教育纲要》中体现的指导计划实施的环境构建目的类似。另外,构成环境的主要资源,是指设施、设备、游具、画册、教材等物理环境,这一点也与1956年版教育要领相同。

上述可知,1956年/1964年《幼儿园教育纲要》关于幼儿园环境的认识,主要认为环境是为了实现教育目标,保障"理想的经验"实现,"理想的经验和活动"有效执行的设施、设备、教具、教材等物质环境,主要指开展六大领域教育活动所需的设施设备和物质材料。

(二)"通过环境进行教育"的环境创设期(1989年)

1989年《幼儿园教育纲要》修订的重要意图之一是建构对幼儿教育的共同理解和认识。在第一部分总则中明确建立了"通过环境进行教育"的幼儿教育理念。在幼儿教育基本原理部分提出:"幼儿园教育是以幼儿期的特性为基础,通过环境进行的教育为基本。为此,幼儿教师要努力与幼儿建立充分的信赖关系,创建良好的教育环境,以此为基础,开展幼儿教育。"本次《幼儿园教育纲要》表明幼儿期不是通过原原本本的学习教师所教的东西长大的时期,而是在游戏中通过与周围环境互动建立联系,自主开展活动,从而学习各种东西的时期。"通过环境进行教育"就是指在幼儿园生活中,让幼儿主动的与周围的环境建立相互关系并开展活动,以有计划的、自然的形式进行教育。"①

---

① 高橋 一之,野村 睦子,野角 計宏,柴崎 正行,《新幼稚園教育要領の解説》,第一法规出版,1989,第16页。

"通过环境进行教育"作为独立的幼儿教育方法论,成为站在幼儿的立场上看待以往教育与幼儿和幼儿活动之间关系的契机。环境不再是设定特定的活动,而是使幼儿通过自己参与该环境,使活动更加多样化的发展,并获得必要的体验。也就是说,幼儿教育环境成为幼儿主体性的、可以积极介入的环境,成为构成幼儿自发活动—游戏—幼儿主导的活动—幼儿生活的环境的概念基础。

在1989年版《幼儿园教育纲要》中环境构成被定义为:"将幼儿获得发展所需体验的情况与事物或人、周围发生的情况(自然现象、信息等)、时间或空间、教师的工作等相关。"1989年修订后,文部省发行的教师指导书《指导计划的制定及保育的开展》(以下简称《指导计划》),将环境构成的例子提示如下:

1. 把握从"……吧""想……"等幼儿的想法开始的游戏场景,确保长时间,观察幼儿的表现。

2. 以室外活动为中心,思考日常生活走向的同时,在室内设置拼图、玩耍的场所、画册的角落,为幼儿提供放松的地方。

3. 照顾好同龄人关系的同时需要为彼此交流思想发挥媒介作用。

4. 准备能装下收集到的小老鼠、小蚯蚓等的东西,创造能和朋友对话的氛围,培养对自然或周围环境的兴趣或关心。

5. 与其他班级相处时,为使交流活跃,起到中介作用。

6. 与教师或朋友一起哼唱歌曲或有节奏的话语,营造享受感觉享受歌曲的氛围。

从以上内容中可以看出,1989年版《幼儿园教育纲要》将确保游戏所需的时间和空间场所,营造幼儿玩耍的场所、工具或氛围,支持同龄人之间的交流等都作为环境构成的例子。换言之,1989年版《幼儿园教育纲要》不是教师设想有展开方式的活动进行环境建构,而是幼儿的自发活动。可以看出,教师准备了允许游戏的时空,让游戏在那里自然地展开。另外,1989年版《幼儿园教育纲要》中强调了"构成对幼儿有吸引力的环境",并作为构成环境的注意事项,提出了适合幼儿发展的环境、根据兴趣和欲望的环境、遵循生活潮流的环境。这意味着,在1989年版《幼儿园教育纲要》中,创造激活幼儿自发活动的多样情境或脉络成为环境建构的目的,以及环境建构的资源包括有形与无形、物与人、时空,是广泛的,同时也是日常的。

1989年的《幼儿园教育纲要》删除了过去的"理想的活动",而是把幼儿的生活作为核心概念。首先,教育课程被规定为"(幼儿园)从入园到结业要有长远的视野,要有充实的生活",幼儿的"幼儿园生活的整体和长远规划"。幼儿园把"促进幼儿的主动活动,使适合幼儿期的生活得以开展"作为第一重要事项。这里所说的"适合幼儿期的生活",是指"让幼儿主动地参与环境,开展活动,从而产生充实感和满足感",是"通过环境进行教育"的前提条件。从这一点来看,强调幼儿的生活与以往由教师预先选定和安排的"理想活动"是相反的。强调幼儿生活的1989年《幼儿园教育纲要》构建了与以往不同的教育课程编制和运营体系。这具体体现在指导计划编制过程上的变化。1989年版课程体系示意图如图7.2所示。首先确认"幼儿生活的样子";在此基础上加入了基于幼儿实际情况的"教师愿望",考虑周围的环境;组织具体的各部目标和内容;确定环境组建的具体时间点,该时间点反映了组建的目标和内容;创设环境;然后预想在所构成的环境中幼儿的互动,即幼儿将创造的各种活动,并预想教师的对应(援助);最后通过评估重建环境。

1989年版《幼儿园教育纲要》课程体系发生了与1956年版/1964年版《幼儿园教育纲要》完全不同的变化(见图7.1、图7.2)。区别在于:一是删除了指导其活动的阶段(图7.1中的④和⑥)。二是使课程从幼儿的实际生活面貌及其实际情况(图7.2中的①和②)出发,而不是从《纲要》中所载的137个幼儿园教育的目标或主题和单元(图7.1中的①和②)出发。三是加入了将实际存在的日常主义环境原封不动地引入环境创设资源的过程(图7.2中的②)。这种变化将以往被"理想活动"遮蔽而在教育过程中不被关注的幼儿自然的原生活脉络,以教育过程的形式积极吸收,以生活为本位的课程。也就是说,如果说以往"理想的活动"的环境构成是组织脱离日常生活的新脉络的话,那么在1989年版的教育体系中,环境构成则是寻找幼儿生活中实际存在的脉络,并在其延长线上进行环境构成的努力。它引入了一个名为"考虑周围环境"的步骤,通过把对幼儿的认识扩大到幼儿的整个原生活中这一点也能体现出来。

总之,1989年版课程体系允许课程正常所要建构的教育环境与幼儿日常生活存在于同一时空。因此,1989年版教育纲要中所构成的环境很容易具有日常的、开放的性质,不需要被操纵或控制。但是,这种开放的环境构建方式,不设想"理想的活动",会引起现场教师的混乱。因此,在1998年的《幼儿园教育纲要》修订中明确规定了教师在环境构成中的作用。

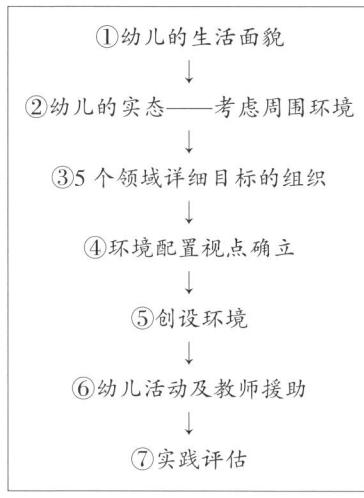

图 7.1 1956/1964 年版《幼儿园教育纲要》中教育过程体系

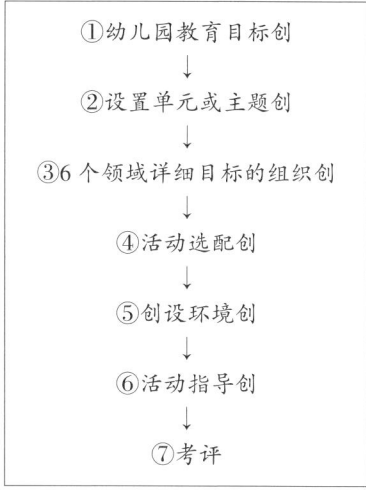

图 7.2 1989 年版《幼儿园教育纲要》中教育过程体系与环境构成的关系

(三)以"幼儿教育网络"为中心的构成期(1998年/2008年)

1998年版和2008年版《幼儿园教育纲要》虽然保留了1989年版的基本内容和体系,但在若干方面与以往有所不同。明确了教师以往不明确的在幼儿园环境创设中的作用,小学、家庭及社区等幼儿园与外部联系的广泛的"幼儿教育网络"的构建受到了关注。从这一点来看,这个时期是以"幼儿教育网络"为中心创设幼儿园教育环境的。

1. 教师在环境创设中的主体作用

1998年修订原则上继承了以往1989年版"通过环境进行教育"的原则和体系,很少出现教育要领内容上的变化。在教育课程体系和环境相关运营方面也与1989年版教育差异不大。但是,在1998年的修订中加入了明确教师作为环境建构主体的角色的文字。在1998年的修订中,因为幼儿教师对幼儿活动指导的刻板印象有必要说明教师对环境构成的角色。1989年修订中提出的"通过环境进行教育",是反思以往教师主导型活动,为强调幼儿的主体性而建构环境,让幼儿自己介入环境开展活动的幼儿教育方法论。1998年修订是为了将教师的指导从"理想的活动"中分离出来,适当地定位在环境和幼儿的主体活动之间。对此,1998年修订的第一章总则"幼儿园教育的基本"中增加了如下内容:"教师应基于对每个幼儿行为的理解和预期,有计划地组织环境,以确保幼儿的主体活动。在这种情况下,教师必须认识到与幼儿、人、物的关系的重要性,建构物化空间环境。此外,教师还要根据每个幼儿的活动场景,发挥多重作用,丰富其活动。"以上提到教师的环境建构要理解和预想个别幼儿的行为,基于对幼儿与周边关系的认识,有计划地进行。同时,对教师有计划的环境创设提出了如下观点:"有计划地进行环境的建构,是教师在幼儿和围绕幼儿的与幼儿有关系的事物或空间。或与其他幼儿的关系在教育上朝着理想的方向变化","如果没有教师的参与,就不会构成包括理想的教育价值在内的环境"。这表明教师是幼儿与环境之间交往的媒介,环境本身不是客观产物,而是根据教师的教育意图建构的创造性的、潜在的意义。

2. 以幼儿教育网络为中心的环境创设

在1998年与2008年修订中,与以往不同强调幼儿园教育与家庭、小学及社区的联系,以及作为延伸保育及育儿支援中心的角色。2008年版《幼儿园教育纲要》解说书在指导计划的编制和指导中写道:"包括家庭或社区在内,把幼儿的整个生活纳入视野","构成适当的环境,使其生活充实起来是很重要的"。①"幼儿的全部生活"是指与幼儿园、家庭和社区联系在一起的生活,这意味着以往教育过程中对幼儿生活的观点有所扩大。提到与家庭的联系的语句出现在2008年修订中关于第三章指导计划及教育课程的教育时间结束后进行的教育活动等的注意事项中写道:"在与家庭的联系方面,通过创造与监护人交流信息的机会或创造监护人与幼儿科开展活动的机会等,加深照顾监护人幼儿期教育的理解。"可见,2008年版《幼儿园教育纲要》中提出,确保监护人和幼儿的活动时间,让监护人作为幼儿园内教育课程的一部分参与,进而为监护人创造了解幼儿期教育的机会。另外,关于幼儿园和小学的联系,在2008年修订中添加了"准备幼儿和儿童交流的机会或与小学教师交换意见或联合研究的机会等,谋求联系"的内容,强调幼儿和小学儿童交流的场所作为重要的幼儿教育环境。此外,1998年修订后首次出现的幼儿园作为育儿支援中心的功能在2008年修订中得到了其意义和实践法的具体化。2008年版《幼儿园教育纲要》解说书是全国幼儿园开展的育儿支持活动的具体案例。由在职教师或教师经验者、大学教师、咨询师等进行育儿咨询、提供育儿相关信息、以未入学的幼儿和父母为对象的保育活

---

① 文部省:《幼稚園教育要領解説》,フレーベル館,2008,第217页。

动、提供与育儿相关的监护人之间交流的机会、对社区居民的远征以及园舍的开放等,提议营造"地区的各种人可以轻松地利用的氛围""幼儿园的游乐场或园舍开放,幼儿园的教师对使用这些园舍的地区的人可以轻松地搭讪,并接受地区居民的育儿咨询的幼儿园环境。"

上述可知,1998年/2008年《幼儿园教育纲要》的幼儿园环境创设超过了幼儿园正规教育时间和空间,在时间和空间上均有所扩大。这种环境创设的目的和性质可以概括为以下两个方面:

第一,在继承"通过环境进行教育"概念的同时,将幼儿可以介入的对象扩大到幼儿园之外。这些对象是由于家庭的孤立和当地社区的瓦解,幼儿在幼儿园之外很难体验到的对象,如与自然的接触、与同龄人或其他年龄的交往、与社区中不同职业的人或人才和活动。

第二,环境创设的目的不仅是为了幼儿园,更是为了社区的父母及其子女和老年人,在幼儿园内外建立一个可以让他们一起交流、共享育儿相关信息和学习的环境。即将社区拥有的各种资源引入幼儿园教育课程,反过来,利用幼儿园积累的幼儿教育经验,让社区居民、孩子和家庭即建立支持家长教育功能的环境。由此可见,20世纪90年代以来,两个《幼儿园教育纲要》中出现的环境构成,扩展到利用社区和家庭以及小学的资源,如父母和孩子、社区居民、人才,构建育儿教育网络。即幼儿教育环境超越了支持幼儿直接多样体验的环境的意义,而是父母或地区居民等教师以外的承担教育的主体学习合作共育的空间。

(四)发挥幼儿主体性的环境创设期(2018年)

2018年实施的《幼儿园教育纲要》在第一章总则发生了重大变化。首先,肯定了"通过环境进行教育"的幼儿基本理念,不同以往的为了实现教育目标"教师要为幼儿创设适宜的环境"理念,本次修订指出"教师与幼儿一起创设更好的教育环境"。其次,在制定指导计划部分提出"幼儿园教育是通过幼儿自身主动的与环境互动而创造出来的具体活动来实现其教育目标的"。制定指导计划时应注意以下事项:"通过构成切实的环境来选择和开展活动;为了达成具体的教育目标,环境要适当构成,幼儿要通过自身环境,展开各种各样的活动,同时开展进行必要的体验。此时,要重视幼儿的生活面貌和想法,使环境始终保持适当性。"此外,在幼儿园运营注意事项上提出:"幼儿的生活是以家庭为基础,通过地区社会逐渐扩大的,充分谋求与家庭的合作等。幼儿园的生活要与家庭和地域社会保持连续性同时展开。同时，积极利用包括地区自然、老年人和异年龄儿童等在内的人才、活动和公共设施等地区资源，努力使幼儿获得丰富的生活体验。另外，在与家庭合作时，通过设置与监护人的信息交换机会，设置监护人与幼儿的活动机会等，来加深监护人对幼儿期教育的理解加深。"

"根据地区和幼儿园的实际情况等，除了幼儿园之间之外，还将谋求与保育所、幼保合作型认定儿童园、小学、中学、高中以及特别支援学校等之间的合作和交流。特别是，为了幼儿园教育和小学教育的顺利衔接，要积极设置幼儿园幼儿和小学儿童交流的机会。此外，还将设立与残疾幼儿学生交流及共同学习的机会，努力培养相互尊重、共同合作生活的态度。"

上述可知，在2018年实施的《幼儿园教育纲要》中继承了以往"以幼儿的教育网络"为中心的环境构成理念。关于幼儿园环境创设最重要的变化是，环境创设的主体从单一主体教师转变为"儿童为本"，教师幼儿共同创设的双主体。环境创设的目的是培养幼儿入学和适应生活社会的资质和能力，使幼儿的生活变得丰富多彩，支持家庭和地区育儿。环境构成的资源从创设思维向利用思维转变，强调从幼儿生活的真实环境和真切情景中开展教育，环境随着幼儿活动、思想、兴趣的转变而转变，这一育儿环境是生活化、多样化、灵活性、真实性的环境。

三、日本幼儿园环境观变迁的特点及启示

通过观察日本《幼儿园教育纲要》中环境构成的变迁过程，梳理出日本幼儿园环境构成特征如下：

第一，日本幼儿园环境建构致力于提供幼儿自发、主体参与的环境。教育环境的构成，是幼儿自己动手动脚，与同龄人玩、争、造、挑战的自由游戏和日常生活的时空场景的保障。仓桥物三认为，幼儿教育最重要的是自由玩耍的设备，幼儿只要有适当的设备，就会集中精力活动，从中实现自我充实，重视对幼儿内心"自我充实"的信任。

第二，强调幼儿自发性和主体性的环境构成，是以生活脉络为中心的教育课程体系为基础体现的。日本1956年版、1964年版《幼儿园教育纲要》被批评助长脱离幼儿游戏和生活的教育，忽视自发性生活和游戏的重要性。在1989年修订中对1956年版/1964年版《幼儿园教育纲要》的课程体系进行改革。也就是说，主题、单元及以"理想的活动"为中心的僵硬的环境构成

很难与幼儿生活的有效联动,因此删除了"理想的活动",确立了以生活脉络为中心的教育课程体系,可以构成与幼儿的生活和游戏相对应的环境。

第三,日本幼儿园环境建构注重丰富动态的关系性的确保。即幼儿园向内确保幼儿在生活中有充分的游戏时间和宽阔的室外游乐场等,照顾其与同龄人或其他年龄的频繁接触;向外则通过与家庭、小学、地区社会建立联系,致力于提供广泛的自然、文化、人际关系。此时,关系的对象集中在自然或人等能够相互影响、发展关系的活生生的存在上,而不是单调的、容易成为单向关系的物质媒介。

第四,日本幼儿教育课程的运行强烈依赖幼儿教师作为环境建构者的主体性和专业性力量。打破以确定的开展方式为中心的教育活动为依据构建环境,注重幼儿主动地介入环境,使其自行开展活动的环境,在教育现场经过十多年的混乱期逐渐成形。日本教师在幼儿生活中的情境脉络或氛围、运用人际关系等无形的、潜在的存在,应对个别儿童和情况,构建环境。进而被要求在发掘家庭和社区资源的同时,提高他们的教育功能,构成广泛的幼儿教育环境。这种环境构成者的能力是在需求逐渐复杂多样的情况下幼儿教师专业性的体现。

第五,日本教育环境构成的变迁体现了立足于幼儿期本质特征的体现幼儿园教育的一贯努力。也就是说,承认幼儿期所具有的区别于其他时期的固有价值,并以此确保小学和其他幼儿园教育的独立性。如今,在日本幼儿教育界提出"游戏才是立足于幼儿期特性的重要教育""幼儿通过在幼儿园的游戏为义务教育及以后的教育奠定基础"的游戏中,在维持审议保育的同时,也成为与小学建立联系的依据。不仅如此,这也为幼儿园教育在瞬息万变的现代社会的发展指明了一贯的方向。"无论在哪个时代,幼儿都应该是孩子,幼儿园应该进行适合幼儿时期的教育,因此保育的本质不会随着时代的变化而发生本质的变化。"这种观点成为日本这个国家在经济、社会方面取得辉煌的产业化、信息化、技术化的同时,在幼儿园现场也重视自然的游戏和朴素的生活的实践性理由。

日本幼儿园环境观的变迁是值得我们借鉴和思考。首先,思考当前我们国家在幼儿园环境创设在幼儿园课程运行体系中的位置和目的。其次,思考幼儿园环境创设的环境构成主要要素应该是什么,可以是什么。环境创设的思维应该进行一种从"创设"到"利用"的转变,环境是一种从无到有的创设过程,更是一种基于幼儿的周围环境,基于幼儿的生活,基于家庭、社区、社会等"幼儿教育网络"等环境进行利用的过程。再次,对幼儿园环境教育对象的深度思考。幼儿园环境不仅是幼儿学习的环境,也是与幼儿教育相关的主体,如家长、社会、他人学习的环境,是一个传递教育观念的公育空间,教育对象不仅是幼儿,还是与幼儿教育有关的人。最后,"把环境还给幼儿"。幼儿园环境创设的基点是幼儿的生活,幼儿的发展,幼儿的变化。把环境还给幼儿意味着秉持"以幼儿为核心,关注幼儿的生活,注重幼儿的体验,联系幼儿的周围世界,保障幼儿的参与,根据幼儿不断调整更新"的理念创设利用环境。

参考文献

[1]刘焱.幼儿园教育环境创设[M].北京:高等教育出版社,2014.

[2]虞永平.幼儿园教育环境创设与利用的问题和思路[J].早期教育研究,2021(9):4-7.

[3]MAXWELL, L. E. Competency in child care settings[J]. Environment and Behavior,2007,39(2):229-245.

[4]海伦·佩恩.早期教育质量:国际视角[M].潘月娟,杨晓丽,宋贝朵,译.北京:教育科学出版社,2018.

[5]中华人民共和国教育部.幼儿园教育指导纲要[M].北京:北京师范大学出版社,2001.

[6]德布·柯蒂斯,玛吉·卡特.以儿童为中心的反思性课程设计[M].郑福明,张博,译.北京:教育科学出版社,2015.

[7]张俊.看得见儿童找得到课程[M].南京:江苏凤凰教育出版社,2021.

[8]朱莉·布拉德.0~8岁儿童学习环境创设[M].陈妃燕,彭楚芸,译.南京:南京师范大学出版社,2014.

[9]丁海东.幼儿园区域环境的游戏性缺失与回归[J].学前教育研究,2019(12):77-80.

[10]黄进.用"儿童的视角"看儿童[J].幼儿教育,2016(10):1.

[11]WILLIAM A. CORSARO. The Sociology of Childhood[M]. Pine Forge Press,2005.

[12]成尚荣.儿童立场:教育从这儿出发[J].人民教育,2007,(23):5-9.

[13]亨德里克.学习瑞吉欧方法的第一步[M].李季湄,译.北京:北京师范大学出版社,2002.

[14]玛格丽特·卡尔,温迪·李.学习故事与早期教育:建构学习者的形象[M].周菁,译.北京:教育科学出版社,2015.

[15]陈晓红,李召存.教育研究中儿童视角的发展[J].教育导刊,2015(01):5-17.

[16]DIONS. Child Perspectives and Children's Perspectives in Theory and Practice[M].Berlin:Springer Netherlands,2010.

[17]王春燕,张传红.学前教育中儿童立场的审思[J].幼儿教育,2019(09):3-6.

[18]秦兰.关于"儿童立场"教育理念的再思考[J].早期教育,2018(11):13-14.

[19]魏婷,鄢超云."儿童的视角"研究的价值取向、方法原则与伦理思考[J].学前教育研究,2021(03):3-10.

[20] ROBERTS H. Listening to children and hearing them[M]. New York:Falmer Press,2008:154-171.

[21]BESSELL S. Rights-based research with children:principles and practice[J]. Geographies of Children and Young People,2015(2):1-18.

[22]TORELLI, L. &DURRETT, C. Landscape for Learning:The Impact of Classroom Design on Infants and Toddlers[J]. Early Childhood News,1996.(2):12-17.

[23]瓦西纳.文化和人类发展[M].孙晓玲,等,译.上海:华东师范大学出版社,2007.

[24]洛夫.失去山林的孩子[M].郝冰,等,译.台北:野人文化股份有限公司,2009.

[25]斯泰西·戈芬,凯瑟琳·威尔逊.课程模式与早期教育(第二版)[M].李敏谊,译.北京:教育科学出版社,2008.

[26]张金梅.谈谈环境的教育价值:从瑞吉欧环境创设获得的启示[J].学前教育研究,2002(01):19-21.

[27]蒙台梭利.童年的秘密[M].马荣根,译.北京:人民教育出版社,2004.

[28]蒙台梭利.蒙台梭利幼儿教育科学方法[M].任代文,译.北京:人民教育出版社,2001.

[29]王芳.美国高瞻课程中教师支持儿童主动学习的策略及启示[J].

信阳师范学院学报(哲学社会科学版),2015(02):69-71.

[30]朱家雄.幼儿园课程[M].上海:华东师范大学出版社,2011.

[31]LFED & ELLEN MEREDITH. Learning Comes to Life:An Active Learning Program for Teens[M]. Ypsilanti, MI:High/ Scope Press,1996:56-58.

[32]陈鹤琴.怎样做幼稚园教师[M].上海:华东师范大学出版社,2013.

[33]秦元东,唐淑.为儿童创设良好的环境:论陈鹤琴关于幼稚园环境创设的思想[J].学前教育研究,2002(06):42-44.

[34]张剑春,刘雄英,陈欣悦,董璇.学前教育专业育人"活环境"创设研究:基于陈鹤琴学前儿童环境教育理论的实践[J].陕西学前师范学院学报,2021(05):15-19.

[35]钱敏."安吉游戏"户外环境打造例说[J].幼儿教育,2021(07):18-22.

[36]韩庚倩.华爱华教授访谈录之二"安吉游戏"中的环境创设[J].幼儿教育,2021(07):180-182.

[37]朱慧红.幼儿园环境创设中存在的问题及对策[J].基础教育,2012(09):09-10.

[38]管倚.幼儿园墙面环境创设及其教育功能的研究[D].上海:华东师范大学出版社,2005.

[39]刘焱.中国履行《儿童权利公约》研讨会综述[J].学前教育研究,1996(3):6-7.

[40]边霞.儿童文化与成人文化[J].学前教育研究,2001(3):8-9.

[41]雷湘竹.学前儿童游戏[M].上海:华东师范大学出版社,2012.

[42]王春燕,周彬男.基于儿童视角的幼儿园区域材料及投放研究[J].幼儿教育(科学教育),2018(3):8-13.

[43]曹中平.儿童游戏论:文化学、心理学和教育学三维视野[M].银川:宁夏人民出版社,2000.

[44]刘焱.幼儿园自制玩教具活动的意义、指导思想和评价标准[J].学前教育研究,2007(9):24-30.

[45]吴绍萍.幼儿园管理与实践[M].南京:江苏教育出版社,2012.

[46]刘卉.幼儿园大班区域环境创设的"留白"艺术[J].教育观察,2019

(22):33-34.

[47]秦元东,王春燕.幼儿园区域活动新论:一种生态学的视角[M].北京:北京师范大学出版社,2008.

[48]苏刚,庄云旭.陈鹤琴活教育理论及其现代价值[J].现代教育科学,2008(6):98-99.

[49]龚治勇.以乡土资源为载体,创幸福成长乐园[J].家教世界,2014(4):30-32.

[50]王欣.日本幼儿园自然环境的创设和利用[J].早期教育,2003(09):24-25.

[51]徐慧艳.浅析华德福幼儿园的自然教育[J].文学教育,2013(03):153-154.

[52]张宇洁.幼儿园创意美术教学现状及其策略研究[D].石家庄:河北师范大学,2019.

[53]潘鲁生.民艺回到民间去[J].中华手工,2008(05):132.

[54]教育部基础教育司组织编写.幼儿园教育指导纲要(试行)解读[M].南京:江苏教育出版社,2001.

[55]夏腾,赵越.传统节日文化融入幼儿园课程的策略研究[J].教育观察,2020(09):49-50.

[56]王俊.昆明市Y幼儿园中班节日教育的个案研究[D].昆明:云南师范大学,2017.

[57]王怀亮.优秀传统文化与幼儿园教育的融合与实践[J].科教文汇,2019(7):148-149.

[58]刘桂珍.分析剪纸艺术在幼儿园教育环境创设中的运用[J].当代教育论坛(管理研究),2011(12):50-51.

[59]侯莉敏.儿童与环境:关系与建构[J].东方娃娃·保育与教育,2021(11):37.

[60]海伦·佩恩.早期教育质量:国际视角[M].潘月娟,杨晓丽,宋贝朵,译.北京:教育科学出版社,2018.

[61]文部省.学校教育法(2007),[EB/OL].https://www.mext.go.jp/en/policy/,2022-10-23.

[62]文部省.幼稚園教育要領,[EB/OL].http://www.nier.go.jp/guideline,2022-10-23.

[63]余公敏子,小田豊.教育保育の原理——幼稚園保育所認定こども園の文化をはぐくむために[M].東京:光生館,2017.

[64]河野重男.新しい幼稚園教育要領とその展開-子どもと共につくる保育実践 をめざして-[M].東京:チャイルド本社,1989.

[65]小田豊.枝沢良彦.新しい時代幼児教育[M]東京:有斐閣,2002.

[66]中央教育審議会教育等小委員会.中央教育審議会教育内容等小委員会審議経過報告,1983.

[67]礒部裕子.教育課程a理論 保育におけるカリキュラム.デザイン[M].東京:邦文書林.2007.

[68]石垣恵美子.玉置哲淳.島田ミチ子.植田明.幼児教育課程入門[M]東京:建帛社.2003.

[69]中央教育審議会(2005).子どもを取り巻く環境»変化を踏まえた今後セ幼児教育り在り 方について-子どもの最善利益のために幼児教育を考える(平成17年1月28) http://www.mext.go.jp 2022-8-1

[70]王小英.日本2018年实施的《幼儿园教育纲要》述评:基于日本《幼儿园教育纲要》五次修订的视角[J].外国教育研究,2018(8):105-113.

[71]李冬梅.日本幼儿教育新趋势:基于新一期《幼儿园教育要领》的分析[N].中国教师报,2020-7-13.

[72]小田豊.幼稚園における教育内容の変遷と今日的課題[J].初等教育資料,2003(09):78-84.

[73]高橋一之.野角計宏.野村睦子.柴坂正行.新幼稚園教育要領解説[M].東京:第一法規.1989.

[74]文部省:《幼稚園教育要領解説》,フレーベル館,2008,第217頁。

[75]董旭花,韩冰川,张海豫.幼儿园户外环境创设与活动指导[M].北京:中国轻工业出版社.2021.

[76]王海英.儿童视野的幼儿园环境创设[M].北京:人民教育出版社.2019.

[77]杨彦.幼儿园环境创设[M].北京:北京师范大学出版社.2016.

[78]郭力平,谢萌.幼儿园玩教具配备、设计与应用[M].北京:中国轻工业出版社.2014.

[79]王燕.幼儿园环境创设:理论与实践[M].北京:首都师范大学出版社.2021.

［80］冯芳.幼儿园环境创设［M］.北京：北京师范大学出版社.2015.

［81］贾尼丝·J·贝蒂.幼儿园自主性区域活动［M］.邱学青,杨恩慧,译.北京：中国轻工业出版社.2021.

［82］朱莉·布拉德.0~8岁儿童学习环境创设［M］.陈妃燕,苏丹,译.南京：南京师范大学出版社.2020.